Noch ist es Zeit

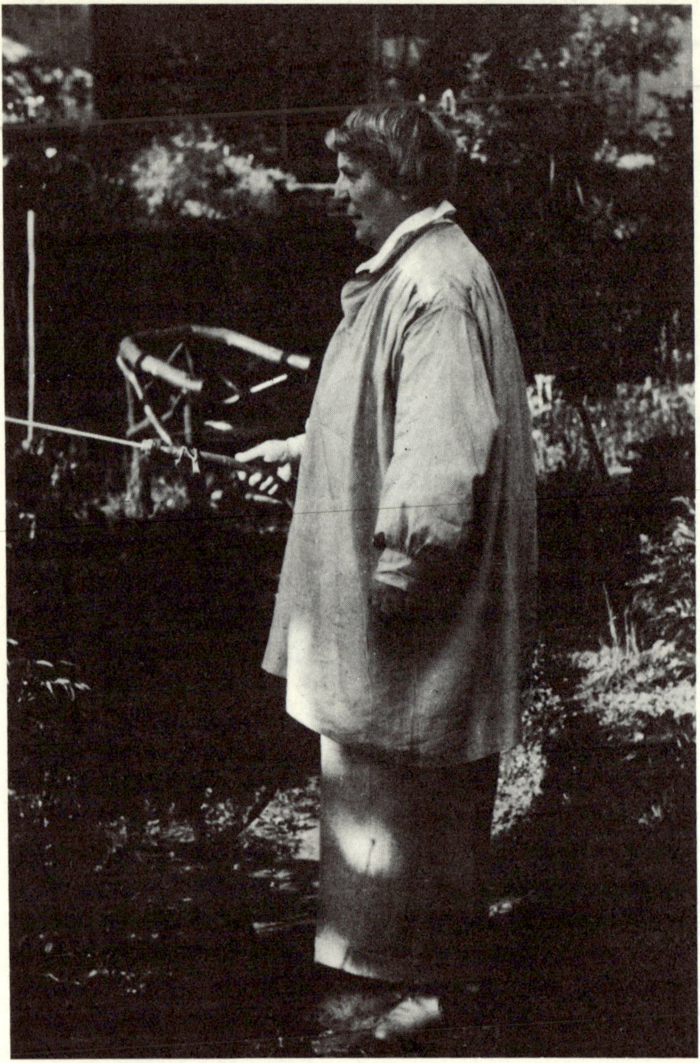

Tami Oelfken in Überlingen 1954/55

Tami Oelfken

Noch ist es Zeit

Briefe nach Bremen 1945 bis 1955

herausgegeben
von Ursel Habermann

tende

Wir bedanken uns bei der Herausgeberin Ursel Habermann und bei Jens Wulff, Erbe des Wulff Verlages, dessen Autorin Tami Oelfken war, für ihr jahrelanges Engagement für Tami Oelfken und bei Herrn Karl Lüneburg, Ortsamtsleiter in Blumenthal (Bremen) für seine Unterstützung, ohne die die Herausgabe der Oelfken-Briefe nicht möglich gewesen wäre.

Ursel Habermann, geboren 1939, lebt als Schriftstellerin seit 1970 in ihrer Geburtsstadt Bremen.

1988 tende
Neustraße 28 · 4408 Dülmen-Hiddingsel
Lenaustraße 60 · 6000 Frankfurt/M.

Umschlaggestaltung: Annette V. Uhlending
unter Verwendung eines Fotos (1947/48) aus dem Privatbesitz der Familie Oelfken
Satz: Fotosatzstudio Kowalski, Borken/Westf.
Druck und Bindung: Fuldaer Verlagsanstalt, Fulda
Printed in Germany
ISBN 3 88633 121 0

Inhalt

DIE ZEIT

WOCHENZEITUNG FÜR POLITIK, WIRTSCHAFT, HANDEL UND KULTUR

Veröffentlicht unter Zulassung Nr. 6 der Militärregierung

HAMBURG 1, den 20. Juli 195[illegible]
Curienstraße 1 (Pressehaus)
Fernruf 32 10 04
Fernschreiber 02 11 83
Feuilleton-Redaktion
Zeichen Ath/Sch

Frau
[illegible] [illegible]lfken

Überlingen/Bodensee
St. Leonhardstr. [illegible]

Sehr geehrte gnädige Frau!

Das Romankapitel wird bestimmt in einer unserer allernächsten Nummern mit einem entsprechenden Vorspruch erscheinen. Wir hoffen sehr, damit dann wirksam zur Behebung Ihrer Schwierigkeiten beizutragen.

Mit vorzüglicher Hochachtung

[illegible]

Die Schriftstellerin Tami Oelfken (1888 - 1957)

Briefe einer vor hundert Jahren geborenen Dichterin veröffentlichen, die niemand mehr kennt? – Zuviel der Aufmerksamkeit, möchte man meinen, für eine private Korrespondenz...

Der Briefwechsel der Schriftstellerin Tami Oelfken aus den Jahren 1945 - 1955 mit ihrem Verleger und anderen Personen des literarischen und kulturpolitischen Lebens der Nachkriegszeit hat neben den persönlichen und literarischen Lebensangelegenheiten zwischen den Zeilen aber anderes zum Inhalt. Der Wiederaufbau des neuen deutschen Staates spiegelt sich im persönlichen und beruflichen Alltag einer Schriftstellerin und eines Verlegers und Buchhändlers wieder. Sie hatten etwas gemeinsam: Beide waren Verfolgte des Naziregimes. Ihre Fähigkeit zu eigenem, humanen Denken und Handeln wurde mit Haft und Berufsverbot bestraft.

Dennoch haben sie im Dritten Reiche trotz Überwachung und Bespitzelung durch Kollegen, Amtspersonen und Nachbarn ihren Beitrag zum Widerstand unter Lebensgefahr geleistet: Die Schriftstellerin schrieb heimlich und unter Pseudonym weiter. Der Buchhändler reiste mit Koffern voller illegaler Literatur, gedruckt in Prag, Amsterdam und in der Schweiz, von einer Stadt zur anderen. Er arbeitete jeweils bei befreundeten Buchhändlern nur vier Wochen (bis zum Ablauf der Meldefrist), schleppte geschmuggelte, im Ausland gedruckte Verzeichnisse, Bestellunterlagen und Lieferungen der Exilliteratur und ihrer Verlage von Ort zu Ort. Im Nachlaß des Wulff-Verlags im Jahre 1981 fanden sich neben den Briefen Belege für dieses aktive Widerstandsnetz im literarischen Europa.

»Du sollst nicht schweigen...« lautet die Überschrift des Schlußkapitels eines unveröffentlichten Buches aus den letzten Lebensjahren der Bremer Schriftstellerin und Reformpädagogin Tami Oelken. Sie selbst nannte es »Das elfte Gebot«; das Buch sollten den Titel »Der wilde Engel« tragen.

Es wurde kein Buch mehr daraus. Nur das Konzept blieb erhalten... eine Allegorie auf die überstandenen Schreckensjahre des zweiten Weltkrieges.

Tami Oelken mag einige der Zehn Gebote ignoriert haben im Leben, – das selbstgegebene »elfte« aber ganz gewiß nicht.

»Eine Dichterin hat keine guten Absichten ... – das gibt es auf der ganzen Welt nicht ...«, kennzeichnet sie den künstlerischen Anspruch ihrer literarischen Arbeit und fügt die engagiert-moralische Forderung hinzu: »Genauso wenig, wie Gott Krokodilstränen darüber weint, daß ihm die Menschen so vorbeigelungen sind. Sie sind auch gar nicht vorbeigelungen. Man muß ihnen helfen, daß sie glücklich werden. Den Raffgierigen aber soll man aufs Maul schlagen.«

Und das hat sie ein Leben lang ausführlich in Romanen, Gedichten, Kurzgeschichten getan. Darin gehen »littérature engagée« und »littérature pure« eine ungezwungen wunderliche Liaison unter ihrer Feder ein. Sie fand ihre besondere Sprache, die tagenbare Bremerin, geboren 1888 in Blumenthal bei Bremen, gestorben 1957 in München. Dazwischen lag ein bewegtes Leben, dessen Stationen (oft unfreiwillig) quer durch Europa führten.

Die Themen ihrer schriftstellerischen Arbeit, - die den scheinbaren Widerspruch aufnehmen zwischen künstlerischen Anspruch und Engagement, - sind weitgesteckt:

Reformpädagogik, Natur- und Arbeitsleben, Frauenleben, ethische und soziale Fragen, gesellschaftliche Umwälzungen, politische Machtverhältnisse, Sozialismus, Krieg und Umweltzerstörung durch Profitgier. Erstaunlich hellsichtig für beginnende verhängnisvolle Entwicklungen greift bereits die junge idealistische Sozialistin zu Beginn dieses Jahrhunderts jene Probleme auf, die ungelöst in der Gegenwart zum lebensbedrohenden Gespenst der Selbstvernichtung herangewachsen sind. Geboren im Kaiserreich, erlebte sie den ersten Weltkrieg, die Weimarer Republik und überstand das Dritte Reich in der inneren Gewißheit, daß eine neue Zeit der Vernunft, der Freiheit, anbrechen werde.

Sie die in der bürgerlichen Umgebung ihres Heimatortes als »Sozialistin« verrufen war, vom radikalsozialistischen Freundeskreis aber als »bürgerliche Pute« bezeichnet wurde, von den Nazis verächtlich als »Salonbolschewistin« Berufsverbot erhielt, galt in den letzten 10 Jahren ihres Lebens von 1946 - 1957 als »Kommunistin mit gefährlichen pazifistischen Ideen« (»Die Zeit«, 3. Mai 1951).

Unter dem Titel «Wir heißen Euch hoffen« (Schriftsteller zur deutschen Verständigung) war bei dem mutigen Verleger Willi Weismann in München 1951 ein Almanach erschienen, der pazifistische Autoren aus Ost und West verreinigte: Arnold Zweig, Walter von Molo, Hans Henny Jahnn, Johannes R. Becher, Stefan Hermlin, Alfred Döblin, Hans Reisiger, Rudolf Leonhard, Rudolf Goldschmidt-Jentner, Walter Kolbenhoff, Tami Oelfken u.v.a.

Tami Oelfkens Beitrag - ein Auszug aus dem »Logbuch«, im Dritten Reich geschrieben, hatte in einer vermeintlichen Demokratie erstaunliche Folgen: Sie wurde (wieder einmal) zur Staatsfeindin erklärt. Den übrigen Autoren widerfuhr der gleiche Rufmord. Sie reagierten unterschiedlich, entweder mit Abwanderung in die DDR, Resignation oder zorniger Gegenwehr.

Der Inhalt dieses Beitrages löst heute selbst dann Erstaunen über die geschlossene Reaktion der Nachkriegsmedien aus, wenn wir die damalige politische Situation berücksichtigen:

»Für die Kultur eines Volkes gibt es nur eine wirkliche und würdige Waffe, das ist der Geist.

Eine Regierung, die die Erziehung zum Frieden verbietet und die jede Art von Pazifismus diffamiert, die jede friedliche, fromme, verständnisvolle Gesinnung verunglimpft, eine solche Regierung will den Krieg. Es gibt auf der Welt keine höhere Aufgabe als die, für die Verständigung unter den Völkern zu arbeiten und für den Frieden zwischen Ihnen zu wirken. Nur der Friede gibt die Voraussetzung zur Entfaltung von Tugenden, also zur Kultur.

Es müßte einer geistigen Oberschicht in jedem Volke vorbehalten sein, darüber zu wachen, daß nirgends die Gesetze des Anstandes, der Würde, der Verständigung, also des Friedens, verletzt werden.

Verächtlich ist jede Regierung, die Krieg und Sieg um jeden Preis haben will. Der Preis eines solchen Sieges ist die Kultur des so regierten Volkes. Diese Regierung ist der Störenfried Europas und sie verursacht den Untergang unserer christlichen, europäischen Kultur. Das Volk aber, das eine solche Regierung bei sich duldet, nachdem es sie hat groß werden lassen, ist Helfershelfer bei einem solchen Zerstörungswerk.

Dem Unglauben begegne nicht mit Argumenten, sondern mit Glauben. Der Lüge begegne nicht mit Empörung, sondern mit der Wahrheit. Argumente und Entrüstung sind Behelfe. Glauben und Wahrheit sind Kräfte.

Glauben und Wahrheit liegen im Menschen viel tiefer verankert, als wir im Alltag wissen. Sie sind die eherne Reserve in der menschlichen Seele, also auch in der Seele eine Volkes.

Mob durchsetzt alle Klassen der menschlichen Gesellschaft. Woran wir ihn erkennen? Wer seine Wut, seine Armut, seine Unterdrücktheit, seine Minderwertigkeit mit Machtanmassung abreagiert, der ist Mob. Schon an Stimme, an Augen, an Händen, an der Raffgier, an der Schäbigkeit können wir ihn erkennen.

Der Kampf um den Frieden muß in erster Linie mit allen seelischen Kräften und mit allen Gründen, die uns aus der Religion, aus der Psychologie, aus dem Geiste schlechthin erwachsen, durchgeführt werden. Die Weltgeschichte hat erwiesen, daß es erstaunlich unintelligent ist, Krieg zu führen. (...) Alles, was mit soviel Blut gedüngt ist, behält eine magische Gewalt über den Menschen und macht ihn blind für die natürlichen Erfodernisse. Diese magische Gewalt kann erst in Zukunft dadurch gebrochen werden, wenn sie in ihrer tiefen Ungeistigkeit aufgedeckt ist.«

Der Beitrag, ein Bekenntnis zu einem idealistischen Sozialismus, richtete sich deutlich gegen den Ungeist faschistischer Regierungssysteme. Er war bestenfalls als Mahnung an die Nachkriegsgesellschaft zu deuten.

Die kulturelle und politische Szenerie entwickelte sich in diesen Jahren keineswegs auf der Basis eines Neubeginns, einer sogenannten »Stunde Null«. Literatur nach 1945 meint noch bis heute oft nur die Literatur der Emigranten des Dritten Reiches, sowie die nach dem Krieg entstandenen Werke der jungen deutschsprachigen Schriftstellergeneration.

Eine Gruppe bleibt ungenannt, ihre Bücher sind verschollen, ihre Namen wenigen Menschen bekannt geworden: Die verbotenen Autor(inn)en, deren Arbeit am Anfang stand zu Beginn der dreißiger Jahre. Sie waren teilweise noch zu unbekannt, um zu den »verbrannten Dichtern« gezählt zu werden, sie hatten zumindest in den ersten Jahren noch keinen handfesten Anlaß zur regelrechten Emigration oder auch gar keine finanzielle Möglichkeit zur Auswanderung. Die Schweiz z.B. nahm nur Exilanten auf, die entweder sehr bekannt im Ausland waren oder nachweisen konnten, daß sie von den Einnahmen ihres Schreibens leben konnten. Das traf für viele jüngere Autoren nicht zu (wurden sie zurückgeschickt, war ihr Schicksal im NS-Staat besiegelt. Auch mancher im weitesten Sinne sozialistische Autor mag gehofft haben, daß es für ihn nicht gefährlich sei zu bleiben). Sie wurden aber dennoch zu unerwünschten Schriftstellern erklärt und erhielten Berufsverbot, Veröffentlichungsverbot, Schreibverbot, waren berufsfremder Arbeit ausgeliefert. Heimlich weiterschreibend versuchten sie sich in innerer Vereinsamung durch das Chaos der Nazizeit und des Krieges zu retten.

Voll Gewißheit auf ein zwangsläufiges Ende der Diktatur waren sie bereit, als Zeitzeugen jener unfaßlichen Barberei an die Öffentlichkeit zu treten. Die »Stunde Null« im April 1945 erlebten sie mit großen Hoffnungen: Ihre oft unter schwierigen Bedingungen entstandenen Arbeiten – literarischer Niederschlag unbeschreiblicher Zeit, die verfrüht die Sprachformen der »Zwanziger Jahre« mit all ihrer expressiven Experimentierlust überwinden mußten, um dem bitteren Ernst, der Trauer, der Desillusionierung der folgenden dreißiger Jahre einen angemessenen sprachlichen Ausdruck zu verschaffen, hätten nun ihre Leser, ihre Kritiker finden müssen. Doch in welche Hände sollten sie ihre Arbeiten legen?

Die Siegermächte warfen ein gewaltiges kulturpädagogisches Umerziehungsprogramm teils mit Hilfe populärer Emigranten, die nun heimkehrten, ins öffentliche Leben. Alte deutsche Verlag wechselten zwar das Programm, seltener das Personal oder die Inhaber, und letztere vergaßen nicht jene Drohung der abziehenden Nazis, »sich im 4. Reich so zu verhalten, daß man im

5. dafür nicht gehenkt würde«. So blieben denn also die meisten Arbeiten, die im »Dritten Reich« nicht veröffentlicht wurden, bis auf wenige Ausnahmen auch nach 1945 unveröffentlicht.

Das künstlerische Selbstbewußtsein und die materielle Situation der meisten Autoren (die inzwischen älter geworden waren) waren ohnehin so angeschlagen, daß sie des Kämpfens müde und oft unfähig dazu waren, ohne öffentliche Hilfe und Erwünschtheit noch viel wagen und leisten zu können. Die literarische Diskussion wurde von rückkehrenden Emigranten bestimmt, die zudem mißtrauisch auf im Lande gebliebene Literaten reagierten, deren Kollaboration mit dem »Dritten Reich« dadurch bewiesen schien, daß sie noch lebten.

Etwa 15 Jahre einer nach neuen Sprachformen suchenden schriftstellerischen und dichterischen Arbeit, die Auskunft hätte geben können über den geistigen Zustand, die ästhetischen Bewältigungsformen jener Zeit nicht nur aus der Sicht der Befreier und von außen Heimkehrenden, sondern im Gegenteil aus der Sicht der Beteiligten, Betroffenen, der nach »innen Emigrierten«, blieb zur Erhellung jener Jahre bis auf Ausnahmen ungenützt.

Hier entstand eine Lücke in der zeitgenössischen Literatur und in der literaturwissenschaftlichen Sprachbetrachtung, die bis heute nicht ausgefüllt ist.

So konnte der Stellenwert dieser Autoren weder in seiner Bedeutung für die deutsche Breitenliteratur jener Jahre, noch bei denen, die sich möglicherweise herausragend erwiesen hätten, je zuverlässig ermittelt werden. Trotz etlicher Beschreibungsversuche literaturwissenschaftlicher Art zielt das Urteil über jene kurze, aber sprachwissenschaftlich (und soziologisch) aufschlußreiche Entwicklungsphase unterdrückter Literatur solange ins Ungenaue, bis uns auch die Werke dieser Dichter zugänglich sind.

Die literaturgeschichtliche Forschung wird an diesen Autor(inn)en – ich möchte sie hier mit dem Terminus »die ignorierten Autoren« belegen – noch einiges aufzuarbeiten haben, will sie zu abschließenden Aussagen kommen.

An Tami Oelfken, deren materielle Existenz durch einen der im »Kalten Krieg« üblichen Schmähartikel des »Zeit«-Redakteurs Hühnerfeldt 1951 ebenso gründlich wie im 3. Reich vernichtet wurde, schrieb der Freund und Verleger Werner Wulf aus Bremen: »Aber uns trifft wohl nun wirklich die Strafe dafür, daß wir keine Nazis waren.« Die »Strafe« traf nicht nur sie, auch Ernst Penzoldt, Stefan Hermlin, Rudolf Goldschmidt-Jentner, Johannes R. Becher, Hans-Henny Jahnn, Anna Seghers, Karl Jakob Hirsch, Walter Kolbenhoff u.v.a. waren und blieben betroffen. Sie hatten sich wie auch Tami Oelfken für eine zukünftige Ost-West-Verständigung eingesetzt. Die »Kommunistin mit gefährlichen pazifistischen Ideen« nahm die Herausforderung an und gab abermals unmißverständlich ihren Standpunkt bekannt. Sie schrieb an die »Zeit« und Paul Hühnerfeldt »In eigener Sache«: »Eine Regierung, die jede Art von Pazifismus diffamiert, will den Krieg ... Im Dritten Reich habe ich die Erfahrung gemacht, wieviel Unglück und Ehrlosigkeit dadurch heraufbeschworen wurde, daß jemand mehr auf andere hörte, als auf sein eigenes Gewissen. Haben Sie nicht genug Phantasie, um sich ein demokratisches Deutschland auch nur vorzustellen? Wenn Sie nicht dafür arbeiten, sind Sie verloren. Ich erkläre Ihnen hier gern und eindeutig, daß ich im Lande der Freiheit aktive Pazifistin bin ... Ich bin Sozialistin. Ich gehöre keiner Partei an. Ich wähle geheim. Ich hasse es, daß man sich im freien Deutschland immer noch nicht abgewöhnen kann, in der privaten Sphäre jeden Bürgers herum zu schnüffeln ... So lange Bösartigkeit, Gehässigkeit, absichtliche Entstellung einen Platz in der Zeit (ohne Anführungsstriche bitte) einnehmen, ist keine Hoffnung, daß wir jemals in Deutschland Frieden haben.«

Ebenso kompromißlos und entschieden ist die Sprache ihrer Briefe und Stellungnahmen. Die literarischen Formen, die sie für das »Logbuch« und für ihre Romane und Kurzgeschichten findet, lassen sprachliche Arbeiten von unverwechselbarem Reiz entstehen. Hier gelingt einer Dichterin, was nicht viele politisch und gesellschaftlich engagierte Gegenwartsautoren erreichen: Tami Oelfken »erfindet« für die Themen des zwanzigsten Jahrhunderts eine gleichermaßen differenzierte und klare, aber verwandlungsfähige Sprache, die den Leser berührt mit ihrer unpretentiösen Lauterkeit und Genauigkeit.

»In den Werken eines Schriftstellers verbirgt sich immer auch seine Autobiographie,« schreibt sie an ihren Verleger Wulff. Ihren Lebenslauf, geschrieben 1949 für den Verlag Gustav Kiepenheuer in Weimar, bezeichnet sie mehrdeutig als »Befreiung aus dem roten Plüsch« (Gustav Kiepenheuer Verlag, Weimar. 1951)

Mein Kinderwagen stand in einer norddeutschen Kleinstadt, als die Menschen noch in roten Plüsch gebettet waren, sofern sie sich den Plüsch eben leisten konnten. Dieser Ausdruck stammt nicht von mir, obwohl er mir ähnlich sieht, sondern der kommt aus Carl Sternheims »Privatkurage«, wo ich ihn im Europa-Almanach des Jahres 1927 gelesen habe. Über mein unübersichtliches, stürmisches Leben ausführlich zu berichten, ist schon deshalb nicht einfach, weil jede Befreiung, selbst wenn sie mit geistigen Mitteln vor sich geht, ein Umsichschlagen, ein Herausreißen, Um- und Irrweg mit sich bringt, die wir mit Blutstropfen bezahlen, und wir lächeln erst darüber, wenn wir frei sind und unser kleines Dasein von oben betrachten. Bis dahin lecken wir Narben und Wunden.

Ich wurde also am sommerlichen Spätnachmittag gegen fünf Uhr am 25. Juni 1888 geboren. Wer über reichliche historische Kenntnisse verfügt, wird ausrufen: Aha! Da hielt im Dreikaiserjahr Wilhelm II. seine Antrittsrede im Parlament. Es stimmt. Ich nehme an, er hat lauter und durchdringender getönt, wie der Säugling in der Wiege, und ich habe ihn verachtet.

Als ich am Sedanstage 1895 ein Kränzchen in den Locken dem Herrscher zu Ehren ein Gedicht von einer Trompete aufsagen sollte, weigerte ich mich standhaft, diesem Parvenu ein Loblied zu singen. Das hatte ich von meinem Opa Heidmann übernommen, der ein Welfe war und die Hohenzollern nicht anerkannte. Er anerkannte die Cumberländer – und ich assistierte ihm dabei. Es focht uns nichts an, daß die Hohenzollern einfach, ohne uns zu fragen, regierten. Wir blieben Welfen, und Opas Papagei sang »Uus Angeland hipp hipp hura!«

Wer noch heute in Vegesack wohnt, und wer noch an die letzten Jahrzehnte des vorigen Jahrhunderts Erinnerungen hat, der entsinnt sich gewiss des mit grauer Plane bezogenen Autobusses von Theo Böse, der bei Regen und Sturm die Kinder der Roten-Plüsch-Klasse aus der weiten Marsch und der hohen Geest nach Vegesack schaukelte, wo wir teils in der höheren Mädchenschule von Geschwister Gleim und teils im Gymnasium unsere Bildung holten, mühevoll und kärglich. Ich kam immer müde an, lernte erbärmlich schlecht, wurde jede Ostern zur Wut meiner Mutter und zum Gram meines Vaters versuchsweise oder bedenklich schief versetzt. Wie das Schicksal es fertigbrachte, daß ich trotzdem die Jüngste in der Klasse war, begreife ich bis heute nicht. Meine vollständige Unfähigkeit, in der Schule mich auf das zu konzentrieren, was mir dort vorne erzählt wurde – mein vollständiges Absinken in Träumereien und später in leidenschaftliche Liebe, hinderten meine Lehrer keineswegs, mich für den Beruf einer Lehrerin zu bestimmen. Ich würde ja mit dem Hüftleiden nie einen Mann kriegen, und einen anderen Beruf, der von derselben Reputierlichkeit gewesen wäre, kannten sie nicht. Ich wehrte mich mit Geheul wie ein Kalb, das zur Schlachtbank geführt werden sollte, aber ohne Erfolg.

Auf dem Seminar in Bremen träumte ich weiter – lernte genau so unwillig und erfolglos wie in der Schule. Ein Semester nach dem anderen kluckerte so dahin – ich liebte die Literatur, den deutschen Aufsatz, war in Grammatik und im Rechnen guter Dinge; aber allein die Erwähnung der Geschichtsstunde oder der französischen Grammatikstunde brachte mich in Weißglut. Ich wußte nichts. Daß ich überhaupt je Examen gemacht habe und daß ich – es ist als sei das mein Schicksal – auch hier wieder viel zu jung fertig war – begreife ich nicht. Es muß ein Versehen gewesen sein – und als ich schon drei Jahrzehnte lang mich mit freudiger Leidenschaft dem pädagogischen Beruf hingab, wurde diese Freude nur dadurch gestört, daß in meinen nächtlichen Träumen oft jemand ankam, mir meine Diplome aus den Händen riß und alles für einen albernen Irrtum erklärte. Als ich vor einigen Wochen einen langen Freundesbrief erhielt, in dem der Name meines verehrten Herrn Direktor August Kippenbrg erwähnt wurde, wurden meine Ohren heiß, und ich sah mich um, ob er nicht da in den Anlagen der Blumenschule spazierenginge und sich wundert, wieso ich es zu was gebracht habe!

Mit was habe ich nun eigentlich die Schulzeit und die acht Semester vertrödelt!? Ich weiß es nicht. Ganz gewiss ist, ich war der festen Überzeugung, das Leben – das wirkliche Leben – das finge hinter der Schule an, nicht zeitlich – o nein –, sondern – als sei es hinter einem Vorhang mir verborgen, und ich konnte durch diesen Vorhang nicht hindurchstoßen, um es beim Schopfe zu fassen!

Ich las Goethe, ich las Wedekind – ich las Nietzsche. Ich las, was ich fand. Dann schrieb ich stürmische Gedichte, Hilferufe an die Götter! 1908 wurde ich Lehrerin. Aber ich nahm mir vor, später Dichterin zu werden. Da ein noch so heftig galoppierender Pegasus es nicht vermochte, Mk. 107,40 monatlich abzuwerfen, da meine Eltern mich nicht nur enterbt, sondern auch entmündigt hätten, wenn ich die fette Weide einer festangestellten Lehrerin mit den unsichern Wogen des dichterischen Ozeans vertauscht hätte, blieb ich in der Schule. Ich liebte diesen Beruf bald leidenschaftlich. Genau zehn Jahre lang hielt ich mich also, um das treffende Bild weiter zu gebrauchen – mit der einen Hand noch am roten Plüsch fest, indes die andere, die linke, ganz und gar freiheitlichen Gestaden zusteuerte.

Am Tage unterrichtete ich, spielte in der Abenddämmerung mit den großen Kindern in Grohn, mit Moppel Six und mit Marthe Hesse, mit Diedie Lamken und mit Babi Meierdirks. Wir versteckten uns auf dem Heuboden – im großen dunklen Schuppen, der unter den hohen Buchen meines Gespensterhauses stand. Wir lasen auf meiner Terrasse »Marie Grubbe« und »Niels Lyne«. Abends ruderten wir im Mondenschein die Lesum hinauf, immer im Schilf entlang, und wir sangen: »Es waren zwei Königskinder« oder das Seeräuberlied.

Nachts aber bestieg ich meinen ungeduldig scharrenden Pegasus, dichtete, las und träumte von Ruhm. Als meine ersten Verse in der Sonntagsbeilage der Bremer Nachrichten erschienen, saß mein Vater mit gerunzelter Stirn am Frühstückstisch. Die Zeitung lag neben ihm. Er aß, um Zeit zu gewinnen, etwas hartmäulig an seiner kroß gebratenen Midder, er legte die Gabel hin.

»So was verbitt ich mir – Liebesgedichte! Es ist mein Name!«

»Das ist auch mein Name!« sagte ich zitternd vor Wut. Anstatt, daß er vor Stolz und Glück glühte, war er um seinen Namen bange. Er krabbelte seitwärts in der Zeitung herum.

»Was soll das heißen – »Leben genug«? Wer versperrt dir was? Heh?«

»Du mußt das ganze Gedicht lesen - nicht einen Satz? Es ist ein großartiges Gedicht – mutig und...«

»Was ist daran großartig?« sagte er und warf die Zeitung aufs Sofa.

»Das ich aus dem Land der Philister ausbrechen kann, wann ich will...« rief ich begeistert.

»Halte den Mund! Laß das nicht deine Mutter hören!« rief er böse. »Philisterland! Wenn ich schon so etwas Dummes höre! Wie kannst du von deinem eigenen Gedicht sagen, es ist großartig!«

»Davon verstehst du nichts. Wenn ein Gedicht großartig ist, dann ist es eben großartig. Ganz gleich, wer's gemacht hat. Liliencron hätte es nicht so gut gekonnt!«

»Da schlag einer lang hin! Liliencron! Du bist überspöhnig.«

Meine Mutter kam aus dem Eßzimmer, wiegte den Kopf hin und her, so ähnlich wiegte Hagen von Tronje sein Schwert auf den Knien – bis sie sagte: »Wir können das gar nicht wissen – begabt ist sie. Das hat sie aus meiner Familie.«

Sie nahm die Zeitung an sich und verließ die Veranda. Mein Vater guckte verduzt hinter ihr her. Dann schüttelte er den Kopf, nahm die Gabel und kratzt auf dem Teller herum.

In dem Bauernhaus des Erbfischers unten an der Lesum pflanzte ich einen Kastanienbaum, richtete unter dem Strohdach ein Poetenstübchen her, in das ich nur über eine steile Schiffstreppe gelangen konnte. Die Treppe holte ich von der Abwrack, sie entstammte einem dänischen Dampfer »Mareen«.

Ich trieb eine ruchlose Verschwendung, indem ich mir einen mächtigen Schreibtisch kaufte, dessen Schubfächer ich dicht abschloß, den Schlüssel versteckte ich so eifrig und so verwegen, daß ich oft stundenlang suchen mußte. Das hatte seinen tiefen Grund – ich war dabei, meine erste Novelle zu verfassen, sie hieß »Der schwarze Pudel«. Die große Schwierigkeit bestand darin, alles geheimnisvoll zu tun. Der Mann, den ich liebte, schrieb einen Roman. Er hielt von meiner schriftstellerischen Begabung gar nichts. Er wußte alles besser. Wenn ich seine Manuskripte las, fand ich darin etwas Kellermann – wir lasen »Yester und Li« – etwas Dehmel – es ritten auch bei ihm gerne zwei Menschen einsam durch die Nacht – aber im tiefsten Winkel meiner Seele war ich enttäuscht. Ich war etwas geniert, weil ich seinen Ideen so gar wenig abgewinnen konnte. Er riet mir, ich solle das Schreiben aufgeben. Ich sei wirklich zu unbegabt. Ich sei für vieles begabt – »du bist für die Liebe geschaffen«. Also seufzte ich, versteckte alle Artikel in den Schreibtisch und log ihm vor, ich hätte es aufgesteckt.

Ich verbarg seinem liebenden Auge alles, was ich zusammenträumte. Am späten Abend fuhr ich mit dem Rad allein über Löhnhorst zur Leuchtenburg, einem Wasserschloß, in dessen Teich, auf dem die weißen Wasserrosen träumten, der Pudel zum Schluß der Geschichte versinkt. Es machte mir schlaflose Nächte, was aus diesem Pudel werden sollte. Aber im Schreiben formte sich des Pudels Leben von selbst – er lebte, die Tänzerin lebte, der Clown lebte und litt.

Endlich schrieb ich mit meiner geduldigsten Schrift den Schwarzen Pudel ab. Es wurden zweiundzwanzig Seiten. Dann schrieb ich ihn nochmals ab, und es wurden achtzehn Seiten. Ich schickte ihn an die Redaktion der Bremer Nachrichten. Er wurde in zwei Fortsetzungen gedruckt. Im nächsten Winter fing ich die zweite Novelle an, sie hieß »Der traurige Clown«. So oft ich dran arbeitet, wurde ich bis zum Tode betrübt. Es war eine sehr traurige Geschichte. Der Redakteur schickte mir den ertrunkenen Clown zurück und fragte: »Warum schreiben Sie so bitter? Aber hören Sie nicht auf zu schreiben.«

Ich hörte nicht auf, sondern ich machte mich im Jahre 1913 an meinen ersten Roman – er hieß »Maria Camus«, der Roman einer Leidenschaft. Die Lesum rauschte darin und die Pappeln, mein Blumengarten, der feurige Busch, aus dem Moses Gottes Stimme vernahm, ein leidenschaftlicher Liebhaber – Tod eines Mannes, der die Welt von der Lüge befreien wollte. Es badeten

Jünglinge und schossen mit Speeren – viel tat die Schiffstreppe des dänischen Kutters »Mareen« dazu. Als der Roman fertig war, war ich zum Skelett abgemagert und hatte den wirklichen Liebhaber sträflich vernachlässigt.

Um diesen Roman richtig abschreiben zu lassen, stürzte ich mich in Schulden. Ich nähte die zweihundertundsiebzig Seiten in einen selbstbemalten Bogen ein ... Da brach der Krieg aus. Ich packte die zweihundersiebzig Seiten mit samt den sich nach Freiheit verzehrenden Helden in eine kleine Kiste, die ich meinem durchaus unwilligen Vater auf die Seele band. Er sollte den Schatz bewahren; aber die Kiste wurde so wenig ernst genommen wie die ganze Tochter. Sie wurde zu Hause »verunnoselt«.

Ich selber aber befreite mich nun endgültig aus den Umwicklungen des roten Plüsches und widmete mein Leben der Freiheit. Die inzwischen zu vollem Ernst herangereifte pädagogische Aufgabe ließ mich den Staatsdienst verlassen. 1918 trat ich in den Spartakus-Bund ein, verband mich inniger mit den Freunden in Worpswede und nahm als Delegierte an der 1. revolutionären Reichsschul-Konferenz in Berlin teil. Damit betrat ich den Schauplatz einer anderen Welt, die mir den Einsatz meines Lebens wert schien. In dieser neuen Welt gab es weder Heinrich Vogelers frühere mädchenhaarigen Birken, noch gab es leises Liebesgeflüster in den Wellen der Wümme; es gab nur noch den unerschrockenen Kampf gegen die Welt des roten Plüsches.

1920 fand ich mich auf den Barrikaden von Gotha, der Kapp-Putsch hatte das fertiggebracht. Ich schleppte die Verwundeten ab und zog mich mit den Kameraden nach Ohrdruf zurück. In der Landeszeitung war zu lesen: »Hier treibt sich seit einiger Zeit ein Wesen galizischen Ursprungs herum, das auf den Namen Taminski hört. Wir warnen den kommunistischen Minister Jacobi, uns hier nach Gotha derartig zweifelhafte Elemente in die Schule zu bringen ect. etc.«

Die Noskiten obsiegten. Herr Grünspach und Asch in Berlin bauten meine demolierte Ehre wieder zusammen. Sonst hätte man mich nach Galizien ausgewiesen. Ich verhielt mich eine Weile still und widmete mich dem Spandauer Schulkampf. Danach folgten Jahre praktischer Pädagogik in Hellerau, in der Dahlemer Gemeinschaftsschule, an der Schule der russischen Handelsvertretung und seit 1928 eigener Schule, die Schulgemeinde Tami Oelfken, die 1934 verboten wurde, weil pazifistisch, kommunistisch, judenfreundlich usw.

Von da an tappt jemand armselig und weltverloren in einem verpesteten Land herum, versucht vergeblich zu emigrieren, ist – siehe Logbuch – von den Volksgenossen gemieden, seines Berufs, seiner Unterkunft, seines Verdienstes beraubt, wartet auf den Tag der Freiheit.

1940 erschien mein Buch »Tine« bei Gustav Kiepenheuer; aber kaum war es auf dem Ladentisch, als Verleger und Autorin zum Alexanderplatz gerufen wurden; das Buch wurde, da nirgends mit den Richtlinien des Dritten Reiches in Einklang zu bringen, sofort verboten, die Autorin aus der Kulturkammer ausgeschlossen.

Ich schreibe, schreibe – schreibe –, bin verzweifelt, von den besten Menschen getrennt, über deren dunkles Schicksal ich nichts weiß. Ich hungere, bin zerlumpt, tappe – ein Beinleiden macht das Leben zu einer unendlichen Qual – von Österreich nach Strassburg, von Berlin nach Mecklenburg von der Basler Ecke an den Ueberlinger See. Da erwischt mich der Tag der Freiheit.

Das Gouvernement Militaire und die Stadt Ueberlingen gaben mir 1948 das rosa Haus im Garten. Die Lieben in aller Welt schicken Schuhsohlen und Kaffee, Mantelstoff und Daunenbett. Die Manuskripte von zehn Büchern liegen fertig, und die geistigen Kinder erblicken nach und nach das Licht der Welt. Die Literaturgeschichte von Herrn Lüth erwähnt mich nicht. Herr Döblin mag mich nicht. In Südbaden druckt man mich nicht. Aber – ist darum mein Leben weniger gesegnet, mein Werk weniger gut? Ich werde meinen Rittersporn pflanzen und meine Mondlilien, ich werde Nelken züchten und sie Henry Pootless nennen, und ich werde schreiben – nun etwa bis 1970. Dann lege ich den Federhalter hin.

Was ich gerne lese? Liesskow, Jacobsen, Katharine Mansfield, Supervieille; Thomas Mann. Und was ich am meisten liebe?

Das Mädchen mit den Sterntalern.« (Ueberlingen a. Bodensee, Dezember 1949)

Christa Alverdes, die jüngste Schwester Tamis, schreibt 1987 aus ihren Kindheitserinnerungen an die Herausgeberin:

»Als mein Vater unser Haus Langestr. 54/56 wohl 1888 bauen ließ, gab es noch kein Rathaus und keine chemische Fabrik. Unser Garten endete am hohen Deich zur Weser. Unsere Kindheit spielte sich am Strom ab. Vater ließ uns auf Behnkens Werft ein schweres Ruderboot bauen und ich wundere mich über das Vertrauen meiner Eltern, daß uns nichts passieren könnte. Gefährlicher war es noch, wenn wir im Winter auf einer Eisscholle mit einem Staken in der Fahrrinne kutschierten...«

Überseeschiffe, Sturmfluten, Strandgutsammeln – bei den Matrosen der anlegenden Wollschiffe tauschten die Kinder Vaters Zigarren gegen fremde Dinge ein. Der Kontrast der Arbeitswelt zur bürgerlichen Idylle des elterlichen Anwesens war stets gegenwärtig. Gleich hinter dem Gartenzaun lag die Wollkämmerei, begann die Welt der polnischen Fremdarbeiter, des Hafens und der Seeleute.

Das bürgerliche Haus des stellvertretenden Gemeindevorstehers und Kreisdeputierten Heinrich Oelfken – mit Erzieherin, Kindermädchen, Küchenmädchen und Köchin, sieben Kindern und ihrer musisch begabten und aktiven Mutter, bot eine ungewöhnlich aufgeschlossene Atmosphäre für die Zeit nach der Jahrhundertwende in einer Kleinstadt.

»Es ging lebhaft bei uns zu. Alle politischen Parteien waren in der Familie vertreten – es wurde oft lautstark diskutiert. Ich war als Wandervogel parteilos – ihre Aufregungen waren mir nur schwer verständlich.« (Christa Alverdes)

Für Marie Wilhelmine, zuhause Mieze genannt, die mit einem Hüftleiden geboren worden war, wählte die Familie folgerichtig den Beruf der Lehrerin: Einem Mädchen aus gutem Hause, das sicher niemals heiraten würde, war damit ein Auskommen und überdies eine einwandfreie Lebensführung garantiert.

Tami studierte bei August Kippenberg. Ihr Lebensweg schien nach dem Examen 1908 im Bremer Rathaus vorgezeichnet. »Zum Entsetzen meiner Mutter fühlte ich mich aber nach

Worpswede hingezogen. Mein unbändiger Freiheitsdrang wußte sehr genau, was ich nicht wollte. Ich brach aus aus dem häuslichen Gefüge.« (»Penaten«, S. 47)

Dazu Christa Alverdes: »In der Schule revoltierte sie in dem damaligen Sinn. Sie spielte Geige und sang mit ihren Kindern jeden Morgen Volkslieder, sie fand es überflüssig, daß es Haupt- und Tätigkeitswörter gibt und ließ alles klein schreiben – ohne Interpunktion »Rote Striche für Fehler erschrecken die Kinder« – sie wurden nicht angestrichen. Das mußte einen Schulrat erregen. Sie wurde in ein Moordorf versetzt und bekam Kontakt zu dem nahen Worpswede und dem Kreis um Heinrich Vogeler.«

Tami war während ihrer Ausbildung mit den pädagogisch-psychologischen Reformideen der Bremer Pädagogen Heinrich Scharrelmann und Fritz Gansberg vertraut gemacht worden. Sie führte zum Entsetzen von Eltern und Lehrern einen an den Bedürfnissen der Kinder orientierten Unterricht durch gegen den Protest ihrer zumeist älteren Kollegen. Einer ihrer ersten Schüler – heute ein betagter Herr – geriet siebzig Jahre später noch in helle Begeisterung:

»Sie war so ganz anders – wir haben viel bei ihr gelernt. Sie kam eines Morgens mit einer neuen Frisur und kurzem Haar in die Schule – das war 1915 der erste Pagenkopf in Blumenthal.«

Die Kinder nannten sie »Tante Mieze«, abgekürzt »Tami«. Sie behielt diesen Namen als Künstlernamen bei.

Ihre Strafversetzung zu einem glücklicherweise aufgeschlossenen Dorfschulleiter in ein Moordorf muß sie auch als geistige Befreiung empfunden haben, denn ihre bisherige Überzeugungen änderten sich zu neuen politischen Einsichten.

»Vorher war sie begeistert deutsch-national gewesen – ihr Verlobter war hoher Reserveoffizier an der Front. Er kam mit einer Polin verheiratet und einem Sohn heim. Diese Enttäuschung hat sie nie verwunden«, deutet Christa Alverdes diesen Einschnitt.

Die junge Lehrerin, so verletzt sie auch gewesen sein mag, gefiel sich nicht lange in der Rolle der verlassenen Braut. Sie verfolgte bereits das Leitmotiv ihres späteren Lebens im Worpsweder Kreis um Heinrich Vogeler und schreibt im Alter an Werner

Wulff über »die unvergeßlichen Nächte im Barkenhoff, ... als wir in den Spartakusbund eintraten wie junge Ochsen in die Arena!«

Damals erprobte sie in ihrer Dorfschule moderne Methoden eines Unterrichts, dessen inhaltliche und methodische Strukturen im erzieherischen Modell der Gesamtschulen unserer Gegenwart aufzufinden sind.

Eigene literarische Arbeiten, künstlerische und politische Diskussionen, Freundschaften (die ein Leben lang dauern werden) eröffnen ihr eine neue Welt: ein recht bedenklicher Aufbruch aus dem »roten Plüsch« hinein in die revolutionäre Jugend für eine Tochter aus gutem Hause. Die Eltern, eingebunden in berufliche Stellung und konservative bürgerliche Pflichten können nicht nur glücklich gewesen sein über die begeisterte Sozialistin und ihr »kommunistisches« Treiben. Sie wurde als »Spartakistin« von Familie und Umwelt mit Grauen ausgeschwitzt, einfach weil man damals noch nicht wußte, in wie guter Gesellschaft ich dort mit dem heutigen Regierenden Bürgermeister von Berlin war. (1953)

»Tami ist bis 1920 ständiger Gast im Elternhaus gewesen...« berichtet die Schwester.

Geprägt aber habe sie der Barkenhoff, schreibt Tami in ihrem Jahrbuch »Die Penaten«:

»Das war meine Welt, die andere sah ich nicht (...) Heinrich Vogeler blieb mir in all den Jahren der nächste Mensch (...) Sein Einfluß auf mich war nachhaltiger als irgendein anderer (...) Durch Rilke waren die Ideen Tolstois uns nahe gerückt (...) er wollte ungestört die Fibel für die Arbeitsschule Barkenhoff schreiben. Wir gerieten darüber in nächtelange Dispute. Er wollte ganz in den Spuren des bärenstarken Tolstoi diese Fibel selber schreiben; ich aber vertrat mit ungewohnter Heftigkeit meinen Standpunkt: Die Schüler hätten ihre Fibel zu schreiben, ein Verfahren, das ich zehn Jahre später in meiner eigenen Schule mit Erfolg durchgeführt habe.«

Die Suche nach ihrer eigenen künstlerischen und politischen Position erhält starke Impulse durch Begegnungen mit den wohl bedeutensten Dichtern dieses Jahrhunderts: »... eine illustre Tafelrunde in der Diele des Barkenhofs brach in unendliches Gelächter aus, als ich annahm, die wahren Dichter wären gewiß nicht hier, sondern in Berlin oder Paris ... Ihre Sonnen waren noch nicht so hell, um mich zu blenden oder einzuschüchtern.« (»Die Penaten«, S. 48 ff). Dichter wechselten sich ab mit Philosophen und Politikern, die als Besucher und Gäste ihren Eindruck hinterließen; Martin Buber und Wilhelm Piek z.B. machten ihre Besuche. Respektlos vermerkt Tami: »Viele der revolutionären Gäste von damals glichen den Wildgänsen von Selma Lagerlöf, die sich ihre eigenen Flügel beschnitten, damit sie besser Fett ansetzen konnten, um Steuern zu sparen (...) Was in Worpswede sich wieder neu ordnete, (...) lebte mehr oder weniger von den Zinsen eines geistigen Kapitals, das die fortschrittlichsten Geister in Worpswede deponiert hatten.«

Als Vogeler zu seiner ersten Rußlandreise aufbricht, verläßt auch Tami Oelfken Worpswede. Zuvor hatte sie den Schuldienst gekündigt, doch nicht zugunsten ihrer literarischen Arbeit. Sie war überzeugt, daß eine Staatsschule in der bestehenden Form keine pädagogische Berechtigung haben konnte gegenüber den Erfordernissen einer zeitgemäßen und sozialen Erziehung.

Ihre Familienangehörigen sind bis heute völlig sicher, sie sei damals mit Heinrich Vogeler auf Studienreise nach Rußland gefahren – Tami Oelfken hat dies stets in ihren persönlichen Angaben bestritten. In der Literatur über und von Vogeler findet sich kein Hinweis darauf.

Als gesichert kann gelten, daß sie in den Jahren zwischen 1920 und 1928 sowohl aktiv politisch im Schulkampf als auch pädagogisch und literarisch arbeitete.

Über die Berliner Jahre während der Weimarer Republik fanden sich keine Belege, Briefe oder Notizen. Es sei alles bei den Bombenangriffen auf Berlin verbrannt, weiß die Schwester zu berichten.

Der kosmopolitischen, künstlerisch hochproduktiven Atmosphäre Berlins in den zwanziger Jahren, dem expressiv ausgelebten Widerspruch zwischen den Hochformen bürgerlicher Literatur und der revolutionären Avantgarde entsprach gewissermaßen für Tami die zuvor auf dem Barkenhof erfahrene Situation. Im Nebeneinander unterschiedlicher politischer und ästhetischer Standpunkte zeigte sich das Gemeinsame: Die Aufbruchstimmung der Jahrhundertwende, nur unterbrochen durch die brutale Erfahrung des 1. Weltkrieges, führte zu einer intensiven Hinwendung zum Pazifismus, zu kritischen Arbeiten der Autoren gegen die Zustände der Restauration.

Hier nur einige der Dichter und Künstler zu nennen, die die deutsche und europäische Kultur bis in die Gegenwart maßgeblich geprägt haben, würde zwangsläufig zur Ausgrenzung der übrigen führen. Ihre Namen sind identisch mit dem Expressionismus als literarische Epoche und finden sich fast ausnahmslos in den Verbotslisten und Todeslisten der Nationalsozialisten wieder.

Zu Beginn der zwanziger Jahre leben in Berlin mehr als 350.000 Bürgerkriegsflüchtlinge aus Rußland, die sowohl der Linken als auch der Rechten angehören. Der Berliner literarische und kulturelle Szene wird stark beeinflußt von Künstlern wie Ilja Ehrenburg (der zwischen den russischen Gruppen zu vermitteln suchte), Majakowski, Maxim Gorki, Sergej Eisenstein, Marc Chagall, Igor Strawinski. Das »romantische Theater«, russische Restaurants, Cafés und eine russische Schule entstehen.

Unter dem schwachen Staatswesen der Weimarer Republik erwächst eine starke und vitale Kultur des Theaters, der Publizistik und Literatur, die sich aller gesellschaftlichen Themen annimmt.

Einige Zeit arbeitet Tami Oelfken an der russischen Schule, aber ihre Vorstellung von Pädagogik und die kritische Haltung auch gegenüber dem Kommunismus führen dazu, daß man sich von ihr trennt.

»Sie war eine ausgezeichnete Pädagogin; als solche leitete sie in Dahlem-Dorf eine Privatschule. Brigitte Horney (die spätere Filmschauspielerin) war dort. Sie brachte oft Briefe hin und her, da wir in Zehlendorf Nachbarn waren«, vermerkt Christa Alverdes, die – jung verheiratet – ebenfalls in Berlin lebt.

Endlich erhält Tami vom Schulamt die Erlaubnis zur Gründung einer eigenen Reformschule, in die eine »Elternschule« in Seminarform als Unterrichtsvoraussetzung integriert ist. Sie finanziert die Schule privat.

In dieser Zeit, die wirtschaftlich immer problematischer wird, richtet sie Geldforderungen an die Eltern und Geschwister, die nicht mehr erfüllbar sind und die Familie in der Inflationszeit in Schwierigkeiten bringen.

Nach dem Tod des Vaters führt die eingetretene Entfremdung zwischen Tami und den Verwandten zu einer endgültigen Trennung; auch das Elternhaus in Blumenthal als Mittelpunkt der großen Familie muß verkauft werden.

Trotz zunehmender Radikalisierung der deutschen und Berliner politischen Szenerie arbeitet Tami erfolgreich in ihrer Schule bis 1933. Viele linksintellektuelle Eltern aus Verleger-, Schriftsteller- und Künstlerkreisen, die später emigrieren müssen oder in den Konzentrationslagern umkommen, lassen ihre Kinder in der »Schulgemeinde Tami Oelfken« unterrichten. Als ihre Schule nach der Machtergreifung Hitlers verboten und aufgelöst wird und Tami zunächst Berufsverbot als Pädagogin auf Lebenszeit erhält, geht sie sofort ins Ausland. Sie versucht, in Paris und später in London ihre Schule wieder aufzubauen, aber die Gestapo beweist auf bürokratischem Wege ihren »langen Arm« und es gelingt Tami nicht, die Schüler der Emigranten zu sammeln in einer eigenen Schule. Es bleibt ihr nichts anders übrig, als nach Deutschland zurückzukehren, da sie im Ausland keine materielle Basis findet. Sie kehrt zurück nach Berlin.

Hier versucht sie, ihre literarischen Arbeiten zu veröffentlichen und findet auch ihre Verleger. Doch vor einer Veröffentlichung steht der Gutachter der Reichskulturkammer, der junge Herr Dr. Werner Wien. Seine Empfehlungen, ihren Roman »Maddo Clüver« in einen (»Wir brauchen das!«) Heimatroman umzuschreiben, lehnt sie erbost ab (»Logbuch«).

Kiepenheuer veröffentlicht das Buch dennoch, es wird beschlagnahmt, Tami wird aus der Reichskulturkammer ausgeschlossen und erhält als Schriftstellerin ebenfalls Schreibverbot auf Lebenszeit.

Unstet und unter der sie verfolgenden Bespitzelung der

Gestapo wechselt sie – wie auch Werner Wulff – ständig ihren Wohnsitz. Sie arbeitet unter Pseudonym für deutsche Zeitungen im Ausland, lektoriert für befreundete Verleger und betreut in Inlandszeitungen unter anderem Namen Leserbriefseiten und psychologische Beratungsserien. Über diese Jahre gibt das Buch »Die Fahrt durch das Chaos«, ein »Logbuch der Jahre 1939 – 1945« Auskunft (Wulff-Verlag, Überlingen, 1946).

Zu den Verfemten halten in diesen schwierigen Jahren treue Freunde aus der Worpsweder und Berliner Zeit. Einer der Zuverlässigsten ist Hans Reisiger, der Romancier und Übersetzer von Werken der Weltliteratur in die deutsche Sprache. In den kritischen Zeiten ihres Lebens seit der Begegnung auf dem Barkenhof in Worpswede (1915 – 1920), später bei ernster Krankheit, Unfällen, den riskanten Wochen des Kriegsendes, in extremen materiellen Notsituationen und schließlich an ihrem Sterbebett in München steht Hans Reisiger Tami Oelfken bei.

Über H. Reisiger, der im Dritten Reich in Österreich von der Gestapo verhaftet wurde und wieder freikam, weil sich Thomas Mann auf dem Umweg über ausländische Regierungen für ihn einsetzte, führt vermutlich eine der Verbindungen des inneren literarischen Widerstandes zu den Verlagen in Prag, Amsterdam, Zürich und zu den emigrierten Freunden im Ausland.

Peter de Mendelssohn zitiert die Familie Mann in einer zweiseitigen Charakteristik Hans Reisigers': Thomas Mann nannte ihn seinen »nochmals liebsten und treuesten Freund und Weggenossen, der ›viel zum Werk seines Lebens‹ beigetragen haben. Er hellte mein allezeit recht mühsames Dasein auf. (...) kaum bei einem anderen habe ich soviel erquickenden Sinn für das Komische im Dasein gefunden.«

Erika Mann äußert sich über »den Lieblingsonkel« der Kinder als unentbehrlichen Anwesenden: »Ein Christfest ohne ihn, das wäre verpfuscht gewesen.«

Klaus Mann ging als Kind mit ihm schwimmen, ließ sich die Sterne und die Welt erklären und Golo Mann kennzeichnet ihn: »Mein Vater, sonst so oft in sich gekehrt, taute auf, sobald Hans Reisiger da war. (...) So ist er zwei Großen seiner Zeit, Gerhart Hauptmann und Thomas Mann, schier unentbehrlich geworden. (...) Er war immer ein Denker, ein Philosoph auf eigene Faust (...) er zog es vor, am Rande zu leben.«

Peter de Mendelssohn charakterisiert: »... er liebte seine äußere Unabhängigkeit, so bescheiden sie war, und seine innere Freiheit viel zu sehr, als daß er sich je hätte entschließen können, etwas anderes zu sein als sein liebenswertes Selbst.«

Hans Reisiger ist nach Mendelssohn »der rechte Lohn für seine große Lebensleistung nie zuteil geworden. Er besaß nichts von der Unbescheidenheit, mit der man an die Qualität der eigenen Arbeit glauben muß, um sich durchzusetzen.«

Menschen wie Tami Oelfken, Hans Reisiger und Werner Wulff trugen eine andere Vorstellung vom »rechten Lohn« in sich:

Das Bedürfnis nach äußerer Unabhängigkeit und innerer Freiheit, dazu die Fähigkeit eines Denkens »auf eigene Faust«, die deutliche Utopie einer sozialen und demokratischen Gesellschaft, in der Platz ist für Humanität, Gerechtigkeit und Toleranz, unter der allein kulturelle Werte entstehen können - nur »unverbesserliche« Träumer, Dichter und Utopisten konnten die Vorstellung eines friedlichen menschenwürdigen Daseins über die Schrecken des 20. Jahrhunderts retten in die Gegenwart.

Reisiger, der als Literaturkritiker im In- und Ausland geschätzt wurde, machte sein Urteil über Tamis Arbeit im Stuttgarter Rundfunk 1949 öffentlich: »... in dieser niederdeutschen Welt, die ja andere vor ihr nicht weniger gut geschildert haben, blüht nun ein Zauber, der in so zarter Intensität und Transparenz Tami Oelfken allein zu eigen ist und auf den es ihr in Wahrheit ankommt; denn die Realität ist nur da, wie Gegenstände da sein müssen, damit das Licht an ihnen erscheinen kann...

Damit ist aber nichts Süßliches und Verzärteltes gemeint, sondern eine nicht zu beugende innere Unbedingtheit und Wahrhaftigkeit vom Ursprung her, eine in aller Zartheit revolutionäre Kraft, die ... ins ganze Leben fortwirkt, wie sie denn auch in der nun Sechzigjährigen fortgewirkt hat, die ihrer Lebtage eine Kämpferin war, eine von denen, die, wie es in »Florian

Geyer‹ heißt, ein ›brennend Recht‹ in der Brust tragen – eine Kämpferin, angefangen vom Widerstand im eigenen Vaterhaus bis zum späteren Bemühen, als Schulleiterin um eine kühne Reform der Jugenderziehung und schließlich bis in die aufwühlenden politischen und sozialen Geschehnisse der Gegenwart hinein, von deren innerer Überwindung ihr Tagebuch aus den Jahren 1939 – 1945, das sie »Fahrt durch das Chaos« nennt, ein ergreifendes und zugleich dichterisch vollendet schönes Zeugnis ablegt.« (1949)

Die politisch begründete Ausgrenzung aus dem öffentlich-literarischen Leben in der Zeit des »Kalten Krieges«, der eine Rückkehr von Nationalsozialisten in Schlüsselpositionen der Verwaltung, der Erziehung und der Justiz ermöglichte, war die Ursache, daß Tami Oelfken keine Öffentlichkeit fand und zu den bis heute ignorierten Autoren der Nachkriegszeit gehört.

Auch in ihrer Heimatstadt Bremen blieb unbekannt, daß sie die einzige Bremer Dichterin war, deren Bücher von den Nazis verboten wurden. Erst 1978 erwähnt H. Lühring in einer Stadtbibliothekszeitung die verbotene Autorin in einer Kurzbiographie, fragt aber gleichzeitig, ob sie denn wohl die »Zeit Überdauerndes« habe schaffen können. Es wäre leicht zu prüfen gewesen im Vergleich mit den Autoren Bremens, die weiterschreiben konnten im Dritten Reich.

Doch dazu hätte es ihrer Bücher bedurft und der Bereitschaft, über die Sprachform hinaus auch die darin übermittelten Inhalte als Überlebungsfragen unserer Gegenwart anzuerkennen. Einer von Männern gestalteten Welt, deren Zerstörtheit dem Leben keinen Raum gibt, setzte sie die Worte entgegen: »Das Heile ist das Maß der Dinge«. Ein unbequemer Satz in einer Gesellschaft, die darauf geprägt ist, sich eben dieser Voraussetzungen für ihre Existenz zu berauben.

In einer auf Gemeinwohl verantwortlich ausgerichteten Politik sah sie als Frau und Schriftstellerin die einzige Möglichkeit für die Zukunft, in der die Liebe zum Leben imstande sein würde, Krieg und Selbstvernichtung zu verhindern.

Die Worte des Schriftstellers Frank Thiess (aus: J.F.G. Grosser, Die große Kontroverse, Ein Briefwechsel um Deutschland,

Walter v. Molo-Thomas Mann), die er 1946 an Johannes R. Becher schrieb, haben bis heute ihre Aktualität nicht eingebüßt:

»Der politische Nationalsozialismus, – ich will nicht behaupten, daß er heute schon verschwunden sei und nicht untersuchen, warum er nicht verschwinden konnte, aber der moralische Nationalsozialismus erscheint mir weit gefährlicher zu sein, denn er bindet sich nicht an Parteizugehörigkeit oder politisches Bekenntnis, er findet sich heute in allen Lagern, auch in denen der Nazigegner.«

Tami Oelfken und Werner Wulff waren nicht die einzigen, die aus der Identität ihrer Person mit den eigenen Worten und Handlungen dagegen kämpften. Sie haben nicht resigniert und geschwiegen, wie ihre Briefe zeigen.

Die Stimmen der Zeitzeugen werden bald verstummt sein. Dieser Briefband ist eine Sicherung ihrer Spuren, soweit sie auffindbar waren.

Editorische Anmerkungen

Über Tami Oelfkens Fluchtreisen durch Europa, ihre verbotene schriftstellerische Arbeit in diesen Jahren und ihre Hoffnungen auf einen »aristrokratischen Sozialismus« gibt ihr »Logbuch« Auskunft. Es ist eine Analyse des Alltags im Dritten Reich, die unter dem Titel »Fahrt durch das Chaos« beim Werner-Wulff-Verlag, Überlingen, erschien, eines der ersten Bücher, für das die französische Militärregierung 1945 Lizenz und Papierzuteilung gewährte. Sie schrieb den letzten Satz des Manuskripts, als am 8. Mai 1945 von Radio London der Waffenstillstand verkündet wurde. »Wir haben mit unserer Niederlage, mit eurem Sieg, unsere Freiheit erkauft. Sie ist teuer bezahlt. Sie ist das höchste Gut der Erde. Wir wollen die Freiheit hüten wie unseren kostbaren Schatz.«

Die vorliegende Briefsammlung liest sich wie eine Fortsetzung des »Logbuchs«, obwohl sie keinen literarischen Anspruch erhebt. Sie gibt Einblick in das letzte Jahrzehnt eines Autorinnenlebens und das erste Jahrzehnt des neuen Staates, der ein Neuanfang hatte werden sollen – für sie und Millionen deutscher Menschen.

Die Briefe aus der Nachkriegszeit offenbaren die erschreckende Diskrepanz zwischen den realen Möglichkeiten ehemaliger Naziverfolgter und ihrem geistigen Selbstanspruch, an diesem neuen Staat mitarbeiten zu müssen, um Freiheit und Humanität in Deutschland zu verwirklichen.

Briefe sind Dokumente. Ihre subjektive Aussage hat Anspruch auf Unversehrtheit bei der Übermittlung. Ich habe sie nicht gekürzt oder korrigiert und mute damit dem Leser zu, vollen Einblick in das alltägliche, oft ermüdende Alltagseinerlei, die materiellen und beruflichen Existenzprobleme eines Verlegerehepaares und die erdrückende Monotonie eines Schriftstellerinnenlebens nach dem 2. Weltkrieg zu nehmen.

Auf einer alten Schreibmaschine getippt, die noch kein »ß« enthielt und das doppelte »ss« schrieb, oder mit der Hand notiert, oft auf minderwertigen, inzwischen zerbröckelndem Papier als Kopie ihrem Verleger zugesandt, wurden die Briefe von mir wortgenau übernommen und wiedergegeben bis hin zu Tami Oelfkens Eigenart der unterschiedlichen Schreibweise eines Wortes. Weder Orthographie noch Grammatik oder Interpunktion der Briefe wurden verändert.

Tami Oelfken hinterlegte Kopien ihrer Briefe an Außenstehende, sofern sie ihr wichtig erschienen, ebenfalls beim Werner-Wulff-Verlag. So blieben die Hintergründe des Boykotts der als Kommunisten ausgesonderten Autoren und die Auseinandersetzungen mit Dr. Witsch (Kiepenheuer & Witsch-Verlag) erhalten, ebenso ihre lange vergeblichen Bemühungen bei bundesdeutschen Behörden um Wiedergutmachung des ihr zugefügten Schadens im »Dritten Reich«.

Die Briefe an Martha Vogeler und Eva Kausche-Kongsback stellte der Leiter des Worpsweder Archivs Herr Rief zur Verfügung. Der Bremer Architekt Jens Wulff, Sohn von Werner und Florentine Wulff, stellte den Briefwechsel zur Verfügung. Christa Alverdes geb. Oelfken (Tamis jüngste Schwester) und der Neffe Heiner Oelfken ergänzten die Unterlagen mit Familienfotos und biografischen Informationen.

Frau Inge Menze, geborene Kaisen, berichtete aus der Erinnerung von der Verbundenheit ihrer Eltern Helene und Wilhelm Kaisen (dem ersten sozialdemokratischen Bremer Bürgermeister nach 1945) mit Tami Oelfken. Walter Arthur Kreye, Bremer Schriftsteller und Regisseur, überließ mir Briefe aus ihren letzten Lebensjahren.

Jens Pollem und der Buchhändler Kurt Heilmann vervollständigten die Bibliographie Tami Oelfkens um wesentliche Funde aus Antiquariaten; der (angehende) Germanist Ulrich Elstner bereitete das Personenverzeichnis auf und wird unter Betreuung Professor Paul Raabes (Wolfenbüttel) eine Monographie Tami Oelfkens erstellen.

Die Neuauflage der »Maddo Clüver« und die Herausgabe des Briefbandes zum 100. Geburtstag der Tami Oelfkens wurden durch Herrn Karl Lüneburg (Leiter des Ortsamtes Blumenthal), Frau Hildegard Keuneke (Senator für Bildung, Wissenschaft und Kunst, Bremen) und Herrn Bernd Meier (Gustav-Heinemann-Bürgerhaus, Vegesack) ermöglicht.

Ihnen allen sei gedankt für ihre Hilfe, geben sie doch damit einer Bremer Dichterin, Pädagogin und Sozialistin das Wort zurück, das ihr in den Jahren der Diktatur im »Dritten Reich« verboten und in der Zeit des »Kalten Krieges« unserer Bundesrepublik erneut genommen wurde. Autoren, die sich ungeachtet persönlicher Nachteile das Recht der Meinungsäußerung nicht nehmen lassen – weder im politisch-moralischen, noch im literarisch-ästhetischen Bereich – sind unverzichtbare Bestandteile demokratischer Freiheit. Sie will auch in der Gegenwart immer wieder neu erworben werden ... noch ist es Zeit.

COMMANDEMENT EN CHEF FRANÇAIS EN ALLEMAGNE

GOUVERNEMENT MILITAIRE
DE LA
ZONE FRANÇAISE
D'OCCUPATION

DIRECTION GÉNÉRALE
des
AFFAIRES ADMINISTRATIVES

Direction de l'Information

Bureau Edition

Überlingen, le 5 Fevrier 1946

Land: Baden Kreis: Überlingen

Nº d'Enregistrement:

Formule Nº 2

DEMANDE DE LICENCE D'ÉDITION
Antrag auf Erteilung der Veröffentlichungsberechtigung

Monsieur: / Herr: Werner Wulff   Editeur: / Verleger: Werner Wulff Verlag

Raison sociale: / Firma: Werner Wulff Verlag

Adresse: / Anschrift: Überlingen, Auf dem Stein 32

demande l'autorisation d'éditer ou de rééditer (1) l'ouvrage suivant (2):
erbittet hiermit die Erlaubnis, das nachbenannte Werk zu verlegen bzw. in Neuauflage erscheinen zu lassen

Titre: / Titel: " Die Sonnenuhr " Novellen

Nom de l'auteur: / Name des Verfassers: Frau Tami Ölfken

Profession: / Beruf: Écrivain

Adresse: / Anschrift: Überlingen, St.Ulrichstr.18

Curriculum vitae: / Lebenslauf: Née à Breme 1888, a fait ses études à Breme, passé l'examin 1908; professeur d'école 1908 - 1934. Une école privée dont j'étais le propriétaire fut défendue par les Nazis. Comme écrivain je fus excluse du Reichsschrifttumskammer; mes livres furent défendus. Le Gestapo m'a toujours cherché - mais on n'a pas trouvé une raison pour m'arrêter. Tous mes papiers sont aux Innenministerium Freiburg; je suis victime des Nazis Numéro U 150.

Appartenance au parti: / Parteizugehörigkeit: non

Fonctions dans le parti: —
Amt, welches der Antragsteller gegebenenfalls in der Partei innegehabt hat:

Nom du préfacier (éventuellement)
Name des Verfassers des Vorwortes, falls dieses von einem andern Autor geschrieben wurde:

(1) Rayer la mention inutile.
(1) Unzutreffendes zu streichen.
(2) Joindre deux épreuves dactylographiées s'il s'agit d'un ouvrage nouveau, deux exemplaires du volume s'il s'agit d'une réédition.
(2) Es sind beizufügen: 2 Durchschläge des Manuskriptes, falls es sich um eine Erstauflage handelt.
2 Exemplare des Buches im Falle einer Neuauflage.

20.12.1945

Lieber Wulff,

ich freue mich, daß die Lizenz nun da ist und daß mit Hilfe unseres trefflichen Herrn Kratz auch sonst das Leben für Sie bessre Aspekte gewinnt. Gut; aber darüber hinaus haben mich die letzten Wochen doch recht nachdenklich gemacht. Ich kann mir einfach nicht vorstellen, daß ich mich in Zukunft ähnlichen Entgleisungen aussetzen sollte, die Ihnen unterliefen. Sicher haben wir alle mal bessre und mal schlechtere Strähnen; aber dies war mehr als nur ungeduldige Strähnen. Bemerkungen »Charakter durchschaut und für mich erledigt« und so ähnliches Dienstmädchengeschwätz – das sollte bei Ihnen nicht vorkommen. Das muß ich Ihnen sagen, nicht aus Pädagogik, sondern einfach, weil es mir und meiner Art nicht entspricht, mich auf ein solches Niveau herunter zu lassen. Bitte, überlegen Sie das, bevor wir zusammen anfangen zu arbeiten.

Gestern abend sagte mir Flore, daß ich ja hauptsächlich mit ihr zu tun hätte. Es ist ganz gewiß, daß Ihre Frau, die ich ja im Grunde noch wenig kenne, viele gute Eigenschaften hat und das wirtschaftliche meistert; aber das soll mich nichts angehen. Wir beide haben davon schon viel gesprochen und es will mir erscheinen, daß die wirtschaftlichen Besprechungen, die Ihr beide als gemeinsam arbeitende Ehegatten besprecht, unter euch bleiben können. Wir waren uns ja über den Aufgabenbereich immer einig, der Verleger sind Sie und nicht Ihre Frau. Der Lektor wäre ich und nicht Ihre Frau. Daß sie im Hintergrund rechnet und alles Arbeitsmässige macht, ist eine wunderbare Einteilung, aber mich geht das nur indirekt an! Ich glaube, daß sie alle diese Dinge ganz ausgezeichnet macht. Meine Einwendung kommt aus einer ganz anderen Erkenntnis. Ich persönlich habe keine ausreichende Beziehung zu ihr, als daß ich sie als Vertragspartner wählen würde. Vielleicht liegt es daran, daß ihre Welt von der meinen ganz verschieden ist und es mir Mühe, unfruchtbare Mühe macht, ihren Gedanken zu folgen. Ich schreibe Ihnen beiden das, damit Sie wissen, daß es keinerlei persönliche Arroganz in mir ist, mich nicht dort zu verpflichten, wo man meinem Wesen fremd und unverständig gegenüber steht. Ich mache keinem von uns daraus einen Vorwurf. Es wäre nur eine Unsauberkeit, wenn wir nicht unsre Bezirke erkennen würden.

Ich schreibe Ihnen dies, damit unsre Arbeit von nun an reibungslos verlaufen kann. Wir waren uns darüber klar, daß ich Lektor Ihres Verlages sein sollte. Und daß ich unter dieser Voraussetzung ein Buch nach dem anderen in den Verlag einlaufen ließ, vorbehaltlich einer späteren Unterbringung meiner Gesamtarbeit in einen Verlag, der noch nicht fest steht. Wie weit diese Art der Arbeit realisierbar ist, hängt ja von so vielen heute noch ungeklärten Umständen ab – dazu kommt, daß nicht nur ***ein*** Verlag da sein muß, um meine umfangreiche Produktion zu schlucken.

Ich schlage deshalb vor, wir einigen uns dahin, daß ich das Lektorat erstmal übernehme, mit einem Monatssatz von 150.- kündbar vierteljährlich.

Wie wir vereinbarten, drucken Sie »Weg durchs Chaos«, ich erhalte zehn Prozent vom Ladenpreis. Vorabdrucke, die ich tätige, laufen für mich. Wenn Sie den Vorabdruck unterbringen, so werden Sie mit fünfzig Prozent an dem Erlös beteiligt. Das ist ein ganz allgemein gebräuchlicher Satz und er erscheint mir gerecht.

Von je tausend Exemplaren erhalte ich fünfzehn Exemplare als Autorengut. So haben wir es bei der Persianermütze gehalten, mir ist auch das recht.

Auf dieser Grundlage könntet ihr ganz gut unter euch besprechen wie wir diese Abmachung formulieren und dann schickt Ihr mir das Formular einmal herüber. Wir haben ja Zeit und können dann in Ruhe alles besprechen. Ohne irgend eine Unterlage ist jede Besprechung ganz überflüssig und hängt schön in den Wolken.

Wenn wir uns klar sind, schreiben wir auf und unterzeichnen beide. Ich hasse diese unklaren und spitzfindigen Jura-Ausdrükke. Außerdem sind sie überflüssig. Für den Juristen gibt es bessre Aufgaben. Wissen wir ja zur Genüge.

Ich bin dafür, daß wir unsren Tag nicht damit hinbringen uns über selbstverständliche Dinge zu ärgern und uns das Leben zu vergiften dafür haben wir nach diesen zwölf Jahren keine Zeit mehr. So und nun wollen wir einen dicken Strich machen und uns in Zukunft benehmen, wie es sich gehört. Und wenn wir merken, daß wir uns auf die Nerven gehen, so wollen wir uns meiden wie die Beulenpest. Es gibt soviel Arbeit, die jeder für sich machen muß!

Diesen Brief für heute nachmittag, ich kann nicht kommen, weil ich auf einen Herren vom süddeutschen Rundfunk warten muß und später gehe ich in den Vortrag.

Alles Gute und friedliche Gedanken!

Eure
Tami.

Überlingen, den 29. Dez. 1945

Liebe Tami Oelfken!

Vielen Dank für Ihr Schreiben vom 20. Dezember. Wir gehen ja jetzt beide in ein neues Jahr, und wir wollen hoffen, daß dieses uns einen Aufstieg bringen wird, von dem wir alle beide geträumt haben, ohne Rückschläge und andere unglückliche Dinge. Über unsere persönlichen Erlebnisse werden wir uns, hoffe ich, einmal im Anfang des neuen Jahres in aller Ruhe zusammensetzen können, um darüber zu sprechen, sobald es mir besser gehen wird, ich meine Frau und Kinder in guten Händen im Schwarzwald weiß und meine Pläne, die im Augenblick in der Schwebe sind, so untergebracht sind, daß ich mich mit aller Ruhe auf eine solche Unterhaltung einstellen kann. Ich werde in allen Dingen Ihnen dann Rede und Antwort stehen können und hoffe, daß alles so ausgehen wird, wie wir es beide eigentlich erwarten.

Nun zu den geschäftlichen Dingen. Beiliegend schicke ich Ihnen einen Vertrag über »Die Fahrt durch das Chaos« und hoffe, daß er Ihre Billigung findet, denn er ist ja, soviel ich mich entsinnen kann, genau so, wie wir es schon einmal in Gegenwart von Haensel besprochen hatten. Inzwischen ist nun von Baden-Baden die Genehmigung eingetroffen über 5000 Exemplare Fahrt durch das Chaos, die Hälfte von dem, was ich beantragt hatte, aber immerhin ein schöner Erfolg. Papierzuteilung soll auch von Baden-Baden erfolgen, und ich hoffe, daß Mitte Januar der Druck losgehen kann, falls das Manuskript dann druckreif ist.

Bei meinem letzten Aufenthalt in Baden-Baden traf ich den dafür verantwortlichen Herrn nicht an und konnte das dort lagernde Manuskript nicht miterhalten, aber ich war immer noch der Meinung, daß Sie ein zweites Exemplar hatten und das seinerzeit Herr Gouverneur Lindenmann von Ihnen erhalten hatte. Ich habe inzwischen Stuffer gebeten, mir das Manuskript zu besorgen und zu schicken, aber ich weiß nicht, ob sie es herausgeben und wann ich es in Händen habe. Haben Sie nun wirklich kein Exemplar mehr, oder müssen wir tatsächlich warten mit der Weiterarbeit, bis ich das Exemplar von Baden-Baden erhalte oder es selbst bei meiner nächsten Fahrt nach Baden-Baden, die Mitte Januar stattfindet, mitbringen muß.

Ich soll im Januar neue Druckgenehmigungen einreichen und möchte dafür von Ihnen die Sonnenuhr haben, die ja fertig ist; vorher werden wir ja dann noch einmal über diese Dinge sprechen können. Vielleicht ist es möglich, daß Hedwig das Manuskript abholen kann, damit ich es mir auch noch einmal anschaue; bitte geben Sie mir doch Nachricht. Jedenfalls sieht die Verlagsarbeit wesentlich günstiger aus als vor Wochen, und ich hoffe, daß bei einer schnellen Papierzuteilung wir bald unser erstes Verlagskind in den Händen haben werden.
Alles Gute und viele herzliche Wünsche für das Neue Jahr

Ihr
Werner Wulff

Lieber Wulff,

das ist ja gut. Dann werden alle anderen Dinge auch wohl endlich von Ihnen abrutschen. Nur ist das Krankenhaus ja nicht grade der Platz, um sich über Verlagsgeschichten ins Reine zu bringen. Seien Sie also besser Mittwoch um 10 Uhr hier oben bei mir am sachlichen, freundschaftlichen Schreibtisch.
Ihrer Frau gute Erholung weiter.

Herzliche Grüße
Tami

9. Januar 1946

Lieber Werner Wulff,

heute erst antworte ich Ihnen auf Ihren Brief vom 29. Dezember. Es hatte alles etwas gedauert und auch heute sitze ich noch ohne Bedienung in reichlicher Unordnung und komme noch nicht zum richtigen Aufarbeiten.

Mein Brief vom 20. Dezember enthält auf Seite 2 einen Satz, auf den Sie leider in Ihrer Antwort gar nicht eingegangen sind. Er legt nämlich noch einmal die Grundlage unserer gemeinsamen Arbeit fest. »Wir waren uns darüber klar, daß ich Lektorin Ihres Verlages sein sollte und daß ich ***unter dieser*** Voraussetzung ein Buch nach dem anderen in den Verlag einlaufen ließ, ***vorbehaltlich*** einer späteren Unterbringung in einem anderen Verlag.«

Davon möchte ich nicht abgehen. Vom Lektorat, das ja die Voraussetzung meines Vertrauens in den Verlag war, ist in Ihrem Brief keine Rede. Das ist kein Zufall. Ich selber habe, wie Sie gut wissen, schon allerhand Arbeit gedanklicher Art investiert – aber ich möchte nun davon Abstand nehmen, weil ich meine Arbeit nach einer anderen Seite mehr ausbauen kann, wenn ich kein Lektorat bei Ihnen habe. Es braucht Sie dieser Entschuß meinerseits nicht zu erschrecken; ich werde Ihnen – falls Sie es noch wünschen, das Druckrecht – so war es stets zwischen uns vereinbart und es ist mir erstaunlich, daß Sie in Ihren Vertragsentwurf auf alle unsere gemeinsamen Erwägungen keinerlei Rücksicht mehr genommen haben – für den »Weg durchs Chaos« – für den Werner Wulff-Verlag geben. Das Druckrecht ist kein Verlagsrecht. So habe ich Ihnen heute einen Vertragsentwurf gemacht, der das enthält, was wir von jeher miteinander besprochen haben. Ich hoffe, diese Regelung ist Ihnen nun angenehm.

Das Logbuch aus Baden-Baden ist bereits wieder in meinen Händen; ich habe es mir per Einschreiben wieder zustellen lassen. Ich bin dabei, weiter zu arbeiten; aber im Augenblick ist das Farbband, kaum einige Tage alt, schon wieder kaputt. Immerhin sind fast 200 Seiten absolut druckreif. Ich kann es Ihnen nur deshalb nicht geben – und Sie müßten, um etwaige Berechnung machen zu lassen, schon das nicht durchgesehene und ungeordnete Exemplar von Herrn Lindenmann nehmen, der es mir mit viel Interesse zurückgab. Ich würde denken, daß das fertige Buch mehr als 400 Druckseiten hat; aber im gehefteten Zustand würde es so aussehen, wie etwa aus dem Fischer-Verlag-Berlin »Persönlichkeit und Schönheit« von Ellen Key aus dem Jahre 1907. Es entspricht im Druck und Satzspiegel durchaus dem, was ich mir denke. Sie können dies Buch gerne gelegentlich bei mir einsehen. Über alle weiteren Pläne sprechen wir von Fall zu Fall. Ich möchte ja gerne nach dem Logbuch »Maddo Clüver«, die »Konturen einer Kinderlandschaft« neu herausbringen. In seiner erweiterten und durchgesehenen Form liegt es mir fertig vor.

Ich wünsche Ihrer Frau gute Erholung und den beiden Buben da oben Wohlergehen. Ich würde beide mal ein halbes Jahr dort lassen, damit Sie ganz zu sich kommen.

Hoffentlich ist Ihre Gesundheit besser dran wie meine, die viel zu wünschen übrig läßt.
Sehr viele gute Wünsche für gemeinsames Gelingen.

Ihre Tami

Vertrag

Zwischen der Autorin Tami Oelfken und dem Werner Wulff-Verlag Überlingen wird folgender Vertrag geschlossen:

Frau Tami Oelfken überträgt Herrn Werner Wulff den Druck ihres fast fertigen Logbuches »Weg durchs Chaos«. Vorbehaltlich einer späteren Unterbringung in einem noch zu wählenden Verlag erhält der Werner Wulff Verlag die Erlaubnis, 10.000 Exemplare dieses Buches zu drucken. Der Vrabdruck in Zeitungen oder Zeitschriften wird von beiden Partnern des Vertrages bearbeitet. Wenn es dem Verlag gelingt, den Vorabdruck zu tätigen, wird er mit 50 % an der Einnahme beteiligt, wenn Frau Tami Oelfken den Abdruck unterbringt, ist sie allein die Verdienerin.

Das Recht des Rundfunks und der Verfilmung hat der Verlag Felix Bloch = Berlin, der schon seit 3 Jahren meine Arbeit bevorschußt hat.

Herr Werner Wulff verpflichtet sich, die erste Auflage des Buches in 5.000 Exemplaren sofort zu drucken. Als Honorar erhält Frau Oelfken 10 % vom Ladenpreis. Die Abrechnung erfolgt halbjährlich am 1. Oktober und 1. April des Jahres.

Für je 1000 Exemplare erhält Frau Oelfken 10 Freiexemplare, von dem Honorar für Übersetzungen in fremde Sprachen erhält der Verlag 50 % und die Autorin 50 %.

Überlingen, den 15. Januar 1946

Werner Wulff Verlag Tami Oelfken

Überlingen, den 15. Januar 1946

Liebe Tami Oelfken!

Schönen Dank für Ihr Schreiben vom 9. Januar. Ich schicke Ihnen 2 fertige Vertragsformulare von mir unterschrieben zur Unterschrift und bitte um eins dann zurück.

Inzwischen ist es mir gelungen, auf Grund alter Beziehungen, eine der anständigsten Durckereien Deutschlands aufzutreiben, die bereit ist, ***sofort*** zu setzen und zu drucken, und darf ich Sie bitten, mir umgehend das, was schon druckreif ist vom Logbuch, hierher zu schicken, denn ich möchte nächste Woche dahin, um mit dem Drucker alles Weitere zu vereinbaren. Ich werde natürlich versuchen, weitgehendst Ihrem Wunsche an Ausstattung und Format Rechnung zu tragen, aber leider müssen wir uns nach dem vorhandenen Material richten; ich werde Ihnen dann bei meiner Rückkehr über die Aussichten des Aussehens und der Herstellung Nachricht geben.

Mit der Maddo Clüver kann ich vorläufig nichts anfangen, da alte Bindungen, auch wenn Bücher verboten sind, noch bestehen und Kiepenhäuser eine Verzichterklärung abgeben müßte. Nach wie vor besteht mein Interesse für die Sonnenuhr, und ich würde es doch überlegen, ob es nicht gut wäre, wenn ich dies Manuskript einmal in 14 Tagen in Baden-Baden vorlegen würde, zum andern jetzt gleich nach Tübingen zur Druckerei mitnehmen würde, um dort alles vorzubereiten. Es muß ja in 2 Exemplaren in Baden-Baden vorgelegt werden, ein Exemplar müßte ich für Tübingen haben, so daß ich es also dreimal abschreiben lassen müßte. Bitte geben Sie mir doch Nachricht, wie Sie es halten wollen.

Über das Lektorat kann ich oder könnte ich wirklich nichts sagen, denn ich muß doch erst einmal wissen, wie der Verlag läuft, wann die Möglichkeit besteht, etwas umzusetzen denn ich muß ja erst verdienen, um mir einen Lektor leisten zu können. Absichtlich lasse ich noch alle persönlichen Dinge zwischen uns aus dem Spiel, denn die geschäftlichen Schwierigkeiten sind so groß und langwierig, daß ich all meine Gedanken dabei haben muß. Außerdem ist das Hin und Her in meiner Familie ja erst diese Woche beendet durch die Abreise nach Höchenschwand, und jetzt bin ich einmal wieder am Packen, da wir am 1. Februar nun endgültig in unser Haus einziehen (früher Danehl), und ich hoffe, daß dort endlich die ersehnte Ruhe eintreten wird. Dann werden wir beide, wenn Sie inzwischen auch wieder ruhiger geworden sind und bei sich Klarheit haben, an die Klärung all dieser üblen Dinge herangehen.

Seien Sie doch so freundlich und geben Sie das französische Exemplar vom Testament mit. Ich nehme das auch gleich nach Tübingen zum Druck mit.

Inzwischen ist die Madonna von Baitenhausen gesetzt worden; das Verhandeln mit Feyel ist entsetzlich. Er hat mir zugesagt, 900 Exemplare auf weißem Papier zu drucken, und ich warte nun, wie es weitergehen wird, sonst gebe ich es auch noch Tübingen. Leider hat sich die Fotografie von Julia Haensel für die Madonna als völlig unzureichend erwiesen. Ich lege Ihnen einen Abdruck bei, und Sie können daraus ersehen, daß, so schön sie als Foto ist, sie für den Druck nicht in Frage kommt. Ich habe die Aufnahme neu machen lassen müssen von Lautwasser, sie ist sehr schön geworden und eignet sich für die Vervielfältigung besonders gut. Ich hoffe somit, daß dieses Bändchen in einer schönen Einheit in der nächsten Zeit das Licht der Welt erblikken wird.

Ich wäre Ihnen sehr dankbar, wenn Sie mir bald die gewünschten Dinge geben würden, denn es kann jeden Tag sein, daß Tübingen fällig ist.

Mit freundlichen und guten Grüßen und Wünschen

Ihr Werner Wulff

Tami Oelfken, Überlingen, St. Ulrichstr. 18

16.01.1946

Lieber Werner Wulff,

heute Morgen erhielt ich Ihren Brief und freue mich für Sie und Ihre Familie, daß Sie nun auch in Bälde gut untergebracht werden. Ich sitze oben noch in der rechtsseitigen Mansarde, habe einen kleinen eisernen Ofen, der sehr gefrässig ist, aber sonst ist das Haus noch in einem schlimmen Zustand. Von einer breiteren Wohnmöglichkeit für mich ist schon aus Mangel an Möbeln keine Rede, aber zum wenigsten sitzt man nun an seinem Tisch und hat Bedienung.

Hier lege ich Ihnen den unterschriebenen Vertrag ein, das Duplikat habe ich bei mir behalten. An dem Manuskript arbeite ich täglich. Es sind fertig das Jahr 39, 40, 41 und 42. Die beiden nächsten Kapitel, 43 und 44 schreibe ich ins reine. Ich werde heute noch 39 druckreif machen und werden Ihnen in den nächsten Tagen fortlaufend immer so viel schicken, als ich fertig habe. Es ist anzunehmen, daß ich bis Mitte Februar das Buch gewiss abgeschlossen habe, da ja alles fertig vor mir liegt. Julia ist mir fleißig behilflich, das Ganze in Reinschrift zu bringen. Ich kann mir gut vorstellen, daß wir noch nicht wählen können, wie der Satzspiegel aussehen soll, welche Type und welcher Umschlag. Es ist aber ein Glück, daß das Ganze anfängt zu laufen.

Erstaunt hat mich, daß Sie von Lauterwasser ein Photo haben machen lassen. Ich sagte Ihnen vor einiger Zeit, daß wir das Negativ wiedergefunden haben und ich habe hier einen schwarzweiß großen Abzug, der ausgezeichnet ist. Das Klischee sieht etwas grau aus. Da aber die Madonna von Baitenhausen erst für den nächsten Weihnachten in Frage kommt, sollten wir erwägen, ob wir nicht dünne Abzüge, die eine genaue Kopie von Julia Haensels Photo sind, einkleben sollten. Ich möchte unter allen Umständen, daß wir dies Photo nehmen. Es wäre ein Akt der Undankbarkeit und der Unwahrhaftigkeit; denn, neben dem großen Eindruck, den ich in der Kirche in Baitenhausen von der Madonna hatte, ist es dieses Photo gewesen, das mich zu dem Gedicht inspiriert hat. Auch glaube ich, daß man mit Herrn Feyel nicht arbeiten sollte. Jedenfalls nicht, was die Madonna anbelangt. Er hat immer versprochen und herumgequengelt. Ich lege Ihnen hier den schönen Abzug ein, damit Sie ihn noch einmal ansehn können. Das Negativ ist in meinem Besitz. Wir müßten ja über die Veröffentlichung der Madonna auch erst einen Vertrag aufsetzen und ich bitte Sie, mir Ihre Vorschläge zu fixieren. Wie schon gesagt, mir liegt daran, daß wir dieses Photo bringen.

Ihr Interesse für die Sonnenuhr freut mich. Es ist bei weitem das Wichtigste und Beste meiner Bücher. Leider fehlt von der Novelle Lohnengrin die zweite Hälfte. Aber ich weiß, daß in einer Mappe, die alle Manuskripte der Sonnenuhr zusammenfaßt, und die in Julia Haensels Besitz ist, Lohengrin vollständig ist. Ich werde mein Exemplar komplettieren und es Ihnen dann, wie Sie wünschen, nach Baden-Baden mitgeben. Sobald dann die Sonnenuhr genehmigt wäre, wäre es an der Zeit, auf derselben Grundlage wie mit dem Weg durch das Chaos einen Vertrag abzuschließen.

Über das Lektorat brauchen wir wirklich nicht mehr zu sprechen und ich bin bereit, Ihnen meinen Vorschlag, das Testament von Rodin, gerne zu überlassen. Es ist ja eine schöne Möglichkeit für Sie, etwas zu verdienen, ohne daß Sie einem Honorar zahlen müssen. Sobald mir noch andere gute Einfälle kommen, werde ich sie Ihnen von Fall zu Fall sehr gerne mitteilen und hoffe, daß in Zukunft Ihre geschäftlichen Schwierigkeiten weder groß noch langwierig werden. Auf alle Fälle wird für uns alle die Ruhe am eigenen Schreibtisch die beste Voraussetzung für eine gedeihliche Arbeit sein.

Einstweilen grüße ich Sie sehr und wünsche allen Unternehmungen, seien sie gemeinsam oder getrennt, den besten Erfolg.

Ihre Tami Oelfken

Überlingen, den 30. Januar 1946

Liebe Tami!

Von Tübingen zurückgekehrt, kann ich folgendes berichten:

Das »Logbuch« geht in Druck und wird in ca. drei Wochen ausgesetzt sein, hoffentlich ist bis dahin der Rest dann von Ihnen geschrieben und druckfertig gemacht. Es wird eine sehr schöne Type, und eine dortige Großbuchbinderei hat mir zugesagt, falls keine Änderungen durch die Franzosen kommen, die Hälfte der Auflage in einem anständigen Pappband zu binden, die andere Hälfte dann zu kartonieren. Ferner besteht die Möglichkeit, dann die Sonnenuhr, sowie sie genehmigt wird, auch dort setzen zu können.

Leider ist mir mein Plan auf Resten einer kleinen Ausgabe von der »Madonna von Baitenhausen« nicht geglückt, dieweil keine Reste mehr vorhanden sind. Ich habe aber mich bereits nach zwei andern Druckereien umgesehen und will nun versuchen, mit diesen etwas zu machen. Es ist jedenfalls alles sehr schwer und sehr langwierig.

Es wird Sie interessieren, daß mir die Firma Volkmar, das größte Kommissionshaus Deutschland, aus Leipzig schreibt, daß evtl. bei Reclam oder bei Haag-Druculin die Möglichkeit bestünde, für das russische Gebiet drucken zu lassen, vorausgesetzt, daß diese Druckereien dafür von den Russen eine Sondergenehmigung erhalten. Ich habe mich bereits mit Reclam, deren Druckleiter ich sehr gut kenne, in Verbindung gesetzt.

Außerdem schreibt mir Volkmar, daß in der ganzen russischen Zone noch nicht ein Verlag eine richtige Lizenz erhalten hat, es bestehen nur Druckgenehmigungen für Einzelwerke. Also sind wir hier in der französischen Zone noch am besten dran.

Nächste Woche geht es nun nach Baden-Baden. Bitte überlegen Sie, ob ich die Sonnenuhr dann schon mitnehmen kann. Ich müßte sie dann Ende dieser Woche haben.

Mit freundlichen Grüßen
Werner Wulff

Überlingen den 3. Februar 1946, St. Ulrichstraße 18

Lieber Werner Wulff,

zuerst möchte ich Ihnen versichern, daß ich Ihr Unglück über den Verlust Ihres Jungen aus freundschaflichem Herzen mitfühle. Ich weiß, was er Ihnen bedeutet hat, und ich kann nur hoffen, daß die Aufgaben und die Arbeit Sie zeitweilig über einen so tiefen Schmerz wegtragen können. Große Sorge macht uns allen auch Ihre Frau, die kaum etwas Widerstandskraft gefunden hat und schon wieder eine solche seelische Belastung erfährt. Wir wissen, daß keine Worte dahin reichen, und daß es für Verluste, die so tief sind, kaum einen Trost gibt. So bin ich selbst immer ziemlich ratlos, wenn so etwas über uns hereinbricht. Aber seien Sie versichert, daß ich Ihren Kummer mitfühle.

Daß Sie trotz dieser schweren Zeit weiter arbeiten, ist gut. Das Schlimmste ist gar nicht anders zu überwinden.

Zu Ihrer Frage über die Vollendung des »Logbuches« sagte ich Ihnen schon, daß es zum fünfzehnten Februar fertig wird. Es ist nur noch die Frage, ob Sie es hinbringen nach Tübingen oder ob ich es per Einschreiben gleich an den Drucker schicken soll. Haben Sie an meinen Wunsch gedacht, daß ich gerne vier Fahnen haben möchte? Ich freue mich, daß Sie sagen, es würde eine gute Type genommen, auch Karton-Band ist natürlich gut, wir werden eben in allem bescheiden sein und immer daran denken, daß es auf den Inhalt ankommt und nicht so sehr auf das Äußere. »Die Sonnenuhr« habe ich also gestern fertig gemacht. Die einzelnen Dedikationen schreibe ich noch vor die einzelnen Arbeiten und nur erst dadurch wird es zu einem schönen Appell an meine Freunde draußen und drinnen. Ich habe Ihnen vorsorglich den selben Vertrag wie fürs »Logbuch« vorbereitet. Vorausgesetzt, Sie sind mit den Bedingungen einverstanden, unterschreiben Sie doch bitte Ihr Exemplar und meines auch. Damit wäre das Geschäftliche gleich geregelt.

Bitte würden Sie mit Stuffer in Baden-Baden gleich anregen, wie er sich »Nickelmann erlebt Berlin« denkt und ob er, wie Sie mir damals sagten, beide Bücher für seinen Verlag haben will. Es ist also erstmal »Onkel Moll« und der Nickelmann.

Beide Bücher kennt er. Der Nickelmann wird von mir noch umgeschrieben, er wird etwas umfangreicher und ist ein Bild aus dem zerstörten Berlin. Ein Traum aus alter Zeit. Und so möchte ich eben aus diesen Gründen noch etwas mehr Lokalkolorit hineinzaubern. Sobald ich die Hände frei habe, wird der Nickelmann fertig gemacht. Mir ist es wichtig, daß sich Herr Stuffer bald entscheidet, weil ein Hamburger Verlag sich sehr interessiert. Sie haben mit Ihrer Vermutung, daß überall noch Papiernot herrscht schon recht – wir haben da wohl Glück gehabt. Auf alle Fälle freue ich mich, daß diese beiden Erstlinge in diesem Frühling nun das Licht der Welt erblicken und erhoffe für uns beiden nicht nur klingenden Lohn, sondern auch allerhand Ehre.

Auf die ersten Fahnen bin ich sehr neugierig. Welch guter Tag, wenn wir das erste Exemplar endlich in Händen halten. Gibt es in Tübingen auch Buchbinder, die private Einbände herstellen können?

Ich wünsche Ihnen zu Ihrer Fahrt nach Baden-Baden alles gute Gelingen. Harry werden Sie nicht sehen, er soll strafversetzt sein, was ja bei ihm nicht verwunderlich ist. Aber – sollte er trotzdem da sein, so grüßen Sie ihn sehr.

Mit guten Wünschen und Gedanken bin ich

Ihre Tami.

Was wurde aus dem Testament von Rodin? Sie haben in Ihrem Brief nichts davon berichtet.

Vertrag

Zwischen der Autorin Tami Oelfken und dem Werner Wulff-Verlag Überlingen wird folgender Vertrag abgeschlossen:

Frau Tami Oelfken überträgt dem Werner Wulff Verlag den Druck ihres fertigen Novellenbandes »Sonnenuhr«. Vorbehaltlich einer späteren Unterbringung in einem noch zu wählenden Verlag erhält der Werner Wulff Verlag die Erlaubnis, zehntausend Exemplare der Sonnenuhr zu drucken. Der Vorabdruck in Zeitungen oder Zeitschriften wird von beiden Partnern des Vertrages bearbeitet. Wenn es dem Verlag gelingt, den Vorabdruck zu tätigen, wird er mit 50 Prozent an der Einnahme beteiligt, wenn Frau Oelfken den Abdruck unterbringt, ist sie alleinige Verdienerin.

Das Recht des Rundfunks, Herausnahme einzelner Novellen für bibliophile Ausgaben, das Recht der Verfilmung behält sich die Autorin vor, da der Verlag Felix Bloch und Erben mich seit drei Jahren bevorschußt hat und ein Anrecht daran hat.

Herr Werner Wulff verpflichtet sich, die erste Auflage des Buches »Die Sonnenuhr« in 5000 Exemplaren sofort nach der Erteilung der Druckerlaubnis und der Papierzuteilung zu drukken. Als Honorar erhält Frau Oelfken zehn Prozent vom Ladenpreis. Die Abrechnung erfolgt halbjährlich am ersten April und am ersten Oktober des Jahres.

Für je tausend Exemplare erhält Frau Oelfken zehn Autoren Exemplare. Von dem Honorar für Übersetzungen erhält der Verlag, der die Übersetzung tätigte, 50 Prozent, die Autorin auch fünfzig.

Überlingen den 3. Februar 1946

Werner Wulff Verlag | Tami Oelfken

05.04.1946

Sehr verehrte Frau Oelfken!

Ich möchte Sie gern über den derzeitigen Stand der Herstellung Ihrer beiden Bücher unterrichten:

Fahrt durch das Chaos:

Das Manuskript befindet sich mit der Druckgenehmigung bei der Druckerei Laupp Jr. in Tübingen. Laupp hat meine Anweisung, sowie er die technische Durckerlaubnis seiner französischen Tübinger Aufsichtsstelle erhalten hat, mit dem Satz zu beginnen. Die Papiergenehmigung ist erst jetzt mit den ersten Papiergenehmigungen an die Verlage in der französischen Zone überhaupt erteilt worden. Es ist mir gelungen, geeignetes Lagerpapier für den Druck verfügbar zu machen, so daß durch Neuanfertigung eines Papiers keine weitere Zeit mehr beansprucht werden braucht. Mit dem Einbandentwurf habe ich Herrn Paul Renner beauftragt und werde Ihnen die Entwürfe bald vorlegen können. Ich hoffe sehr, daß es uns gelingt, einen haltbaren Pappeinband zu bekommen, während grundsätzlich die Bindereien zur Zeit nur eine oft recht mangelhaft Broschur herstellen können. Ihren Wunsch auf vier Fahnen habe ich an den Drucker weitergeleitet, obwohl er mir bereits einmal einen Abzug von mehr als drei Fahnen abgelehnt hat. Irgendwelche bindenden Fristen lassen sich für die Herstellung nicht voraussagen, da die Termine der Druckereien durch Stromkontingentierungen und französische Dienstaufträge völlig willkürlich sind. Nach meinen Feststellungen bei anderen Verlagen der Zone glaube ich jedoch, daß wir mit der Herstellung mit an der Spitze liegen.

Die Sonnenuhr:

Das Manuskript befindet sich noch zur Genehmigung in Baden-Baden. Ich habe gestern die erste Genehmigung von den seinerzeit mit Ihren Manuskript eingereichten beiden weiteren Manuskripten meines Verlages erhalten. Ich rechne daher fest, daß die Genehmigung für die »Sonnenuhr« auch in den nächsten Tagen eintrifft, zumal Sie durch Herrn A. Döblin bereits bestätigt bekommen haben, wie sehr er diese Arbeiten schätzt.

Nach Erhalt der Genehmigung kann ich diese an den Drukker zur Vorbereitung des Satzes weitergeben. Eine Schriftprobe werde ich dann vorlegen können. Mit dem Einband möchte ich wieder Herrn Renner beauftragen oder haben Sie einen anderen Vorschlag? Die längste Zeit wird die Papiergenehmigung benötigen, da die Zuteilungen stoßweise erfolgen. Man wird sie nicht vor Anfang Mai erwarten dürfen. Dafür habe ich die Beschaffung des Papiers bereits so vorbereitet, daß damit keine weitere Zeit verloren gehen wird.

Wenn keine unvorhergesehenen, technischen Schwierigkeiten auftreten werden, hoffe ich, das Buch etwa zwei Monate nach der »Fahrt durch das Chaos« ausliefern zu können.

Ich werde Sie weiter auf dem Laufenden halten.

Mit besten Grüßen
Ihr Werner Wulff

Werner Wulff - Durch Boten

April oder Mai 1946

Lieber Werner Wulff,

wenn sich je eine Gelegenheit für ***gutes*** Briefpapier ergeben sollte, bitte ich um folgenden Kopf

Tami Oelfken
Überlingen Str. Leonhard 70
Telefon 653
Volksbank Überlingen 2690

Dies sind die Zeitungen aus Hamburg, die erbitte ich zurück, auch die »Fähre«. Das Manuscript II. Teil des »Weg durchs Chaos« ist bestimmt zum nächsten Sonnabend fertig, das Fräulein Sauer für mich arbeiten kann.

Ich hoffe, es geht Euch gut und es wäre so sehr wünschenswert, daß mein Buch im Juni soweit wäre. Wir wollen alles dafür tun.

Sehr herzliche Grüße
Eure Tami

Karte an
Herrn Werner Wulff
Überlingen
Auf dem Stein

Überlingen, 12.06.1946

Ich hoffe, es geht, dem Regenwetter entsprechend, allen gut. Ich würde mich freuen, das hochwohllöbliche Verlegerehepaar zu meinem Geburtstag auf einen Kaffee zu sehen! Es ist dies an einem Dienstag, den 25. Juni. Bitte nochmals ***Nachricht wegen***

Umschläge und bitte eine wie vor langem besprochene ***Drucktype recht groß.***

Allerbeste Grüße
Tami

Rückseite der Karte:

Lieber Wulff, heute früh höre ich zu meinem Staunen, daß Renner die Schriften auf meinen beiden Büchern nicht macht, sondern dieser Mann, dessen Unfähigkeit oder Ungenauigkeit für meine Bücher an dem Umschlag für »Weg durchs Chaos« deutlich sichtbar wurde. Heute früh sagt mir Peter als Überraschung, daß dieser selbe Mann die Schrift für mich macht. Das will ich nicht. Ihr müßt Euch schon ein bißchen an die vereinbarten Abmachungen halten und ein Umschlag ist für mich so wichtig wie alles andere. Wenn der besagte werte Mann bereits bezahlt wurde, so ist das nicht meine Sache. Gebt ihm sonst einen Auftrag, aber nicht für mich.

19. Juni 1946

Frau
Tami Oelfken
Überlingen
St. Lenohardstraße

Liebe Tami Oelfken!

Vielen Dank für Ihre Karte! Dazu möchte ich Ihnen ganz kurz folgendes mitteilen:

Herr Renner hat seinerzeit abgelehnt, überhaupt noch Umschläge zu zeichnen, vor allem zu modernen Büchern, zu denen, wie er sagt, er absolut kein Verhältnis mehr hat. Den Einband zum Rodin zeichnete er aus persönlicher Freude in der Ausgabe, den Einband für Herrn Haensel aus rein persönlichen

Gründen. Er selbst empfahl mir Herrn Solbach, der mir von sich aus auf Grund der Titelangabe einige Vorschläge machte, die nicht zu gebrauchen waren. Inzwischen hat Herr Solbach anhand von Vorlagen und Anweisungen zwei Umschläge für die »Fahrt durch das Chaos« und für die »Sonnenuhr« geschaffen, die völlig einwandfrei sind und meine Erwartungen übertroffen haben. Ich werde sie Ihnen bei meinem Besuch am Dienstag mitbringen und glaube ruhig sagen zu können, daß diese Umschläge auch Ihre Anerkennung finden werden.

Das Manuskript zur »Fahrt durch das Chaos« geht nun nächste Woche in Satz. Leider hat Laupp uns ja einen bösen Strich durch die Rechnung gemacht; aber ich hoffe, daß es jetzt mit Riesenschritten vorwärts geht. Die Situation in den Druckereien hat sich inzwischen weiter verschlechtert, da große Maschinenbeschlagnahmungen vorgenommen worden sind. Aber trotzdem besteht die feste Aussicht, das Buch so herauszubringen, daß es den heutigen Verhältnissen entsprechend immerhin noch eine Spitzenleistung darstellt.

Genauso ist es mit der »Sonnenuhr«. Sie wird bereits gesetzt. Das Papier ist zur Druckerei unterwegs. Ich hoffe, Ihnen in den nächsten Tagen die Fahnen dafür schicken zu können. Ihrem Wunsch gemäß habe ich die Druckerei gebeten, mir die Widmungen noch einmal abzuschreiben und zu senden. Ich gebe sie Ihnen nach Erhalt gleich durch.

Sie sehen, liebe Tami, daß für Sie alles getan wird, um diese Bücher so anständig wie möglich herauszubringen; denn letzten Endes geht es ja nicht nur um Sie, sondern auch um den Verlag. Und die Franzosen setzen ja große Stücke auf denselben.

Mit herzlichen Grüßen bis zum Wiedersehen am Dienstag!

Ihr
Werner-Wulff-Verlag

August 1946

Kartc

Liebe Tami,

Peter W. kam mit einer »Alarm«-Nachricht wegen Bullt. Bitte um das Heft der Fähre, wegen der Anzeige.

Herzlichst Flore

Rückseite der Karte

Liebe Flore,

ist kein Alarm, ist schon alles von Brauns in Ordnung gebracht. Hier ist die »Fähre«. Der wollte gern als »Diva im Winde«. Im nächsten Heft habe ich richtiggestellt.

Gruß Tami

Überlingen, den 15. August 1946

Liebe Flore, lieber Wulff,

hier ist also das Verzeichnis der Novellen der Sonnenuhr prompt zurück. Wann, wann – wann kommen die Fahnen des »Logbuches«? Gestern abend hörte ich, daß die Fahnen für Karl Haensels Buch da sind und Ihr ihn sucht, damit sie hinter ihm hersausen können. Ich wollt, ich wäre ein Mann und hätte einen Sohn, dann würden vielleicht meine Dinge sich auch etwas temperamentvoller entwickeln.

Vor vierzehn Tagen versprach mir Herr Kreher, er würde in den nächsten Tagen kommen, und mir mein Original-Manuscript bringen. Auch sollte ich ein zweites Paar Fahnen haben, aber ich habe nichts mehr gehört.

Ist es denn gar nicht möglich, auch daran zu denken, daß ich, wenn ich auch nicht immer los telefoniere, weil ich kein Telefon habe und Euch nicht erinnere, weil ich nicht laufen kann, trotzdem nicht so unter den Tisch falle. Wann sind die Betriebsferien wohl zu Ende? Ich habe also heute Herrn Lindenmann vertröstet und ihm geschrieben, daß er in Bälde mit den Fahnen zum Logbuch rechnen kann. Ich hätte so gern die Fahnen für Fe zum Geburtstag gehabt, der am 29. August ist und durch L. S Hilfe hoffte ich, ihr das für sie geschriebene Buch auf den sogenannten Geburtstagstisch legen zu können. Wenn ich sie zum Anfang der Woche haben würde, so wäre es vielleicht noch möglich. Aber bisher sieht alles recht minder für mich aus. Ich weiß, daß die Dinge sich langsam entwickeln - aber schließlich bestand der Plan, mein Logbuch im Wulff-Verlag zu drucken schon seit Mai 1945 — und heute haben wir Mitte August 46.

Habt eine gute Maria-Himmelfahrt — und Ihnen lieber Wulff recht gute Besserung!

Ihre
Tami.

August 1946

Liebe Flore!

Dic Blamage für Helen von Zeppelin ist sehr groß.

Jeder weiß, daß ich in Laufen wohnte. Wir wollen nicht den Namen nennen. Es ist genug Schande, daß durch den Diebstahl aller Manuscripte vom »Turmbau zu Babel« nun die Kubinsche Landschaft mit Porträtähnlichkeit erscheint.

Was meinst Du?

Sehr viele Grüße!
Tami

Übrigens Martel Schwichtenberg soll tot sein. Sie wird sich dort zu Tode getrunken haben. Sie malte wie der liebe Gott.

26.08.46

Liebe Tami!

Die Kinder bringen Dir anbei weitere Fahnen für die »Sonnenuhr«. Bitte, sei so lieb, dann anzurufen, wenn Du mit dem Durchsehen fertig bist.

Ich wäre Dir sehr dankbar, wenn Du mir für ein paar Tage den Novellenband der Catherine Mansfield ausleihen würdest.

Hoffentlich war Dein Besuch heute beim Gouvernement erfolgreich, wenn man überhaupt hier bei uns unten von einem sogenannten Erfolg sprechen kann. Ich komme in dieser Woche sicherlich noch einmal zu Dir herauf, sofern es sich mit der Zeit vereinbaren läßt.

Mit sehr herzlichen Grüßen
und alles Gute für Dich!

Deine Flore

August 1946

Liebe Flore,

hier lege ich noch einen Lawrence dazu, bei dieser Albatros-Ausgabe ist der Anfang so gesetzt wie ich es mir dachte. Guck es Dir doch mal genau an. Ich sehe, es ist sehr viel harmonischer wie bei der Mansfield.

Was wird nun aus der Reise von Werner? Er sollte bald und gründlich was für seine Gesundheit tun. Es ist wichtiger als alles andere.

Gib doch morgen den Lawrence wieder mit, ich entbehre ihn sehr, weil er mir immer soviel gute Luft macht.

Was gibt's Neues? Sobald weitere Fahnen, bitte schicke Peter damit immer nach Tisch, da bin ich hier am Schreibtisch.

Alles Gute
Eure Tami

30.08.1946

Liebe Tami!

Ich danke Dir für die Fahnen, die mir die Kinder eben geholt haben und gebe Dir anbei die zweite Fahnenkorrektur. Ich wäre Dir sehr dankbar, wenn Du diese schnellstens durchsehen und mit Deinem Impressum versehen dann an mich zurückgeben würdest, damit ich der Durckerei die Fahnen gleich wieder einsenden kann und der Umbruch in Angriff genommen wird.

Bitte, sei so lieb und sieh noch einmal genau die Seite vom Chaos (französisch) durch. – Ich habe flüchtig den Anfang des Buches geklebt, damit bei der Umbruchkorrektur das gleich berücksichtigt wird. Das Geklebte ist nur ein Provisorium und entspricht nicht der tatsächlichen Größe.

Mit sehr herzlichen Grüßen!
Deine Flore

Notiz von Tami Oelfken auf der Rückseite dieses Briefes vom 30. August 1946

Alles habe ich schnell durchgelesen. In dem französischen Vorwort auch auf Etoile kein Accent. Bei Capital letter ist es nicht angebracht.

Und bitte bei der Verteilung der Widmung achte darauf, daß Widmung für Fe Spemann oben links angefangen steht und ein weiter Zwischenraum, bis die Widmungszeilen kommen.

Sehr herzlichen Gruß an Euch!
Tami

Bitte denke daran, daß ich Fahnen haben sollte.

Sept. 1946

Vor jedem Jahrgang muß ein weißes Blatt.
In der Mitte allein die Jahreszahl. Korrekturen können heute nachmittag geholt werden. Es ist jetzt erst neun Uhr, und ich freue mich nur, daß ich den Anfang noch in dieser Nacht fertig kriege.

Gute Reise und auf Wiedersehen!
Tami

Karte

Liebe Flore,

somit scheint durch die so freundschaftlich erwiesene Hilfe von Curt Brauns plus Eurem Entgegenkommen ein guter Weg für mich gefunden zu sein.

Ich lege meine unterzeichnete Erklärung ein und hoffe mit Dir gemeinsam, daß die Arbeit des letzten schweren Jahres bald dadurch gekrönt ist, daß wir Sonnenuhr und Logbuch in Händen haben. Vorher gibt es, wie Du so gut weißt wie ich, für mich keinerlei Erleichterung des Lebens. Ich habe eben nichts vorzuweisen.

Ich hoffe sehr, es möge Werner Wulff viel besser gehen. Er hat es wirklich verdient. Inzwischen grüße ich Euch alle auf das Beste!

Eure
Tami

24. Oktober 1946

26. Oktober 1946

Meine liebe Tami!

Schönen Dank für Deinen Brief! Das eine Papier ist für Brauns bestimmt, ich gebe Dir noch das Duplikat. Bitte, unterschreibe dieses für uns.

Anbei den letzten Umbruch fürs Logbuch. Sei so lieb, falls ich Dich nicht gleich sehe, mir diese Umbruchfahne möglichst bis Montag Mittag, spätestens aber bis halb sechs Uhr, zurückzugeben, damit sie noch rechtzeitig zur Post kommen.

Wegen der Einbinde-Arbeiten fahre ich selbst nochmals zur Buchbinderei. Sie hat mir freundlicherweise allerschnellste Lieferung zugesagt.

Die letzten Umbruchfahnen der »Sonnenuhr« werden auch jeden Tag erwartet. Es wird also so sein, daß wohl beide Bücher zu gleicher Zeit herauskommen. – So versichert, daß ich alles tue, damit wir schnellstens zum Ziel kommen. Damit ist nicht nur Dir, sondern auch uns gedient.

Ich hoffe, es geht Dir gut. Sei herzlichst gegrüßt!
Flore

1. November 1946

Lieber Werner Wulff,

hier tue ich der Ordnung halber das Dokument hinein; auf meinem Schreibtisch herrscht augenblicklich zuviel Gefahr internationaler Verwirrung, die ich nur mit Mühe steuern kann. Gestern kam Telegramm aus Berlin-Kurier und Zeit-Hamburg ein Stimmungsbericht aus dem westdeutschen Kulturring Baden-Baden. Also werden wir uns bestimmt da sehen.

Gute Grüße!
Ihre Tami

Vereinbarung

Zwischen dem WERNER WULFF VERLAG, Überlingen, und dem ALSTER VERLAG CURT BRAUNS, Wedel/Holstein, wird folgende Vereinbarung getroffen.

1. Der Wulff Verlag verzichtet darauf, von dem ihm zustehenden Recht, von den beiden Werken Tami Oelfken »Die Sonnenuhr« und »Weg durch das Chaos« eine zweite Auflage zu veranstalten. Es werden, entgegen der ursprünglichen Abmachung mit der Verfasserin, von beiden Werken durch den Wulff Verlag nur je 5000 Exemplare hergestellt und verbreitet. Die Verfasserin gibt durch eine gesondert zu erteilende Erklärung zu dieser Abmachung ihre Zustimmung.
2. Als Ausgleich für den ihm entgehenden Gewinn erhält der Wulff Verlag vom Alster Verlag eine Entschädigung in der Höhe des Honorars, das auch die Verfasserin erhält. Da der zwischen dem Alster Verlag und Frau Tami Oelfken geschlossene Vertrag für die mit dem sechsten Tausend beginnende zweite Auflage ihrer Bücher ein Honorar von 12 1/2 % vom Ladenpreis vorsieht, ist auch dem Wulff Verlag dieses Honorar als Tantieme zuzuerkennen. Die Abrechnung erfolgt unmittelbar nach dem Verkauf des sechsten bis zehnten Tausends, also der ersten vom Alster Verlag veranstalteten Auflage.
3. Der Wulff Verlag verzichtet darauf, von seinem Recht des Vertriebs von Vordrucken und Nachdrucken der beiden genannten Werke Gebrauch zu machen, und tritt diese Rechte an den Alster Verlag ab. Auf die Dauer von 1 1/2 Jahren, nämlich bis zum 31. März 1948, erhält er jedoch die dem Alster Verlag zustehenden Anteile am Reingewinn, der sich aus Nachdruck und Übersetzungen ergibt. Der Alster Verlag ist somit berechtigt, alle diesbezüglichen Verhandlungen und Abschlüsse in seinem Namen zu tätigen.
4. Beide Verleger sollen im Absatz ihrer Ausgaben der beiden Bücher nicht gehemmt sein. Der Beginn wie der Umfang der Verbreitung ist ihrem eigenen Ermessen überlassen. Der Alster Verlag verzichtet darauf, einen Besprechungsversand

der beiden Werke durchzuführen, und zwar so lange, bis der Wulff Verlag diesen Versand durchgeführt hat. Der Wulff Verlag erklärt sich bereit, dem Alster Verlag eine Liste der von ihm mit Besprechungsstücken bedachten Zeitungen und Zeitschriften zu übermitteln.

Diese Vereinbarung ist in zwei gleichlautenden Exemplaren von beiden Verlagen rechtsgültig unterschrieben.

Wedel/Holstein, d. 17. Oktober 1946
abgeändert in 17. Januar 1947

WERNER WULFF VERLAG

ALSTER VERLAG CURT BRAUNS

Erklärung

Als Verfasserin der beiden Werke
»Weg durch das Chaos« (Ein Logbuch) und
»Die Sonnenuhr«
erkläre ich mich unwiderruflich damit einverstanden, daß der Werner Wulff Verlag auf das ihm auf Grund des Druckvertrages zustehende Recht zur Herstellung von weiteren 5000 Abzügen der beiden Werke zugunsten des Alster Verlags verzichtet. Die Regelung der Entschädigung für den Wulff Verlag ist Sache der beiden beteiligten Verlage.

Ebenso erkläre ich mich damit einverstanden, daß die Nebenrechte des Vertriebs von Vorab- und Nachdrucken sowie der Übersetzungen durch den Alster Verlag wahrgenommen werden. Soweit die Verwertung dieser Rechte unmittelbar durch mich erfolgt, erkläre ich mich bereit, an den Wulff Verlag die sonst dem Alster Verlag zustehenden Anteile direkt auszuschütten, und zwar bis zum 31. März 1948
abgeändert in 31. Juli 1948

Überlingen, den 1. November 1946

Berichtigung

Betr.: Tami Oelfken. Unsere Anzeige im Börsenblatt Nr. 16 gibt zu Irrtümern Anlaß, die wir hiermit klarstellen. Es ist richtig, daß wir zukünftig das Gesamtwerk Tami Oelfkens betreuen, verschiedene ihrer Bücher werden bereits in den nächsten Monaten neu bzw. erstmalig erscheinen. Für die beiden Werke »Die Sonnenuhr« und »Weg durch das Chaos« hatte zunächst der Werner Wulff Verlag in Überlingen die Druckrechte übernommen; von beiden Titeln wird er auch die Erstauflagen veranstalten. Nach freundschaftlichem Übereinkommen zwischen allen Beteiligten werden jedoch die zukünftigen Auflagen dieser beiden Bücher zusammen mit dem übrigen Werk Tami Oelfkens in unserem Verlag erscheinen.

ALSTER VERLAG CURT BRAUNS

Aus finanziellen Gründen wurden weitere Auflagen von Werner Wulff in Lizenz an andere Verlage vergeben.

den 14.2.47

Liebe Tami!

In meiner Mappe liegt schon seit langem der Rechnungsauszug über Dein Konto, den ich Dir jetzt schicke; denn ich bin gerade dabei, alles aufzuarbeiten, damit ich bei meiner Arbeit wenigstens mit dem Gefühl fortfahren kann, daß alte Rückstände erledigt sind. Diesen Auszug nur der Ordnung wegen. Er soll keineswegs eine Aufforderung sein. Abzurechnen wäre noch privat das letzte Viertelpfund (Kaffee) mit RM 100,-.

Ich schicke Dir gleichzeitig die beiden Bändchen aus dem Hans Kasten Verlag. Überragend sind sie nicht, aber uns als alte Bremer interessieren sie doch, wenn auch der Inhalt in manchen Dingen zu wünschen übrig läßt.

Wegen des Geburtstagsgeschenkes für Julia haben wir ja

schon verschiedentlich miteinander telefoniert. Ich habe jedenfalls alles in die Wege geleitet, damit das Buch, natürlich nicht so eingebunden, wie die anderen an das Sortiment hinausgehen, Dir zu diesem Tage zur Verfügung steht.

Mit sehr herzlichen Grüßen, wie immer,
Deine Flore

Werner Wulff Verlag, Überlingen, Auf dem Stein 32
an Tami Oelfken, Überlingen, z. Zt. Städt. Krankenhaus

21.2.1947

Sehr geehrte gnädige Frau!

In Anwesenheit von Frau Flore Wulff muß ich Ihnen leider mitteilen, daß sämtliche Versuche, Ihr Buch für den bevorstehenden Geburtstag von Frau Haensel binden zu lassen, fehlgeschlagen sind. Das Buch kam heute nach mehreren Telefonaten aus Tübingen hier an. Der Buchbinder, der für den Verlag schon einige fertiggestellt hat, ist zur Zeit und noch für weitere zehn Tage verreist. Ich nehme an, daß Sie das Buch Frau Haensel erst einmal in rohen Bogen geben wollen, und ich schlage Ihnen vor, daß Sie es nach dem Geburtstag an mich zurückgeben, damit nach der Rückkehr des Buchbinders die Bindearbeit erledigt werden kann. Das Geburtstagsgeschenk kann halt dann erst in vierzehn Tagen, dafür aber im schönsten Gewande, fertig überreicht werden. Es tut mir außerordentlich leid, daß ich diese Sache nicht rechtzeitig durchführen konnte. Aber bitte nehmen Sie die Gewißheit, daß ich meinerseits wirklich alles unternommen habe, was möglich war.

Darf ich Sie noch bitten, das beiliegende Buch mit Brief im Auftrage von Frau Flore Wulff an Frau Haensel weiterzugeben zum 23. d.M.

Bei meinem gestrigen Gespräch mit Baden-Baden hat mir Frau Wulff für Sie die besten Wünsche für Ihre Besserung und viele Grüße aufgetragen, die ich Ihnen hiermit übermitteln möchte.

Mit freundlichen Grüßen!

Von Februar 1947 bis Januar 1949 ist der Briefwechsel unterbrochen, weil Tami Oelfken und Werner Wulff in enger Nachbarschaft wohnen.

den 13. Januar 1949
W./W.

Frau
Tami Oelfken
Überlingen/Bodensee
St. Leonhard

Liebe Tami!

Ich habe laut beiliegender Kopie noch sehr höflich heute an Herrn Brauns geschrieben und ihm, wie Du gewünscht hast, die Rechnungen eingesandt. Ich hoffe, er läßt sich nicht noch einmal wegen der Abrechnung mahnen, im anderen Fall würde ich auch meinerseits die Angelegenheit einem Anwalt übertragen.

Damit Du orientiert bist, schicke ich Dir noch eine Kopie der Rechnungen über Deine Einkäufe, einschließlich der Atlantis-Hefte, von denen ich Dir das Dezember-Heft in der Anlage mitschicke.

Jean Berstel ist soeben nach Paris zurückgefahren. Im übrigen haben wir jetzt laufend mehr oder weniger interessante Autoren-Besuche und ich bin ziemlich am Ende meiner Kräfte und freue mich sehr auf die paar Tage in Hinterzarten.

Herzlichst wie immer
Deine Flore

Anlagen !

den 22. Januar 1949
W./W.

Liebe Tami!

Von einer Oberlehrerin aus Jena erhielt ich den beiliegenden Brief mit der Bitte, diesen an Dich weiterzugeben.

Herr Brauns hat leider auf meinen letzten Brief bezüglich der Bezahlung Deiner Rechnungen auch noch nichts von sich hören lassen, ebenso fehlt mir bis heute seine Abrechnung über die RM-Verkäufe der »Sonnenuhr«. Wir haben ja alle sehr viel zu tun, aber die Angelegenheit liegt ja nun schon Monate zurück. Ich hoffe, daß er sich eines Tages doch dazu aufschwingen wird.

Herzlichst Deine Flore

Anlagen!

21.2.49

Liebe Wulffs!

Also, meine guten Verleger, hier ist der Frühling ausgebrochen, die gelben Krokusse blühen am Abhang vom Garten Rubens. Mir geht es einigermaßen, im Rundfunk mache ich zwei Sendungen. Als erste: Das zwiegespaltene Dichterherz und als zweites: Zauber der Artemis. Die Druckfahnen vom Traum am Morgen sind noch nicht da. Ich warte in Geduld bis sich die Welt etwas schneller dreht.

Leider habt Ihr Frau Jahn die 200,— noch nicht geschickt. Natürlich weiß ich, daß der Verlag dafür nicht verantwortlich zeichnet, aber der Brief von Flore damals sicherte ja diese Rückzahlung zu. Johanna Jahn hat schrecklich viel zu tun und bat mich inständigst, diese für sie so wichtige Summe in Bewegung zu setzen. Sie hat eine asig hohe Zahnarztrechnung. Aber selbst wenn sie die nicht hätte, sollten wir bemüht sein, daß sie zu ihrem Recht kommt. Es ist von diesem Autor ja schon ein starkes Stück, diese arme gute Seele J.H. anzupumpen und ihr was vorzuweinen und ihr Vollmachten in die Hand zu drücken! Welch schäbige Welt!

Bitte, schickt das Geld. Was wurde aus Flores Reise? Haben die Kalkulationen ergeben, daß sich die Tami-Tiere für Euch lohnen? Könnt Ihr diese Industrie noch – vorausgesetzt, daß sie sich für Euch lohnt – in diesem Jahr anlaufen lassen? Bitte hierher über beides Nachricht. Da Julia noch im Quisisana sehr geräumig und mehr als komfortabel untergebracht ist, hat sie vor, ihren Geburtstag noch hier in Baden-Baden zu feiern. Es ist in der Sonne ganz warm und außerdem ist ein hochpiekfeiner Theaterkrach mit großen Kündigungen, an dem sie schon Agis wegen Anteil nimmt.

Bis auf unser Wiedersehen – nicht vor Mitte März
grüßt Euch Eure Tami

Fe und Anita kommen in dieser Woche auf einen Tag.

6. November 1950

Liebes Ehepaar Kausche,

wir kennen uns nicht, obwohl wir von einander wissen. In Worpswede kenne ich Martha Vogeler, Eugenie von Garvens, Goldyga und alle Leute aus der Zeit. Die Strömungen und Gegenströmungen aber sind für mich unübersichtlich und das ist auch der Grund, weshalb ich mich an Sie beide wende.

Daß ich am Bodensee seßhaft bin – ... – ist meinem Wesen nach unstatthaft. Ich muß also etwas erfinden, um die Menschen zu suchen, die es ja gewiß auch in Deutschland gibt, wenn auch spärlich eingesprenkelt. Der Werner Wulff Verlag übersiedelt nach Lesum, das haben Sie gewiß gehört. Ich möchte, sobald meine Arbeit am Südwestfunk fertig ist und die mir kilometerlang zum Halse heraushängt, auf eine Weile nach Worpswede kommen. Der Versuch, den wilden Engel von Nice zu beenden, muß gemacht werden. Hier ist für jede geistige wirkliche Arbeit gar kein Klima. Das Manuskript muß am 1. Mai im Kiepenheuer-Verlag abgeliefert werden, das Buch soll 1951 herauskommen.

Dazu kommt, daß ich zwei Kinderbücher seit Jahren liegen habe, für die ich eine Künstlerin suche, die Bilder einbaut. Aber es muß eben so sein, daß dies Buch »Onkel Moll« und ebenso »die Glaskugel« ein gemeinsames Werk werden. Gemeinsam nicht nur im künstlerischen Sinne, sondern auch in der Auswirkung wirtschaftlich.

Bis jetzt habe ich noch keinen Verlag. Bei der Kinderbuchbesprechung jetzt im Südwestfunk habe ich weit über 100 Bücher hier gehabt. Es ist eine traurige Übersicht... Aber es ist nun einmal mein Ehrgeiz (wenn ich überhaupt so etwas ähnliches habe) **das** Kinderbuch zu machen... Das oben besungene Morgensternsche Kinderbuch ist bei Stalling erschienen. Ich werde mich mit dem Verlag unverbindlich in Verbindung setzen. Viel lieber würde ich es in der Güldenkammer haben; aber ich stelle mir unter Güldenkammer eben etwas ganz andres vor, als das, was mir Herr Roselius schickte. Wenn meine mehr als umfangreiche Wiedergutmachung... unter Dach ist, möchte ich das Buch am liebsten selber machen. Ich meine damit herstellen lassen ohne Verlag...

Geld habe ich wohl soviel, daß es ausreicht. Das Buch »Traum am Morgen« hat seit August erst 6000 und dann 8000 Exemplare; bis ich die aufgegessen habe, muß das nächste laufen...

Bestätigung

Als Buchhändler mit mehr als dreißigjähriger Praxis kann ich Frau Tami Oelfken bescheinigen, daß sie durch die Beschlagnahme ihrer Bücher, bzw. durch das Nichterscheinen nicht nur einen großen ideellen Verlust als anerkannte gute Schriftstellerin erlitten hat, sondern auch vor allem einen enormen Verdienstausfall zu verzeichnen hatte.

Gerade in den Jahren ab 1940 hatte das Buchgeschäft eine Hochkonjunktur und es gab keinen Verlag, dem nicht die Auflagen buchstäblich aus den Händen gerissen wurden, sodaß oft viel minderwertigere Titel als die Bücher von Frau Oelfken 5–6 Auflagen von wenigstens je 10.000 erlebten. Absatzschwierigkeiten für den Verlag gab es nicht, die Bücher wurden den Sortimenten in den Jahren ab 1943 sogar zugeteilt.

Man hätte für die Bücher von Frau Oelfken

Die Sonnenuhr, Der Traum am Morgen,
Tine, Stine vom Löh und Kuckucksspucke

die gleichen hohen Auflagen erreicht, wenn sie nicht verboten worden wären, bzw. hätten erscheinen dürfen.

Überlingen, den 8.11.50

Überlingen, 23.12.50

Familie
Werner Wulff
Bremen-Lesum
Barg-up 4

Meine lieben Wulffe,

ich entbehre Euch sehr und bedaure, daß ich noch nicht weiß, ob Ihr gut ankamt. Hier ist Schnee und Kälte; der Baum ist fertig. Ich habe viele gute Wünsche und Hoffnungen für das kommende Jahr, in dem wir uns bestimmt wieder sehen werden.

Neues ist hier nicht passiert.

Seit alle von Herzen gegrüßt von
Tami

29.12.50

Lieber Herr Kausche,

noch im alten Jahre sollen Sie auf Ihren freundschaftlichen, guten Brief Antwort haben. Ich hatte in den letzten Wochen so haushoch viel zu tun –...; aber alle Arbeit für 1950 ist getan. Besonders enervierend war dabei die pädagogische Arbeit für den Südwestfunk und ich danke dem Himmel, daß mit dem guten Erfolg des Traums am Morgen bei Bertelsmann mir vielleicht die andre Brötchenarbeit im Rundfunk erspart bleibt.

...(Der Plan, in Worpswede zu arbeiten, scheitert, da kein geeignetes Quartier gefunden werden kann)...

Es sollte im Werner Wulff-Verlag am 15 Jan. 1951 die »Stine vom Löh« ausgeliefert werden; ich habe bei der Entfernung etwas Sorge. ...

Sowohl mit dem Stalling-Verlag als auch mit Cecilie Dressler – Berlin habe ich Verbindung wegen »Glaskugel« und »Onkel Moll« aufgenommen... Sobald ich die Abschriften habe anfertigen lassen, schicke ich auch Ihrer Frau ein Exemplar, damit sie mir sagt, ob der Stoff ihr liegt.

Beide Bücher möchte ich gerne ganz und gar locker durchgezeichnet haben, eine Art von Illustration, die hohen Ansprüchen gerecht würde. Beide Bücher sollten –...genau so gerne von künstlerisch interessierten Erwachsenen gekauft werden....

Ebenso bitte ich um Grüße an Martha Vogeler und an alle jene Menschen, die ich vor zwanzig Jahren dort kannte und die sich meiner gerne erinnern. ...

So sage ich Ihnen auf Wiedersehen 1951 in Worpswede!
Ihre Tami Oelfken.

Überlingen, 1.1.51

Familie
Werner Wulff
Bremen-Lesum
Barg up 4

Euch allen herzliche Gedanken zum Jahre 1951; meiner Stine einen guten Start und ein frohes Wiedersehen in meiner heimatlichen Landschaft. Dank für Brief, bald ausführlich.

Eure Tami

Bremen-Lesum, Barg up 4, 4.1.51

Liebe Tami,

die ersten Wochen sind nun vorbei, die Fülle der neuen Eindrücke ist erschreckend und die Wiederbegegnung mit den alten Gesichtern wirklich wohltuend. Sie freuen sich alle und sind auch gerne bereit, wieder zusammen zu arbeiten, zu helfen. Gut Ding will seine Weile haben. Schon allein die Bereitwilligkeit gibt uns eine ganz andere Sicherheit als in dem muffigen Südbaden. Aber Sie wissen es ja selbst.

Gestern eine interessante Aufführung der Hamburger hier mit Zuckmeyer, Feuerofen. Wenn man die Zeit und auch das Geld hätte, könnte man viel sehen. Das halbe Theater bestand aus unserm ehemaligen Kundenkreis. Vor uns die Kuhmagd, nicht weit daneben der Bonbonjüngling mit dem Kreuz überm Schreibtisch und dem Stahlhelm in der Westentasche und als größte Überraschung hinter uns direkt saß Herr Dr. Wien, Cheflektor des Schünemann Verlages seit kurzem und Chef des Feuilletons der Nachtmützen. Heil ihm und uns. Er ist auch der eigentliche Grund meines Schreibens.

Ich las vor einigen Tagen seinen Namen in einer Auseinandersetzung, die um das hiesige Theater ging und auch in Form eines Rundfunkgesprächs sich abspielte. Auf der einen Seite der gute Paulmann mit seinen SPDleuten, auf der andern Herr Manfred Hausmann und Dr. Wien, der sehr scharf ins Zeug ging. Wir sind hier beide so ungefähr vom Stuhl gefallen. Faust, der ja jetzt in der Pressestelle des Rathauses sitzt, hatte überhaupt keine Ahnung, wer Wien ist und woher er eigentlich kommt. Auch Paulmann nicht. Beide wußten auch nichts von der Fahrt durchs Chaos. Traurig zu sehen, wie schlecht sie alle über ihre eigenen Leute orientiert sind und wie schlecht auch Brauns und die Bremer Buchhändler seinerzeit gearbeitet haben.

Ich habe nun das Chaos sofort zur Verfügung gestellt und sie sammeln Material. Paulmann bittet Sie, eine Aufsatz für die Volkszeitung zu schreiben, der sich mit diesem schönen Knaben beschäftigt und wenn möglich den Titel tragen soll, »Ein Mann namens Wien«. In seiner Eitelkeit und seinem Ehrgeiz drängt sich dieser gute Mann natürlich in den Vordergrund und als sogenannter Feuilletonmann versucht er in Kultur zu machen. Sein Radiogespräch war stramm nationalistisch.

Es wäre also schon gut, wenn Sie auf Grund Ihres ganzen Materials und der Vorgänge in Baden-Baden den Leuten hier helfen könnten und ein wenig aufklären. Dadurch würden Sie sich bei einer eventuellen Rückkehr sicher manches erleichtern. Schreiben Sie doch bitte darüber einmal an Faust oder Paulmann. Sicher hat der gute P. in den Theaterdingen eine nicht immer glückliche Hand, aber man darf ihn solchen Leuten gegenüber nicht sitzen lassen. Es ist nur schade, daß die augenblickliche Situation micht zwingt, immer auf Reisen zu sein. Mein Verlag könnte hier bald eine andere Stellung einnehmen, wenn ich bloß dafür Zeit hätte und ein bißchen Geld.

Es ist wahrhaft erstaunlich, wie hier die Wiedergutmachung arbeitet und wie weit sie ihre Leute unterstützt. Alle haben hier zu Weihnachten eine Vorauszahlung von DM 500,– bekommen. Und was geschieht dort? Leider ist unser Unglück, daß der Stichtag 47 ist, aber nach den neuesten Informationen soll ja bald der Bund die Regelung vornehmen und dann ist es wohl gleich, wo man sitzt.

Hier herrscht eine ziemliche Kälte und unser Pech ist, gerade in dieser Situation hierher gekommen zu sein. Für die Reise, die in den nächsten Wochen beginnen soll, kein schöner Trost, wie unsere Verlagslage ja überhaupt sehr, sehr schwierig werden wird. Von der Frühjahrsproduktion wird nicht zu viel zu sehen sein, es sei denn, die Verlage sind mit ihren Büchern nicht rechtzeitig fertig geworden, wie wir mit unserm Schaeffer, der am 22.12. von der Druckerei kam. Folgt nächstens.

Nun warten wir sehr auf einen langen Brief, unsere Gedanken sind oft bei Ihnen und den Telefongesprächen, die uns sehr fehlen.

Mit herzlichsten Grüßen
Ihr Werner Wulff

6. Januar 1951

Meine lieben Wulffs,

heute sollte es wohl zu einem Briefe kommen. Es hat zehn Telefonate und flehentliche Bitten gekostet, daß Bommer mir noch mal zehn Ztr. Koks schickte, die bald alle sein werden. Der Ofen von Regenschlidt ist noch nicht da. Aber dafür haben wir frühlingshafte Luft zwei Grad über Null und einen unbeschreiblichen Matsch auf den Straßen der peitschenknallenden Stadt. Sie üben Karbatschen! Selbst mein Rotkehlchen legt den Kopf schräg und wenn es Ohren hätte, würde es sie spitzen.

Hänsels senior waren in der Schweiz, sie erzählten märchenhafte Dinge. Ich habe meinen Paß beantragt und will versuchen – immer vorausgesetzt, daß ich meine Zähne in den Mund kriege, im Februar auf ein paar Tage nach Ascona zu fahren, um dort mit Mary Lavater einen Herrn vom Artemis-Verlag zu becirzen. Es könnte ja sein, auf irgendeine Weise fiele ein glückhafter Aspekt und man geriete nicht gerade an einen Pachulken. In der Züricher war von Mary Lavater ein vier Spalten langer Artikel über Tami Oelfken, den habe ich jetzt fünf x bestellt. Wenn er da ist, sende ich Euch auch einen. Sie hat das Ganze sehr liebevoll und richtig angefangen; dafür, daß wir uns ja nur vier Stunden gesprochen haben, wovon ja eine immer abgeht mit kleinen Verneigungen – ist es immerhin recht beträchtlich. Mit diesem Artikel will ich nun an das Studio Zürich herantreten, um bei Herrn Guido Frey etliche Lesungen unterzubringen. Haltet mir den Daumen, daß die Zähne das hergeben.

Die Wiedergutmachung tritt am Ort. Das ist ein turnerischer Ausdruck, der nirgends besser hinpaßt als hier. Es tritt alles und jeder am Ort. Von Bertelsmann habe ich noch keinen Pieps gehört, obwohl ich dorthin schon Anfang Dezember genaue Bitte schickte, wie und wer den Ofen für 500,– zahlen sollte.

Nein, liebe Flore, den Staubsauger möchten wir nicht. Gertrud kann damit nicht fertig werden und holt besser den von Gohrbands in der Woche immer 2 Tage. Nun habe ich Sybille nirgend auftreiben können; Gertrud sollte ihr sagen, daß Sybille ihn abholen möchte, oder wohin Gertrud ihn bringen soll, damit S. ihn anderweitig verkauft. Auch die 50,– für das Radio ist im Augenblick nicht auf die Beine zu stellen; und ich halte es, so wie ich Dir vorschlug, für das Beste, wir verrechnen ihn mit der Stine vom Löh. Du mußt mich mißverstanden haben. Ich habe Dir vorgeschlagen, wenn Du ihn bar anderweitig loswürdest, könnte ich es verstehen. Erinnerst Du Dich?

Wie weit ist die Stine? Hat Maklan den Umschlag gemacht? Ich bin sehr neugierig und verspreche mir viel davon. Gerade weil es so humorig und nicht auf Trümmern gebaut ist. Von Trümmern haben wir genug gelesen. Habt Ihr die Kritik über das Kinderbuch von Bettina Huilsmann in der Neuen Zeitung gelesen?

Den Onkel Moll habe ich fertig abgeschrieben. Ich werde ihn wohl an Stalling und an Dressler schicken. Aber ich lasse ihn noch zehn Tage etwas liegen, falls Ihr noch etwas anderes wißt. In die eigentliche Arbeit komme ich wohl erst, wenn Pims nach Marburg und dann von da nach Baden-Baden fährt. Sobald sie da ist, ist die Unruhe zu groß. Obwohl gegen früher dieser Unruheherd auf mehr als den zehnten Teil zusammengeschrumpft ist.

Nun erzählt mal von Euch? Laßt es Euch gut gehen. An Witsch habe ich geschrieben. Nur so zum Jahreswechsel. Ich glaube doch, daß es sehr vorteilhaft für beide Teile wäre und für alle gemeinsame Arbeit, wenn man sich persönlich kennte. Das muß ich möglich machen. Entbehrt Ihr nicht dorten, hier Fastnacht zu feiern??? Wo wir doch alle so katholisch sind!!!

Sehr herzliche Grüße. Ich gehe zum Zahnarzt.
Tami

22. Januar 51

Liebe Frau Eva Kausche,

es hat eine ganze Weile gedauert, bis der »Onkel Moll« fertig abgeschrieben war...

Die in der Geschichte vorkommenden personifizierten Spieltiere sind als verschmutzte Originale, teils als Zeichnungen von Fee Speemann – Adriani noch erhalten.

Ich habe nun, da ich mit dem Stallingverlag, Oldenburg, seit jeher sympathische Beziehungen habe, was die Kinderbücher angelangt, diesem Verlag sowohl die »Glaskugel« als auch den »Onkel Moll« geschickt...

Da nach meinem Gefühl es nicht fair play wäre zur selben Zeit an Ellermann heranzutreten, warten wir am besten ab, was Stalling sagt. Mir wäre Ellermann außerordentlich lieb: nicht nur wegen seiner aufgeschlossenen aufrichtigen politischen Haltung, sondern auch weil mein Freund Mirko bei ihnen arbeitet...

Frau Deusch hat mir nun geschrieben, daß sie gerne meine Kinderbuchmanuskripte haben möchte. Ich zögere die Antwort noch etwas hinaus, denn ich habe zweierlei Bedenken. Erstens verdient sie ihr Hauptgeld mit Erich Kästner, den ich entgegen aller wahnsinnigen Heutigen weder für pädagogisch noch für literarisch wertvoll halte. Er kann viel, er ist flott wie ein Artist; er hat besten Erfolg, trotzdem fehlt ihm das Wichtigste: er hat keinerlei seelischen Tiefgang noch menschliche Wärme. Beides plus Humor sind die wichtigsten Zutaten für die geistige Nahrung unserer Kinder...

Januar 1951

Liebe Eva Kausche

...Wenn ich mit äußerster Mühsal eine Verbindung angeknüpft habe, mir eine Schweine-Mühe gegeben, dorthin zu erklären, wer ich bin und wer ich nicht bin, so kommt gewiß ein blöder Brief, wie sehr begabt ich sei und ich möge Ihnen doch ja das nächste Buch anbieten. Die ganz plundrige Unernsthaftigkeit wird dann offenbar... Im Grunde hoffe ich immer noch auf ***die*** repräsentative Norddeutsche Zeitung, die monatlich herauskommen sollte, die »Penate« oder »Athena noctua« heißen müßte und an deren Plan ich seit mehr als zehn Jahren herumgepusselt habe. Hätt ich von den 320000 M Wiedergutmachungssumme den zehnten Teil und davon ein Viertel, so würde ich diese Zeitschrift sofort machen...

Frau Dr. Gertrud Lemke von der Westberliner Universität war hier und wir haben gemeinsam vier Wochen am pädagogischen Dokumentenwerk gearbeitet. Das hoffe ich sehr, in der Bremer Lehrergewerkschaft vorzustellen. Ob es aber im Auftrag dieser Gewerkschaft gedruckt werden wird, hängt sicher vom Geld ab und von der Eindringlichkeit etlicher Vorträge, die ich dort in Bremen mit Hilfe von Werner Wulff halten will. Manfred Hausmann versprach den Vorabdruck der Stine vom Löh im Februar im Weser-Kurier, da hätte ich für die endlich bei Wulff erscheinende Novelle ein gutes Entré

...Bücher von Gustav Schenk, die mir Eindruck gemacht haben...

Nur für die dichterische Sendung von heute gibt es nichts, was so notwendig wäre wie Herzenswärme, sich verhaftet und gesichert fühlen in der Wuchskraft der Erde und damit zu einer seelischen Beständigkeit zu kommen. Aber sehen Sie, liebe Eva Kausche, ***das*** kann heute kein Verleger einsehen. Und der, der es tut, hat kein Geld. Auf die Dauer wären meine Bücher ein ziemlich konstant bleibender Erfolg nach innen, also auch nach außen. Aber die von 1934 bis 1947 gestohlenen Jahre sind nicht mehr aufzuholen. Bertelsmann ist wieder in Ordnung, aber außer dem Traum am Morgen läuft im Augenblick nichts und auch die besten Absichten von Werner Wulff können die Stine vom Löh, (Vertrag im Juni 1949) nicht hervorzaubern. Wenn ich Onkel Moll verkaufte, habe ich Reisegeld und kann einmal außerhalb der katholischen Kirche aufatmen. Nicht, daß ich gegen die katholische Religion auch nur das Geringste einzuwenden hätte. Aber im festen Bestand der Kirche finden sich Dr. Witschens, Hagelstanges und alle brüderlicher vereint als es die Muse je vermöchte.

Das aber ist für mich eine Gotteslästerung. Entschuldigen Sie das harte Wort. Es könnte ja gut sein, Sie wären auch katholisch; aber der Sinn bleibt für mich, daß wir von der Freiheit aus genesen müssen und nicht von der Kirche aus. Aber, es ist bequem, sich in allen materiellen Sorgen getragen zu fühlen. Sie ist eine geldspendende Fortuna in armer Zeit. Ich aber komme aus Bremen, bleibe links – das heißt Sozialistin und absolut protestantisch im Sinne der fast heidnischen altoldenburgischen Glaubensvorstellung. Und dieser liebe Gott aus Oldenburg würde schön lachen, wenn ich am Bodensee katholisch würde. Aber sie sind es alle geworden, einfach, weil sie mitspielen wollen...

Es ist mein großer Kummer, daß die Sonnenuhr immer noch keinen neuen Verlag hat und ich bin gar nicht in der Lage, für meine Dinge so einzutreten, wie es nötig wäre. So bin ich auch ganz und gar entsetzt, daß Curt Roselius eine so wunderbare Idee der Bücher aus der Güldenkammer hat in nichts zerfallen lassen. Das hätte selbst mit Hilfe der Stadt etwas ganz einmaliges werden können. Es wird am falschen Ende gespart. Auserlesene Bücher »Die Güldenkammer« wären mehr als eine Ehrung Bremens. Sie würde unter guter Hand das Beste an Kunst retten, was Bremen in Literatur, Graphik etc. hervorgebracht hat und das allein wäre eine Ermutigung für die wenigen wahren Künstler. Wenn ich in Bremen lebte, so würde ich Tag und Nacht keine Ruhe geben, daß die sogenannten Künstlerhilfen für diese kulturelle Tradition bereit gestellt würden.

Ganz abgesehen davon, daß eine solche Arbeit aus hanseatischem Geist geboren wäre. Allerdings besteht die Gefahr, daß sich auch hier die blut- und boden verbundenen harten Ellenbogen der Dinge bemächtigen und sie dadurch an Ernst, Unbestechlichkeit und Würde verlieren. Drei – drei einwandfreie müßten zu sagen haben. Nicht mehr. Schutzpatron ist der steinerne Roland. Gerade kommen einige Weserkuriere, die ich mit Vergnügen durchwandre, um zu sehen ob in Bremen-Nord die Fußballmannschaft oder ob die Kommission in Vegesack die Rosenbüsche bewilligt hat und das ganze ist nichts andres als eine Feenlandschaft auf der Insel der Elisabeth Gondge. Entschuldigen Sie das Hott und das Hüh – und seien Sie von Herzen gegrüßt von Ihrer Tami

Anmerkung: Zahlreiche Autoren jener Tage kouvertierten zur kathol. Kirche, weil diese ihnen nach dem Beitritt großzügige materielle Zuwendungen machte und Arbeitsaufträge verschaffte.

den 30. Januar

Lieber Werner Wulff,

haben Sie Dank für Ihren langen Brief und ich beantworte ihn noch vor Monatsschluß, weil ich gerne will, daß unser Kontakt nicht abreißt. An Alfred Faust habe ich sofort geschrieben. Es geht eben doch nicht, daß ich hinter Werner Wien herjage und er mir dann dieselben Schweinereien anrichtet, wie ich in ähnlichen Fällen ja erlebt habe. Immer mehr scheint es so zu sein, daß es in Deutschland keinen Boden für Anstand und für Wahrheit mehr gibt! Ich gebe meine Versuche, an einer solchen Grundlage mit zu arbeiten, auf. Es kostet meine Zeit (die ich wirklich fruchtbarer anwenden kann) es kostet meine Nerven – die ich für meine Arbeit schonen möchte und last not least ich habe nirgends das Gefühl, es könne auch nur das Geringste nützen. Wäre ich vor fünf Jahren besser gestartet, als ich es bin, hätte mein Name heute in Deutschland Gewicht, was er haben könnte, wenn es gerecht zuginge, so wäre mir alles Reinigen selbstverständlich. Wenn Sie, mein Guter, dazu noch überlegen, daß jene mir sofort – geschickt und rankünig wie diese Leute sind, – einen Prozess an den Hals hängen werden, wie wir es ja im Falle Krutina erlebt haben – einen Prozess, den ich verlieren würde – dann übersehen Sie selber wohl ganz die Tragik unsrer Situation. In diesem Sinne habe ich an Herrn Faust geschrieben und ich kann nicht begreifen, daß man in Bremen, wo besagter WEWE ja lange als Lektor bei Ostertag amtiert hat, nicht genug Material gegen ihn haben sollte. Abgesehen davon steht es ja den Herren frei, sich von Herrn Hartmann, dem Produktionschef des Südwestfunks, der in der SPD ist, die Unterlagen geben zu lassen, die zu einer so plötzlichen Entlassung dort geführt haben. Was meinen Sie? Sie sagen, ich würde mir durch einen Beitrag gegen WEWE eine freundschaftlichen Elan in Bremen verschaffen. Das mag sein. Aber es liegt mir viel mehr am Herzen, den wilden Engel zu schreiben und beides neben einander – das wissen Sie selbst – geht nicht. Das gibt meine gründliche Natur nicht her. Und Sie, mein lieber Freund, werden der Letzte sein, der mich hindern würde, den Engel zu erfinden und ihn am Wege liegen zu lassen, um diesem glatten und mir durchaus nicht geheuren WEWE an die Schienenbeine zu fahren.

Bitte, versuchen Sie das zu begreifen und erklären Sie es in aller Freundschaft auch Herrn Faust.

Die unteren Zähne sitzen und die Pause, die wir einlegten benütze ich, um am wilden Engel zu arbeiten. Ich hoffe, ich komme immer mehr hinein, es geht voran, besonders da Julia in Marburg ist und vorher in Baden-Baden weilte, wo sie mit Herrn Justiziar in die Lande fuhr. Es ist also ruhig; aber kalt. Der neue Ofen ist trotz herzlicher Versprechungen immer noch nicht da und ich habe hier oben im Eckzimmer den elektrischen Ofen an. Es ist aber auch draußen nicht kalt, sondern naß. Im Städtchen sind zeitgemäß alle verrückt, wegen Fastnacht. Am vorigen Sonnabend war Feuerwehrball und da hieß die Parole »Am Kongo« und sie haben ihren Bürgermeister und seine Gattin an den Marterpfahl gebunden und geprügelt. Also aus reinem Spaßvergnügen. Lo Weber jammert im Laden, es ist leer und es kommt kein Geld ein. Herr Sirdmann hat die Sterbesakramente gekriegt – und er liegt da oben und unter ihm ist der größte Ball aller Jahrhunderte!

Was es sonst Neues gibt? Lassen Sie mich nachdenken. Lauterwassers erwarten Zwillinge und sind nach hier oben umgezogen, zwei Häuser von mir enfernt. Der Ritterkreuzträger und Ubootkommandant Rücktäschel hat neuerdings immer für Karl Hänsel astrologische Betrachtungen anzustellen, damit er weiß, ob er eine Gückssträhne hat. Er hat! Sein Buch soll gut gehen – es soll prächtige und lange Kritiken haben und er schreibt jetzt ein deutsches Lustspiel. Weshalb – das können selbst Sie sich in dieser Entfernung an fünf Fingern abzählen. Aber ich habe – das ist mir nun wirklich ein trauriges Erlebnis, mit meiner Stine vom Löh wieder kein Glück. Woran liegt es? Wenn es nämlich am 15. Januar, wie Flore zuversichtlichst sagte, herausgekommen wäre, würden Sie es ja gesagt haben. Da aber nicht einmal das Wort Stine vom Löh gefallen ist, ich meine, in Ihrem letzten Brief – sehe ich finster.

Es ist für mich einfach gräßlich, daß ich nur bei Bertelsmann bisher in Erscheinung trete. Es ist so ungerecht und es ist darüber hinaus lähmend. Es hat nämlich zur Folge, daß Leute wie Sponholz und so plötzlich auf den Gedanken kommen, ich gehörte zu ihnen. Ich weiß natürlich, daß dahinter Verkettungen von Umständen liegen, die wir gar nicht übersehen konnten. Hätte Herr Dr. Witsch vor zwölf Monaten dasselbe gesagt wie heute, hätte ich im vorigen Jahr anstatt dieser haufenweise fabrizierten pädagogischen Artikel und Briefe den wilden Engel fertig und er läge vor. Natürlich hat im Januar alles die Tendenz sich hinzuschleppen – aber wenn ich nur etwas mehr Hilfe hätte. Seien Sie nicht ungehalten, natürlich weiß ich dankbarst, daß Sie im Verlag Gustav Kiepenheuer tüchtig geholfen haben. Aber das Logbuch? Die Sonnenuhr? Die Kuckucksspucke? Die Maddo? Schreiben Sie mir bald einmal. Nein, die Wiedergutmachung geht nicht vorwärts. Keine Spur, wo er doch am Marterpfahl steht!! Auch hatte er ein Papier verloren!!! Ich habe meinen Pass beantragt, sowohl in die Schweiz als auch nach Frankreich für alle Fälle. Auch neue Schuhe habe ich, die neunzig Mark bei Herrn Gartmann kosteten. Von Bertelsmann keinerlei Antwort, ob sie nun die italienischen Novellen nehmen oder die Maddo. Ich habe dreimal geschrieben, aber es folgte nichts wie ein Haufen Besprechungen vom »Traum am Morgen«, die alle so gut wie dumm waren. Wie soll sich eine Literatur entwickeln, wenn wir keine Kritiker haben? Sieburg hielt im Südwestfunk zwei Sendungen, einmal über »die deutsche Akademie« – die er ablehnte und das zweite Mal »Wollen wir noch Trümmerliteratur?« Beide Sendungen waren gut. Ernst Johann ist wieder da und bat mich um eine taufrische Frühlingsnovelle für April oder Mai.

Wie geht es den Jungens? Was macht Flore? Habt Ihr es im neuen Haus schon gemütlich? Hier ist es überall muffig und trostlos und ich bin sehr neugierig, von Euch zu erfahren, ob bei genauerem Hinsehen, es dort auch so ist oder ob wirklich ein frischer Wind weht.

Von Otto Knuth und Ruth hatte ich einen unordentlichen Brief, sie sind nun zwei Tage vor Weihnachten noch glücklich umgezogen und fahren in Bälde nach London an den BBC. Herr Roselius schrieb mir gestern einen langen Brief und er teilt mir mit, daß die Glaskugel also in Bremen nicht gespielt wurde und daß er hofft, daß ich wenigstens das Manuskript, von dem ich geschrieben hätte, es sei mein Einziges – (Was auch stimmt) zurückerhalten würde. Aber er schreibt nicht dabei, an wen ich mich wenden könnte, um es zurück zu erhalten. Es sind überall dieselben amoralischen unordentlichen Verhältnisse und es ist für mich erschreckend, daß so etwas auch in Bremen gemacht wird. Was soll ich tun? Könnt Ihr mir dabei helfen? Ich habe es an Herrn Alfred Faust geschickt, der es gewiß an den Intendanten weiter geleitet hat. Aber an wen?

Herr Böse liest eifrig am Südwestfunk. Herr Rothe ist nach wie vor so gut wie von der Straße. In Überlingen verändert sich nichts. Nur Pfarrer Meier tröstet seine Gemeinde und ist mehr »Benkal, der Frauentröster« als ein Seelentrost. Aber ob Mann, ob Frau, sie haben es alle nötig und Herr Asmann hatte eine Bilanz und da hatten sie nun im Bodensee-Club nach einem halben Jahr eifrigen Herumzwackens zwölfhundert Mark Defizit. Wie sie das gemacht haben, weiß ich nicht. Aber sie aktivieren weiter am Kulturschaffen.

Vergeßt mich nicht und seid herzlich gegrüßt
von Eurer Tami

5. Februar 1951

Lieber Werner Wulff,

Sie fehlen mir doch sehr und unser täglicher Anruf war immerhin ein kameradschaftliches Rettungstau, vom West-Bahnhof zum St. Leonhard. Nun hatte ich vorgestern einen Brief von Sorno mit einem Artikel von ihm (er hatte den Neuen Geist-Verlag), der gut war und ganz in unserem Sinn. Den Brief habe ich an Dr. Witsch weiter geschickt, weil er interessant war und Dr. Witsch, wie er mir schrieb, Mitte des Monats zu einem Vortrag nach Überlingen käme. Das kann doch nur im Bodenseeclub sein!!! In diesem Falle werde ich hingehen, um zu assistieren, falls Herr Elbertshagen »Anstoß nehmen sollte« wie bei Rauch. Karl Rauch hat sich dann tapfter mit diesen seltsamen Pachulken herumgeschlagen! Der wilde Engel trabt langsam fürbaß. Ich möchte – immer vorausgesetzt, daß Sie ja auf das »Logbuch« und die »Kuckucks-Spucke« bestimmt nicht reflektieren, auch wenn Sie produzieren könnten, gerne beide Bücher noch einmal sehr eingehend und eindringlich Herrn Dr. Witsch ans Herz legen. Ich möchte wirklich nicht in Verlage abrutschen, die mich nach wie vor mit Blubo-Etiquette versehen, und nur weil sie Geld haben, verdienen sie an mir. Er erscheint mir das alles eine so schmähliche Ausbeuterei. Die Mary Lavater hat wieder geschrieben; sie ist ganz angefüllt von meiner dicherischen Qualität. Das schreibe ich nicht, um mich ins rechte Licht zu rücken, das wissen Sie, aber es ist mit mir Geld zu verdienen, wenn wir nur irgendwo zum Zuge kämen. Bitte, falls Sie mit Dr. Witsch über meine Produktion sprechen, lassen Sie ihn nicht darüber in Zweifel. Da Sie, mein Guter, ja die Bücher unterbringen werden – müssen Sie ja auch in erster Linie wissen, ob Sie daran glauben.

Ella Ehlers schrieb mir Ende des vorigen Monats. Ich hatte ihr den Traum am Morgen geschenkt. Meinen Ofen habe ich noch nicht; aber 20 Zentner Antrazit, à 7.80, die noch nicht bezahlt sind. Ihr habt es in Bremen kalt, schrieb mir E.E., das scheint unser aller Schicksal zu sein und nur die Fetten sitzen auch noch warm. Ich würde so gern einmal ausführlich von Ihnen hören. Die Wiedergutmachung hier rührt sich nicht vom Fleck. Ich verfluche manchmal den Tag, der mich hier in dies vermuffte Nest gebracht hat, und ich habe alle Fühler nach Berlin ausgestreckt. Erzählte ich Ihnen, daß im Sommer zwei sehr tüchtige Frauen, Sozialistinnen, hier waren, Louise Hartung und Dr. Gertraud Lemke? Nun haben wir immer gewartet, ob Reuter wieder gewählt werde. Gott sei Dank, er ist es. Nun weiß ich aber noch nicht, ob Louise Hartung im Amt bleibt als Bezirksrätin oder so etwas ähnliches. Gewiß ist, daß ich Euch im Sommer besuche und ebenso gewiß, daß ich nach Berlin fahre, um zu sehen, was ich dort tun könnte. Ich sitze mit all meinen Büchern da – und es ist auch mit Bertelsmann kein Staat zu machen. Wenn Sie hier wären, so könnten wir gerade diese Bertelsmann-Sache gemeinsam betratschen; aber es ist alles so umständlich. Ich wünsche so sehr, ich könnte mich mit Dr. Witsch gut verstehen. Wenn er aber mehr ein Intellektueller ist, wird das schwierig sein. Möge der Himmel geben, daß er also kein Intellektueller ist, sondern ein Mensch und daß er mir – und ich ihm gefalle und daß er mit mir dann auch durch dick und dünn geht. Wie sollten wir es sonst in dieser verrückten Welt schaffen. Sind Sie gesund? Wie gehen die Geschäfte? Ernst Johann hat für den April eine taufrische Gründungsnovelle bestellt. Außerdem habe ich zum 16. einen Sammelbeitrag pädagogischen Inhaltes. Aber all das ist ein lausiger Mist und ich komme mir vor wie ein Gelegenheitsarbeiter.

Es ist einfach ein Jammer, daß der Kiepenheuer-Verlag mir vor mehr als einem Jahr nicht die Aussicht gab; ich hätte dann den wilden Engel fertig. Er läuft langsam; aber es ist höchst seltsam, daß die geistigen Geschöpfe es nicht haben wollen, daß sie mit dem Ellenmaß von Zeit in die Welt gesetzt werden sollen. Ich bin noch nicht sehr weit. Aber es geht vorwärts. Dann kam ein Brief von Dr. Witsch, ich möchte an die Buchhändler denken und das Buch müßte einzuordnen sein. Das ist – so gefaßt – nicht richtig. Ich höre zu oft, daß viele elevierte Leser die Bücher, die alle über einen Leisten geschlagen sind, einfach nicht mehr mögen. Was den Inhalt des wilden Engels angeht, so nimmt er politisch die nächsten Jahre bereits vorweg; aber die einzelnen Kapitel, von denen jedes in sich abgeschlossen ist, sind ganz faszinierend. Das haben mir allerdings leider keine Verleger gesagt, sondern Leser. Die ersten beiden Kapitel kennen Sie ja auch, »Abgrund« und »Traumkinder«. Das dritte heißt: »Ratten und Tauben« und das vierte ist »Autobus« aber ich werde den Titel anders nehmen, damit er mit den andren Titeln im Gleichgewicht ist.

Wie lang der wilde Engel wird, daß weiß ich nicht. Wenn ich wie beim ersten Teil des dritten Kapitels »Mogetid« (ein holländisches Landhaus) 100 Seiten geschrieben habe, schmelze ich es sorgsam ein, bis es noch 20 Seiten hat. Ich möchte den Stil so konzentriert haben, daß das Teppichgewebe nirgend locker oder lose ist. Sie werden dann ja lesen.

Hier ist noch Fastnet im vollen Gang; sie tun nichts anderes, als Radau machen. Aber das wird anderswo genau so sein. Wie sieht es in Bremen aus? Was machen Manfred Hausmann und die übrigen Arrivierten? Was beschleicht oder wen beschleicht denn Werner Wien? Darüber habe ich Ihnen ausführlich geschrieben, ebenso an Alfred Faust, der mir noch nicht geantwortet hat, aus wessen Händen ich die Glaskugel zurückholen kann.

So, das ist alles. Glauben Sie, daß Herr Dr. Witsch Interesse daran hätte, in den Sommerferien mit Frau und Kindern mein Haus zu übernehmen? Das ist nur eine Anfrage diskreten Charakters, denn auf irgeneine Weise möchte ich bald disponieren; aber es kommt alles darauf an, ob Dr. Witsch und ich Sympathie für einander haben. Mit Sympathie, auf dem Boden des Fasses, kann man sich raufen und aus dem Wege gehn und sich darüber härmen, aber im Grunde tut das alles nichts, wie wir beide es ja miteinander erlebt haben.

Julia ist noch fort. Aber Carl muß nach Bonn »und wird sie« abholen und so wird sie uns bald wieder ins Haus fallen; aber ich habe die Gelegenheit ihrer Abwesenheit benutzt, um ihr wenigstens schriftlich einmal genau zu sagen, was los ist und nun warte ich ab, ob sie sich besser zurückhält. Sie ist ja im Grunde ein armseliges Stück Malör; aber sie wird nie begreifen, daß sie selber sich ihr Leben schafft. Peter scheint es nach wie vor glänzend zu gehen. Von Hanna kein Wort.

Dem alten Scheffler geht es gar nicht gut; aber Frau Hasenjäger tut mehr an ihm, als sie für ihren eigenen Vater tun könnte. Paulchen habe ich lange nicht gesehen. Dorchen war bei mir und strickte lieb vor sich hin und brachte den selbstgebackenen Kuchen gleich mit. Das sind nun aber wirklich alle Neuigkeiten!

Ich grüße Sie sehr herzlich.
Tami

»Was ist mit unserer Stine vom Löh?«

9. April 1951

Meine liebe Eva Kausche,

das war wohl eine Überraschung! Meine herzlichsten Glückwünsche zur kleinen Philine Martha! Mir wurde plötzlich durch diese beiden Namen eine ganze Welt von vor mehr als dreißig Jahren lebendig, als Philine und Martha Vogeler, die beiden Schwägerinnen in Worpswede in der Maienblüte ihrer besten Sünden standen und die eine mit dem edelsten behangen, mit Türkis und Gold gefaßt, der mehr bürgerlichen Philine überall den Rang ablief, ganz gleich ob es sich um Kasimir Eduard Schmidt oder den beweihräucherten Axel Leyhausen handelte!! Davon könnte ich Bääääände erzählen. ...

Ihre Tami

undatiert

Lieber Wulff,

es gießt vom hohen Himmel und es ist kalt. Bommer haben mir 50 Ztr. Koks angeboten für 300,–. Schwarz wie Koks sein soll; aber für seine Schwärze nicht mal teuer. Uff! Die beiden Zeitungen habe ich gekriegt; Nucki mit ihren vielen Freundinnen war lieb; aber hier und im Südwestfunk wissen sie nicht, was eine pädagogische Sendung ist und haben es mit der grauen Theorie.

Mir geht es teils durch das Wetter und teils wegen eines neuen Medikamentes nicht besonders gut. Ein stinkiger Kaffee tat das Übrige!! Der heutige Brief hat seine Veranlassung darin, daß Dickreithers Älteste mit meiner Gertrud befreundet ist und ich aus den Unterhaltungen der Unmündigen mehr von der Familie erfahre, als sie ahnen. Es ist der Geist kleinbürgerlicher nationaler Modderlichkeit! Er ist langsam, ängstlich und kommt außer mit Dwinger und Elbertzhagen mit nichts zu Pott, was um so erstaunlicher ist, da er ja Geld zum Poduzieren hat. Versteht eine Christenseele das? Alles ohne Format und ohne Wissen. Es ist ein Jammer, daß wir nicht das Kapital vom Hermann Lindemann aus Achern haben! Das erste wäre die erweiterte Sonnenuhr! – Das ist gewiß.

Ich bin sehr neugierig auf das erste Kapitel von Gertrud Lemke. Erst dann weiß ich, ob es miteinander geht. Es kommt zu oft vor, daß der mündliche Kontakt gut ist; aber daß in der Darstellung keine Klarheit und Gründlichkeit erreicht wird. Also halten Sie mir den Daumen, daß der Anfang klappt.

Wenn Sie es fertig brächten, die Lehrergewerkschaft für 3 Vorträge mit Aussprachen für mich zu interessieren, das wäre eine gute Anknüpfung. Die Themen ergäben sich aus der Fülle des pädagogischen Materials. Als Einleitung – als erster Vortrag: Kinderstube und Schulmethode (ein kleines Stück daraus druckte Hertha Gotthelf in den Sozialdemokratischen Blättern »Gleichheit« ab und ich lege es an, damit Sie ungefähr sehen, wie der Hase läuft). Als zweites würde ich aus der Praxis meiner Schulmethode für das erste Schuljahr geben, womit die jungen Lehrer am meisten anfangen können. Stellt der erste Vortrag mehr die pädagogische Grundvorstellung dar, so wäre der zweite aus der Praxis der freiheitlichen Erziehung ein leicht anwendbares Musterbeispiel. Als drittes würde ich dann: »Kinderträume« folgen lassen, um eine Stück Tiefenpsychologie sichtbar werden zu lassen. Die Formulierung der Themen erfolgt später; der Inhalt ist nur heute wichtiger, weil ich Sie bitten möchte, mit Herrn G. noch einmal ausführlich zu sprechen. Wenn es möglich wäre, daß die Lehrergemeinschaft als Honorar mir die Reise bezahlt, so wäre das für mich viel. Ich könnte vielleicht noch eine literarische Lesung machen. Es ist mir klar, daß die Bremer gerne Lokalkolorit haben möchten und also ein Stück aus der dortigen Landschaft gewünscht würde. ***Ich*** möchte lieber über meinen Roman sprechen, über sein Anliegen und seine neuartige Gestaltung, um dann eben aus diesem Roman zu lesen. Welche Gesellschaft käme da in Frage? An wen müßte ich mich wenden?

Kommt als letzte Frage noch einmal die »Glaskugel«. Ich warte sehr auf Ihren Brief über all diese Fragen. In der letzten Woche schlage ich mich fürchterlich mit der Steuer herum. Ich habe gemerkt, daß ich am besten alle solche Dinge selbst erledige. Der Steuerberater, den ich hatte, war ein Edel-Troddel. Er war so ahnungslos, wie eine Maus, die Walzer tanzen sollte und maß überall mit falschen Maßstäben.

Was macht Ihr? Haben Sie eine neue Vertretung? Sie haben mir auf meine Frage nach dem literarischen Büro noch nicht geantwortet.

Wie Ihr aus den Zeitungen wißt, hat es im Südwestfunk einen ziemlichen Knatsch. Carlchen läuft mit herausgehängter Zunge, um als Justiziar das Ganze zusammen zu leimen und Julias Unwissenheit ist geradezu lächerlich. Sie bleibt immer aus Marburg und 16 Jahre alt. Zur Zeit hat sie beide Schwestern hier, Elisabeth und eine aus Hamburg. Der Pims selber ist noch unruhiger und unzufriedener als früher; selbst die protestantische Kirche in der Person von Herrn Pfarrer Meyer kann da nicht viel helfen. Peter geht es gut, obwohl er noch »nicht zum Zuge« gekommen ist, leben sie alle von Hannas Substanz, die nach wie vor vom »Weißen Rössel« dargestellt wird. Heute Schluß. Ich bin merkwürdig müde und auch der Kaffee hat mich nicht auf die Beine gebracht.

Seid in herzlicher Freundschaft gegrüßt von Eurer
Tami

Sonntag mittag, ***undatiert***

Liebe Wulffs,

Dank für Euren letzten Brief. Es ist fast ein Sommertag, wenigstens für einige Stunden. Mein Garten ist für den Winter fertig. Sehr ordentlich und reichhaltig. Da ist eine holländische Firma, die mir ein mächtiges Paket mit Blumenzwiebeln geschenkt hat. Das haben sie schon einmal getan. Da habe ich dem Inhaber junior »Traum am Morgen« geschickt und einen langen Brief »Alinne Moly«. Der hat Herrn Stassen so gefallen, daß er seinerseits die Reihe der cadeaux nicht abreißen lassen will. Ob der

Glaskugel das so lange Schweben gut bekommt? Immerhin, es ist eine Glaskugel! Hoffen wir weiter. Es ist bei weitem das Beste, was wir tun können. Es freut mich trotz Ihrer augenblicklichen Armut, daß Sie dort sind. Auch, daß Sie ja auf Beziehungen mit Zeitung, Theater etc. viel mehr angewiesen sind, spielt eine Rolle. Natürlich.

Hören Sie, Wulff, ich werde ***alles*** tun, um einen guten Kontakt mit Herrn Gossmann herzustellen. Daß er mich nicht kennt, ist ja kein Hinderungsgrund. Ich mache mir die Arbeit, Ihnen von allen Bremer Korrespondenzen ein Double zu schicken. Sie sind dann immer über den Stand meiner Bemühungen orientiert und können mir helfen. Einen guten Kontakt glaube ich bereits mit Alfred Faust, mit dem Oberregierungsrat Lutze und mit Manfred Hausmann (der wohl nur halb wichtig ist) zu haben. Wenn es nicht so ist, müßen Sie mich orientieren. Ebenso kennt mich Herr Oscar Wessel, der öfter von mir gesendet hat. Aber die Hauptsache für die Öffentlichkeit – und damit auch für eine geordnete politische Situation, ist die praktische Verbindung mit Gossmann. Wenn ich nur mit drei Vorträgen dort starten könnte (immer vorausgesetzt, daß ich es weiterhin fertig bringe, meinen körperlichen Zustand so gut zu erhalten wie er jetzt ist) und wenn es mir gelänge, mit meinen Ideen in der Bremer Lehrergewerkschaft Fuß zu fassen, woran ich nicht zweifle, so wäre ich natürlich sehr glücklich. Irgendwo will ich pädagogisch arbeiten. Sie selber wissen, welch niedriges Niveau die Sendungen im Südwestfunk haben. Dafür mache ich ***nicht*** Frau van den Wangenbergh verantwortlich, die genau weiß, was sie an mir haben könnte. An Ihrem kleinen Radio, das jetzt oben in der kleinen Bibliothek mit einer Zimmerantenne neben meinem Bett steht (ist neu repariert und seitdem tadellos!), höre ich vergleichsweise verschiedene Sendungen. Es müßte möglich sein, gerade in Bremen, Bremen betrachte ich seit Anfang des Jahrhunderts (Gansberg und Scharrelmann) als pädagogische Provinz par exellence – es gibt in Deutschland keine andere, die soviel Tradition hat. Allein aus dieser Tatsache wäre in den politisch gefestigten nächsten Jahren für Bremen soviel zu machen. Auch ohne Geld! Nur durch geistige Regsamkeit, uneigennützige Arbeit und ein sehr vernünftiges aber selbstbewußtes Eintreten für diese pädagogische Provinz. Grade, weil Herr Gossmann, wie Sie sagen, in Amerika war, ist anzunehmen, daß er also für diese meine alte Idee das beste Verständnis hat. Ich möchte das so sehr gern weiter betreiben. Was auch immer dabei herauskommt, ich möchte nicht unterlassen, alles zu unternehmen, was in meinen Kräften ist.

Ich halte es für angebracht, mich erstmal »personalig« Herrn Gossmann vorzustellen. Hoffentlich glauben Sie auch, daß es der richtige Weg ist. Es entspricht meinem etwas aufs Honorige ausgewogenen Wesen, das dann wohl bremisch ist. Leider hat Frau Professor Lemke trotz Brieftelegramm noch nicht das zum ersten Oktober geschickte Kapitel geschickt.

Haben Sie noch ein Schola-Heft mit der »natürlichen Methode«? Ich habe es in Offenburg angefordert; es müßte in diesen Tagen kommen. Dann habe ich die Beiträge aus »gute Kinderstube« etwas umgearbeitet, und die wären vielleicht etwas für Radio Bremen. Das Material zu schicken, ist deshalb schwierig, weil ich es ja hier brauche und die Traumbilder allein ein riesiges Paket abgeben würden. Die schon durchgearbeiteten Bilder alle wieder auseinander zu nehmen ist zeitraubend und würde wieder zwischen natürliche Methode und Psychologie der kindlichen Seele ein ziemliches Durcheinander bringen. Sobald ich von Herrn Gossmann eine ermutigende Zusage habe, packe ich trotzdem alles ein und würde es dann dort lassen bis zu meinem Kommen, da ich es ja dort brauche. Das erste Thema hieße »natürliche Methode« (mit besonderer Unterweisung über Anwendung in der Praxis), belegt durch viele Kinderdokumente.

2. Elternschule (nicht als organisatorischer Faktor, sondern als natürliche Methode, fortgesetzt von Schule und das Haus. 3. Die Welt der Träume. Ihre Bedeutung für unsere pädagogische psychologische Betreuung des einzelnen Kindes und des Eindringens in die belastenden Schäden des Elternhauses.

Diese drei großen Themen lassen sich in viele Einzelthemen auflösen. Aber, was für alle Pädagogen und Eltern wichtig ist, das ist alles, was aus der Praxis für die Praxis da ist, also nicht theoretisch, sondern eindringlich persönlich. Es handelt sich eben um Peter oder meine Gertrud oder Euren Jens und nicht um »irgend ein Kind als solches etc. etc.« Ich würde, vorausgesetzt, daß es keine Theateraufführung gibt, in den ersten Tagen des Januar in Bremen sein. Bis dahin arbeite ich hier. Nein, Kohlen, noch kein Zentner! Sie haben noch keinen Koks. Von morgen ab soll es kalt werden. Ich arbeite vormittags immer im Bett. Das geht gut.

Bisher habe ich täglich am wilden Engel getippt. Manchmal 6 Seiten, manchmal 8 – 10. Es geht langsam vorwärts. Das dritte Kapitel mit dem beanstandeten SS ist fertig 4 x, aber der Anfang nicht. Es hat nicht viel Sinn, Ihnen Teile zu schicken. Ob ich Lust und die Seelenlage finde, um den Roman jetzt fertig zu machen, weiß ich nicht. Es ist ja keine Sache von Fleiß oder gutem Willen. Ich muß sehen. Also: Ihr kriegt alle Doubles in einem Umschlag morgen. Ich muß erst Umschläge kaufen.

Nein, mit Carlin U. korrespondiere ich seit Jahre nicht mehr.

Was machen Eure hornochsigen Rechtspartner? Zu wem gehört W.W.?

Über den Tag des Buches in Hamburg habe ich gelacht. So wird keine Literatur gemacht! Das ist gewiß. Ich hoffe mit Euch, Ihr werdet bald einen Laden haben. Ich weiß von meiner Tätigkeit bei Buchholz 1935, was ein Buchhändler tun kann, um ein Buch zu verkaufen. Alles. Die Sonnenuhr liegt hier ganz fertig. Von Noa liebe Briefe. Sie ist nicht KPD. Ebenso von Bortfeld, den ich unbedingt in Berlin sprechen möchte. Max Tau, ein Mann von hohen Ehren, hat das unverdauliche Buch von Hanna Stefan (ein gewichertes Buch) ein Heldenepos genannt. Ich habe diesen Schinken von gutem Willen, christlichen Symbolen, Elend, Dreck, Hurerei, Mord hier liegen. Was soll das? Kommt dadurch der Frieden? Ich halte nichts davon, den Dreck so zu gestalten, daß wir uns noch heute übergeben müssen. Das ist es nicht. Den Schmerz transparent werden zu lassen ist die höchste dichterische Aufgabe. Sie ist keine Dichterin. Eine Dichterin hat keine guten Absichten. Das gibt es auf der ganzen Welt nicht. Genau so wenig wie Gott Krokodilstränen darüber weint, daß ihm die Menschen so vorbei gelungen sind. Sie sind auch gar nicht vorbei gelungen. Man muß ihnen helfen, daß Sie glücklich werden. Den Raffgierigen aber soll man aufs Maul schlagen. Aber das wollen wir für uns behalten.

Von der Wiedergutmachung nichts Neues.

Von der Stine vom Löh nichts Neues.

Von Südwestfunk ebenso.

Aber die Stuttgarter Nachrichten brachten ebbes.

Und ein Kaffeepaket aus der Schweiz via Paris! –

Und neue Schuhe von Magaret Shurman-London.

Mit Hamburg, das nehme ich erst dann vor, wenn es trotz all meiner Bemühungen in Bremen nichts wird. Aber ***das*** wäre wirklich zu traurig. Ich könnte eine so berühmte Figur aus dem eisernen Roland machen. Aus den Büchern der Güldenkammer hätte ich einen hanseatischen Lorbeerkranz für zukünftige Geschlechter gemacht; aber wenn Euch Roselius nur diese armseligen Bauden daraus macht! Bertelsmann hat »Martin« gleich am Schopfe ergriffen. Dr. Dr. Strauss hat eine glückliche Hand, schade, daß er die »Maddo« nicht will. Schluß, ich muß kochen. Gertrud ist zuhaus.

Grüße Euch sehr und bleibe bis bald
Eure Tami.

Nein, auch nicht Sponholz. Wenn wir Gesamtdeutschland haben, hoffe ich, daß Noa ihr Versprechen wahr macht. Ich gehöre in den alten Verlag Gustav Kiepenheuer. Wenn ich es noch erlebe, will ich mit den restlichen Büchern dahin zurück. Ich muß auch Noa sprechen, die mich in Berlin treffen kann. Sie hat zur Zeit 2 x den Arm gebrochen. Ich muß ihr morgen ausführlich schreiben.

Otto Kurth und Schnabel würden bestimmt helfen. Aber ich möchte es erstmal gründlich in Bremen versuchen. Was Bremen zur Ehre gereichen kann, das wollen wir in Bremen lassen; fast hätte ich gesagt: Dom und Dorf; das klingt so gut. Wer ist Herr Heinemann? War der hier? Backtorf! Ach, das möchte ich auch mal wieder riechen. Es erinnert mich an unvergeßliche Debattier-Nächte im Barkenhoff um 1917, als wir in den Spartakusbund eintraten wie junge Ochsen in der Arena. Irmgard Kiepenheuer war nicht hier. Ja, ich bin vorsichtig; ich kenne sie zu gut. Ich hatte meinen Nickelmann bei ihr, an dem ich mit viel Mühe 350,– bei einer Auflage von 6000 gekriegt habe, und das auch nur mit Druck.

Zeitungen kamen noch nicht.

Sehr herzliche Grüße an Herrn Faust. Ich freue mich auch, ihn kennen zu lernen.

Nochmal herzlich
Tami

Die Phase des »Kalten Krieges« gegen Autoren wird eröffnet durch die Wochenzeitung »Die Zeit«. Die westdeutschen Medien und Großverlage verschließen sich den genannten Schriftstellern, die zunächst ein solches »Berufsverbot« noch nicht ernst nehmen.

Deutsche Schriftsteller im Engagement

Notwendige Anmerkungen zu einer Kollektiventdeckung von Paul Hühnerfeld (»Die Zeit« – 3. Mai 1951)

Wir müssen denken – so heißt es in einem Aufsatz des Schriftstellers Walter v. Molo, der den Titel trägt: »Ja, wir wollen uns retten«.

Zwei Seiten vor jenem kategorischen Imperativ steht ein anderer: »Wir müssen erwachsen werden«. Und zwischen diesen beiden Seiten gesteht Molo: »Ich bin kein Mensch mehr des Entweder-Oder ... ich bin für das Sowohl-als-auch«. Und den ganzen Aufsatz schließlich findet man in einer 118 Seiten langen Broschüre, auf deren Außenseite, die schwarzrotgoldenen Farben, ein Adler, zu seinen Füßen zwei winzige Intellektuelle, die sich die Hände schütteln, und das Goethe-Zitat »Wir heißen Euch hoffen«, prangen, während die Innenseite des Umschlags die Paßbilder von 25 deutschen Schrifstellern zeigt. Diese 25 Schriftsteller, vier aus der Sowjetzone und 21 aus der Bundesrepublik, hatten sich vor wenigen Wochen am Starnberger See zu einem Ost-West-Gespräch zusammengefunden; nun hat der

Verleger Willi Weismann in München die Aufsätze dieser Schriftsteller, die denken und Erwachsene werden wollen, broschiert und von zwei Münchener Autoren, Georg Schwarz und Carl-August Weber, herausgeben lassen.

Da stehen sie einträchtig beieinander: Ernst Penzoldt, dessen »Corporal Mobur« heute in Westdeutschland wieder in aller Munde ist, Stefan Hermlin, der Dichter der Kantate auf Stalin u. Hauspoet der FDJ, R. Goldschmit-Jentner,dessen Klumbus-Biographie einmal Aufsehen erregte, Johannes R. Becher, Literaturpapst in Pankow, Hanns-Henny Jahnn und Anna Seghers.

Im zweiten Glied: Karl Jakob Hirsch, Walter Kolbenhoff, Arnold Krieger, Tami Oelfken. Und schließlich einige Namen, die man, fehlten sie, in dieser »Friedensdemonstration« geradezu vermißt hätte: Herbert Lestiboudois, im Westen lebend, in der »Weltbühne« schreibend, Johannes Tralow, im Westen lebend, bei der »DEFA« gut bekannt, Irma Loos, im Westen lebend, aber »die Menschen in der DDR« für die einzigen Deutschen haltend, »die in Ehren diesen Krieg verloren haben«, und Walter v. Molo, dessen Friedenssolidaritätserklärung vor Wochen über alle ostdeutschen Sender ging.

Man merkt: diese Broschüre ist schnell zusammengestoppelt worden; hereinkam, was nur eben hineinging, und dann noch schnell das Nachwort des Herausgebers Carl August Weber. Da findet man Sätze wie diese: »Die künstliche Grenze, die westliche Eifersucht quer durch Deutschland gezogen hat ... « oder »das Gemeinsamste ist uns allen wieder bedroht: die Einheit unseres Volkes«. Aber es steht dort auch: »Der Dichter, der sich vor dem Volk hinter der Dichtung verschanzt, hat bereits aufgehört ein Dichter zu sein.«

Das also ist es: Die deutschen Schriftsteller, aufgebrochen aus der Spitzwegschen Poetenstube, haben die Politik entdeckt; nicht etwa einer von ihnen oder zwei, sondern gleich fünfundzwanzig, womit es sich also sozusagen um eine Kollektiv-Entdeckung handelt. Das Entdeckte sieht dann so aus:

»Eine Regierung, die jede Art von Pazifismus diffamiert ..., will den Krieg.« (Tami Oelfken).

»Das Kind« (gemeint ist ein symbolisches Kind der Westzone) »bekam zuerst Milchpulver und dann parfümierte Schokolade ... und schließlich Coca-Cola.« (Aus einer Parabel von Lestiboudois). »Der Nationalsozialismus ist deswegen so gefährlich, weil seine funkelnden Kristalle um Kerne edelster Abkunft zusammenschließen.« (Arnold Krieger)

»Soll Westdeutschland ohne Befragung für Europa bewaffnet werden, ungeachet der größte Teil von Europa damit gar nicht einverstanden ist? Auf diese Art würde leicht dem westlichen Westdeutschland die Kriegsschuld für einen dritten Weltkrieg, neue Kriegsverbrechen befohlen«. (Walter v. Molo) –

Genug! Der Schritt aus der Poetenstube in die Politik ist für diese Schriftsteller ein Fehltritt geworden – oder sagen wir es vornehmer: Der Weg von der litterature pure zur litterature engagée (es war übrigens der im Osten so angefeindete Sartre, der diese Begriffe prägte) wurde zum Irrweg einer Gruppe Intellektueller, die sich im Gegensatz zu dem Imperativ Walter v. Molos an den Schreibtisch setzten noch bevor sie gedacht hatten.

Vor Jahren schrieb Ernst Kreuder in der »Zeit« einen Aufsatz »Die Ächtung der Musen«. Kreuder sagte damals: »Wem hat der Schriftsteller denn mit seinem Wort zu dienen? Einer parteipolitischen Ideologie, die er für die Wahrheit hält ... ? Wer diese Frage beantworten will muß erstmal sämtliche Wahrheitslehren vergessen, den Vatikan wie den Kreml und auch das letzte literarische Manifest aus Paris ... Er hat nur noch eine Instanz: sein Gewissen«. – Aber gerade diese Instanz scheint für die westdeutschen Schriftsteller, die sich »engagieren« wollten, nicht maßgebend gewesen zu sein. Was aber sollte denn maßgebend sein für die litterature engagée, wenn nicht das eigene Gewissen? Oder wollen sie es wirklich vor ihrem Gewissen verantworten, dem Regime des Terrors und der Konzentrationslager so zu dienen, wie sie es durch ihre Beiträge in dieser Broschüre taten (nur einer, Rudolf Goldschmit-Jentner, deutet in seinem Beitrag diese Schrecken des Ostens an)? Abgesehen von den Böswilligen und Eindeutigen, die im Schutz des Westens für den Mord an der Freiheit arbeiten (Heinrich Christian Meier-Tralow, Georg Schwarz, C.A. Weber, Lestiboudois, Irma Loos), wie wollen die anderen (Walter v. Molo, Tami Oelfken Hans Reisiger, Walter

Kolbenhoff, F.M. Reifferscheidt etwa) sich da ausreden?

Sie hätten das Vor- und das Nachwort vorher nicht gekannt? Sie hätten von der Art der Beiträge, die die Linientreuen gaben (Becher, Hermlin, Seghers) nichts gewußt? –

Aber sie hatten sich doch in die Politik begeben! Sie hatten sich doch engagiert, und da wußten sie nicht für wen?

Sie hätten auf Kreuder hören sollen! Natürlich kommt heute so leicht niemand mehr um die Politik herum. Aber immer sind unpolitische Dichter noch besser als Schriftsteller, denen auf dem Wege in die Politik die Poesie und jedes Gefühl für die Sprache abhanden kam. Ein Vers Walter Kolbenhoffs heißt: »Als Antwort auf das Bieten seines Grußes …«

Ein Satz Arnold Kriegers: »Gemeinschaftsempfindungen ergeben nicht Quersummen, sondern Potenzen, Zusammenfassungen potentieller, in sich vervielfachter Energien«.
Bei Irma Loos liest man: »Ich erwähne das, weil jeder … zum Abschluß dieser Jahre nichts anderes erwarten konnte als Inanspruchnahme aller Deutschen für den Aufbau dessen, was durch Deutsche vernichtet worden war, ja geradezu »Verbrauch« Deutschlands, um das, was in anderen Ländern zu Schaden gekommen war, zu reparieren …«

Diese Sprache ist Jargon. So sprechen auch nicht die in der Broschüre so oft zitierten »werktätigen Massen«. Hier knirscht es noch im Getriebe der Gleichschaltung.

Jeder westdeutsche Schriftsteller müßte heute wissen, daß der Gesprächspartner von drüben nicht als Kollege und Mensch redet: Wer heute vom Osten in den Westen zu einer Tagung kommt, kommt mit politischem Auftrag – er kommt als Funktionär. Merkt das eine Individualist wie zum Beispiel Ernst Penzoldt nicht, oder reizte es ihn, das Menschliche im Funktionär zu entdecken? Das ist hoffnungslos in einem offiziellen Gespräch. In einem solchen Gespräch aber gewinnen immer die Funktionäre, sie müssen gewinnen, weil sie gar keine Möglichkeit zum Nachgeben haben.

So haben sich dann auch die westdeutschen Schriftsteller mit dem geschriebenen Ertrag dieser Gespräche, der Broschüre »Wir heißen Euch hoffen«, nicht selbst engagiert. Sie sind engagiert worden. Engagiert von den roten Machthabern, die in ihrer Rechnung alles mit einkalkulieren: törichte Herzen, schriftstellerische Eitelkeit und politische Dummheit.

In eigener Sache

Entgegnung Tami Oelkens auf den »Zeit«-Artikel Paul Hühnerfelds, die von der »Zeit« nicht veröffentlicht wurde. Sie schickte die Kopie an Werner Wulff »Wo könnt Ihr das in Bremen unterbringen«?

Hätte das Traktat über das Engagement deutscher Schriftsteller nicht die sattsam bekannten und gewiß auch beabsichtigten Folgen gehabt, so würde ich meinen alten Humor walten lassen. Ich würde die Richtigstellung der Unwahrheiten mit der Überschrift versehen: Don Quichote antwortet Philip von Spanien. Für einen solchen Humor und angeborene Liebenswürdigkeit ist bei Ihnen kein Platz. Sie umfaßten einen arg dünnen Stoff und weiteten ihn aus zu einem umfangreichen Gewand. Es bleibt zu hoffen, daß mein Antwortartikel, da Sie dort offenbar über Platz verfügen, an sichtbarer Stelle steht.

Herr Paul Hühnerfeld, Ihre Kollektiventdeckung gründet sich auf Unwahrheiten. Gerne nehme ich zu Ihrer Ehre an, Sie wußten nicht Bescheid. Dann ist es eine Fahrlässigkeit. Welche Folgen Ihr Artikel für mich hatte, das sehen Sie aus der Photokopie eines Briefes, den ich der Redaktion der »Zeit« schicke, damit sie ihn unter Glas legen kann.

Zur Sache: An den Starnberger See war ich nicht eingeladen. Ich habe dort also auch nicht getagt. Von den Schriftstellern kenne ich außer Hans Reisiger und Karl Jakob Hirsch, für deren Lauterkeit ich in Freundschaft einstehe, nur noch Alfred Döblin, dessen Namen Sie so entgegenkommend verschweigen. Ich nehme an, Sie tun es in Rücksicht darauf, daß Herr Döblin Franzose ist. Er kann Ihnen nicht entgangen sein; denn Sie haben in dem Namensverzeichnis die kleinste Maus entdeckt, die am eisernen Vorhang nagen könnte.

Herr Weismann, der einzige in Deutschland, der in der Literarischen Revue, 4. Jahrgang, Heft 5, über mich und mein Werk ausführlich berichten ließ, bat mich um einen Beitrag, der meine Haltung zu dem West-Ostproblem Deutschland darstelle. Nehmen Sie bitte deutlich zur Kenntnis, ein West-Ostgespräch über das Deutschlandproblem! Es sollte der Versuch gemacht werden, genau wie es die Politiker zur Zeit noch in Paris tun, sich an den schon sagenhaft verschimmelten runden Tisch zu setzen. Ob das je in Starnberg geschah, weiß ich nicht. Das Sie, Paul Hühnerfeld, die Außenminister in Paris nicht beschimpfen, obwohl diese Außenminister sich der Vernebelunsgefahr durch Gromyko aussetzen, das weiß ich. Was Sie nicht begriffen haben und was ich durch Einsicht in lange historische Abläufe genau sehe, ist folgendes: es gibt nur eine Alternative, Krieg oder Verhandeln. Die Geduld, mit der die Außenminister in Paris immer wieder besorgt verhandeln, sollte uns veranlassen, diese Arbeit nicht zu sabotieren. Sie sollte ein Ansporn für die Geistigen sein, dasselbe zu tun, was die Politiker so unermüdlich versuchen. Ich stellte Herrn Weismann mein Logbuch zur Verfügung. Obwohl sehr viele Deutsche dies Logbuch mit Abscheu nicht kennen wollen, ist es immerhin in 11000 Exemplaren vor der Währungsreform ausgeliefert. Von beiden Verlagen wurden je zwei Exemplare an die Redaktion »die Zeit« geschickt. Im Feuilleton der »Zeit« wurde ein ausführliches Stück daraus abgedruckt. Das war in den Jahren, als meine zahlreichen Artikel in der »Zeit« gern gesehen wurden. Sie schreiben: »Das Entdeckte sah dann so aus: »eine Regierung, die jede Art von Pazifismus diffamiert, (und dann machen Sie etliche Punkte und ein Komma) will den Krieg«. Es wurde mir schwer, mich nicht für Sie zu schämen. Haben Sie im Jahre 1941 keine derartigen schmerzlichen Erfahrungen gemacht? Ich habe sie gemacht, und es ist nicht ehrenvoll für Sie und die Zeitung, die Ihnen so etwas erlaubt, eine solche schmerzliche Erfahrung mit Ironie zu bagatellisieren. Die Wahrheit und die Dringlichkeit dieses Satzes besteht noch heute, zehn Jahre, nachdem wir befreit wurden. Das ist unsere deutsche Tragödie. Solidarität der Geistigen, Freiheit und Vernunft in einem freien Land, sind für mich Lebensbedingung. Bei Ihnen sind diese Güter schlecht verwahrt. Ihre Vernunft sollte Ihnen sagen, daß es falsch und lieblos ist, die Hoffnung zu töten, die wir mit unseren Versuchen, den Menschen in Pommern, Schlesien, Brandenburg und besonders Berlin geben wollen.

Herrn Kreuder kenne ich nicht. Im Dritten Reich habe ich die Erfahrung gemacht, wieviel Unglück und Ehrlosigkeit dadurch heraufbeschworen wurde, daß jemand mehr auf andere hörte, als auf sein eigenes Gewissen. So lange ich ein eigenes Herz und einen eigenen Verstand habe, ziehe ich es vor, mich auf dieses Herz und diesen Verstand zu verlassen. Ich bin kein Mensch der Masse. Es ist mein Leben, so ehrenwert Herr Kreuder auch sein mag. Haben Sie nicht genug Phantasie, um sich ein zukünftiges, demokratisches Deutschland auch nur vorzustellen? Wenn Sie nicht dafür arbeiten, sind Sie verloren. Ich erkläre Ihnen hier gern und eindeutig, daß ich im Lande der Freiheit aktive Pazifistin bin, worunter Sie sich gewiß nichts vorstellen können. Ich bin in keiner Partei mehr und werde keiner Partei mehr angehören. Ich wähle geheim. Ich bin Sozialistin. Ich hasse es, daß man sich im freien Deutschland immer noch nicht angewöhnen kann, in der privaten Sphäre jedes Bürgers herum zu schnüffeln.

Meine geistige Kraft verdanke ich dem westeuropäischen Kulturkreis. Ich liebe Deutschland, selbst in seinem heutigen Zustand. Sonst wäre ich nicht hier. Ich habe nie einen Hehl daraus gemacht, daß es meine innigste Bemühung sein wird, der Reinheit unseres deutschen Kulturlebens zu dienen. Ich liebe unsere einmalige, herrliche Sprache, in der ich Trauer, Verzweiflung und Freude auszudrücken vermag. Es ist in Stunden der Hilflosigkeit und des Kummers über so viel Lüge mein einziger Trost, daß viele Menschen in Deutschland meine Bücher lieben.

Mir will der Satz von Walter von Molo gar nicht so kindisch erscheinen wie Ihnen. Immer mehr »erwachsen« zu werden, das ist die psychologische Aufgabe in unserer Selbsterziehung. Walter von Molo gibt dieser Aufgabe eine verdichtete, deshalb intensive Formulierung, die nur dem Eingeweihten zugänglich ist. Hier haben Sie eine andere Sprache. Aber das wird uns nicht davon abhalten, in unseren gemeinsamen Wunsch, erwachsener zu werden, auch Sie Paul Hühnerfeld, mit einzuschließen.

Aber so lange Bösartigkeit, Gehässigkeit, absichtliche Entstellung einen Platz in der Zeit (ohne Anführungstriche bitte) einnehmen, ist keine Hoffnung, daß wir jemals in Deutschland Frieden haben.

8. Mai 1951

Frau
Tami Oelfken
Überlingen/Bodensee
St. Leonhardstr. 48

Sehr geehrte Frau Oelfken!

Leider mußte ich erfahren, daß Sie in der Brochüre, die der Verlag Weissmann in München im Anschluß an die west-östlichen Ostermontags-Gespräche herausgebracht hat, mit einem Beitrag vertreten sind und, wie in einem längeren Artikel der »Zeit« ausführlich beschrieben war, sich für die vom Osten ausgehenden ost-westlichen Vernebelungs-Mannöver haben mißbrauchen lassen. Ich drücke es mit Absicht so hart aus. Mit diesem Ausdruck verbindet sich kein Vorwurf für Ihre Haltung und Meinung. Selbstverständlich maße ich mir nicht an, sozusagen die Privatansichten unserer Autoren beeinflussen zu wollen und möchte von vorne herein jeden Verdacht in dieser Richtung ausschließen. Ich möchte nur von einem ausgehen: Sie kennen meine Erfahrungen, Sie kennen meine Haltung gegenüber dem Osten, meine Überzeugung von der abgründigen Unmenschlichkeit dieses Regimes und wissen, daß ich in diesem Punkte das Äußerste an Rigorismus leiste, was überhaupt zu leisten ist.

Ich tue das nicht von ungefähr: ich weiß, daß jedes Paktieren mit diesen Leuten für uns verderblich ist und ich weiß, daß es zwischen einem östlich bestellten und ausgehaltenen Literaten und dem, was wir hier, ja ich möchte sagen, was die ganze übrige

Welt unter Literatur und unter Freiheit des Geistes und unter Freiheit der Person versteht, keine Verbindung gibt und daß jeder, der eine solche Verbindung sucht in meinen Augen in den fundamentalsten Begriffen unklar ist. Unklarheit zu verbreiten, ist der einzigste Weg, auf dem kommunistische Infiltrationen noch erfolgreich sein können. Wo der Kommunismus sich als Kommunismus deklariert, ist sein Spiel verloren, ehe er es begonnen hat.

Leider hat Ihre und meine so verschiedene Ansicht von dieser Sache eine nicht erfreuliche Konsequenz.

Ich sehe mich außerstande, die Übernahme Ihrer Manuskripte noch weiterhin ernstlich zu prüfen. Ich gebe Ihnen alle Unterlagen, die wir von Ihnen besitzen, in diesen Tagen zurück.

Ich bedaure außerordentlich, daß unsere Beziehungen sich so scharf trennen. Wie gesagt, ich tue dies unter voller Respektierung Ihrer Ansicht, aber meine eigenen Anschauungen in diesem Punkte erlauben dann eben zwischen uns keine Gemeinsamkeit mehr. Ich möchte unsere Korrespondenz und unsere Beziehungen nicht abschließen, ohne Ihnen nochmals für Ihre freundliche Einladung zu danken, von der ich unter diesen Umständen selbstverständlich auch keinen Gebrauch machen kann.

Ich verbleibe mit den besten Empfehlungen

Verlag Gustav Kiepenheuer
(Dr. Witsch)

den 15. Mai 51

Sehr geehrter Herr Dr. Witsch,

meine Haltung und meine politische Meinung waren Ihnen im Verlauf der Verhandlungen, die fast zwei Jahre liefen, bekannt. Sie wußten, daß ich nur zwei Bücher, das Logbuch und den »wilden Engel« als Ausdruck meiner politischen Gesinnung angesehen haben will. Beide sind Dokumente aktiven Pazifismus'.

Obwohl ich Ihnen die ganz selbstverständliche Höflichkeit auferlegte, das Logbuch zu lesen, haben Sie es nicht getan. So geschah das fast Unwahrscheinliche, daß Sie nach einem Jahr der Korrespondenz mit mir, mich in Überlingen besuchten, ohne auch nur ein Buch von mir gelesen zu haben.

Die beiden Seiten, die ich aus dem Logbuch dem West-Ostgespräch in München beisteuerte, wurden im Jahre 41 geschrieben. Für jeden Leser, der auch nur guten Willens ist, geht aus dem Text eindeutig hervor, daß er gleichermaßen für die Kommunisten und die Kapitalisten ungeeignet zur Propaganda ist.

Sie, sehr geehrter Herr Dr. Witsch haben wenig Menschenkenntnis bewiesen, wenn Sie nach unserem ausführlichen Gespräch hier an meinem Arbeitstisch annehmen, ich ließe mich mißbrauchen. Zum Unterschied von Ihnen und Herrn Paul Hühnerfeld hoffe und glaube ich, daß West und Ostdeutschland eines Tages wieder Deutschland sind. Daß wir nicht dasselbe Schicksal wie Korea erleiden und Berlin heute von den Russen, morgen von den Amerikanern überrannt wird und Deutsche Deutsche morden müssen. Es scheint mir, Sie hoffen das nicht; denn wenn Sie es hoffen würden, dann würden Sie schon heute daran denken müssen, daß wir in naher Zukunft ein allgemeines deutsches Parlament wieder haben, wie es in einem demokratischen Land Sitte ist. Sie müßten also wissen, daß in einem solchen Parlament, wie es in Frankreich der Fall ist, neben Ihnen ein Kommunist sitzen kann, den Sie nicht totschlagen können. Was Sie persönlich in der Ostzone erlebt haben, spielt dabei genau so wenig eine Rolle, wie es für die deutsche Zukunft unwichtig ist, was ich im Dritten Reich erlebt habe. Es ist der Mangel demokratischen Bewußtseins, der bei vielen Menschen die Gehirne in Unordnung bringt. Sie lassen die Deutschen drüben im Stich, ich tue es nicht. Ich bleibe eingedenk dessen, wie teuer und mit wieviel Blut wir unsere Freiheit erkauft haben.

Gewöhnen wir uns endlich daran, mit geistigen Waffen fair zu kämpfen. Der Totschlag ist keine Lösung. Wir hatten über diesen meinen Gedanken des aktiven Pazifismus eine lange Aussprache. Ich versuchte, Ihnen die Wichtigkeit der Kalchasgeschichte im dritten Kapitel des »Wilden Engel« zu erklären.

Nach Ihrem Brief habe ich heute den Eindruck, Sie haben gar nicht zugehört. Immerhin waren Sie bei Ihrem Aufenthalt hier von meinem Manuskript begeistert. Sie stellten mir die erste Zahlung zum ersten April in Aussicht, die Sie am 20. April widerriefen. Der »Wilde Engel« sollte zum Herbst bei Ihnen herauskommen. Dies alles war mündlich und unter freundschaftlichen Aspekten vereinbart. Sie nahmen die »Kuckucksspucke« mit, weil Sie diesen Roman sofort Herrn Beermann-Fischer für eine gemeinsame Pocket-book-Serie anbieten wollten. Ihre heutige Absage und deren Begründung ist ein offener Boykott. Ich nehme das mit Bedauern zur Kenntnis. Sie verwahren das Erbe meines verstorbenen Freundes Gustav Kiepenheuer schlecht. Anstatt daß Sie als mein zukünftiger Verleger gegen den Artikel von Herrn Paul Hühnerfeld und seinen nachweisbaren Entgleisungen und Irrtümern Ihre Stimme erheben, nehmen Sie diese Veröffentlichung als Grund, um alles rückgängig zu machen. Meine Antwort an die Redaktion der »Zeit« ist betitelt: In eigener Sache. Ich kenne die Gefühle von Anstand und Verpflichtung in den heutigen Redaktionen nicht. Aber ich hoffe, Sie werden diesen Beitrag in einer der nächsten Nummern lesen können. Dadurch erübrigt es sich für mich, Ihnen heute die Entgleisungen und Unwahrheiten aufzuzeigen.

Zum Schluß lassen Sie mich Ihnen noch sagen, daß der Ton Ihres Briefes in seinem festgefahrenen und persönlichen Haß besorgniserregend ist. Wie wollen Sie je in ein Deutschland zurückfinden, wenn Sie sich den Weg durch so viel persönliche Ressentiments verbauen. Auch die Feindschaft gegen den Terror erhält ihre Kraft aus der Vernunft und der Sachlichkeit. Aber gerade Ihnen, der Sie gläubiger Katholik sind, sage ich das Wort Beverly Nichols: »die mystische Erfüllung des Christentums verlangt, daß seine Anhänger einen Sprung ins Dunkel wagen, einen Sprung, der vom Dunkel zum Licht führt«.

Aber was sagen Sie, Herr Witsch?

Tami Oelfken

Anmerkung: Die »Zeit«-Kampagne von Hühnerfeldt war der Auftakt zu einem umfassenden Rufmord mit z. T. harten wirtschaftlichen Folgen für die Schriftsteller, die in dem Weismann-Almanach über die Ost-Westgespräche am Starnberger-See mit Texten zur Ost-Westveränderung vertreten waren.

Der Verleger Weismann wurde, wie anderen Briefen und Notizen zu entnehmen ist, für diese durch Hühnerfeldt, Witsch u.s.w. »erledigten« Pazifisten, ein Beispiel verlegerischer Integrität und persönlichen Mutes.

Juni 1951

Lieber Werner Wulff,

ich weiß nicht, wie Du mit ihm auskommst. Sein SS-Ton und seine Hysterie machen alles unerträglich. Wenn Ihr es also mit Euren Geschäften vereinigen könnt, so verbreitet bitte beides. Wenn es Eure kärglichen Brötchen bedroht, dann verstehe ich gut, daß Ihr nichts gegen ihn sagen wollt.

Bertelsmann haben aus politischen Gründen »umdisponiert« und nichts von mir genommen!!!! Den Traum am Morgen rechnen sie ab mit 0,15 – 0,28 Pfennig pro Stück; also ist der Traum am Morgen so gut wie aufgegessen. Vis à vis de rien ist ein schlechtes Leben, selbst wenn Julia mit Pudding ankommt. Carl ist Professor geworden, Titularprofessor in Freiburg und fährt bald nach Amerika.

Es lebe Deutschland.

Herzlichst Tami.

15.6.1951

Liebe Tami,

Sie werden sicher sehr auf einen Brief von uns warten, aber die letzten Wochen waren sehr arbeitsreich und brachten außerdem sehr viel Ärger und Sorgen mit sich. Dazu war ich dauernd unterwegs und dann wieder einen Umzug. Wir haben es endlich erreicht in der Stadt zu wohnen. Zur großen Freude der Kinder und zu unserer eigenen Bequemlichkeit. Man hat uns hier in der Riensbergerstraße ein reizendes Einfamilienhaus zur Verfügung gestellt mit einem sehr schönen Garten. Unmittelbar an der Horner Kirche gelegen, unser Nachbar ist Hans Pfeiffer von den früheren Bremer Nachrichten. Zwar war allerlei zu machen, wir haben es aber gern getan und wissen nun, daß wir endlich wieder ein Zuhause haben. Einmal kommt man doch zum Ziel.

Ihr Brief mit dieser Auseinandersetzung mit Dr. Witsch hat mich sehr erschüttert, denn ich habe ihn ja nun genau kennen gelernt. Außerdem ist seine Auffassung die gleiche aller SPD-isten. Faust und Dr. Lutze, mit denen ich darüber sprach, zuckten sofort zurück. Sie hatten gerade den Brief von Julia erhalten, in dem sie aufgefordert wurden, etwas für Sie zu unternehmen. Nach ihren Aussagen wären sie gerne dazu bereit gewesen, aber durch diese Situation sehen sie sich leider nicht mehr in der Lage. Was soll man nun dazu sagen. Mir selbst sind durch die pekuniären Verhältnisse die Hände gebunden. Sie wissen, daß ich mich an solchen Dingen nicht stoßen würde, denn Sie kennen ja meine Einstellung.

Mit Witsch habe ich selbst dauernd Schwierigkeiten und muß sehen, die Vertretung wenigstens vorläufig noch zu halten, bis ich im Laufe der Monate über den Berg bin. Es ist alles ein Elend. Haß regiert hier im Westen und man hat völlig unsere Mitmenschen drüben vergessen. Gegen Hausmann, der ja auch eine andere Meinung betreffs des Ostens ist, geht auch bereits ein Kesseltreiben los, wie Faust mir sagte. Daß Bertelsmann sich zurückziehen würde, war ja bei seiner Einstellung und seiner Vergangenheit mir völlig klar. Ich verstehe allerdings nicht, wie er zu einem solch niedrigen Satz abrechnen kann. Wie lautet denn der Vertag? Es ist weiß Gott eine Schweinerei und ja schlimmer als unter den Nazis. Ich sehe nur einen Ausweg für Sie. Mit Weissmann zu verhandeln und zu versuchen, daß er Sie in den Verlag nimmt. Ich nehme an, daß er über gewisse Beziehungen verfügt, die ihn unterstützen und er dadurch bringen kann, was er will. Ich würde es auch tun, aber woher nehmen. Man schießt auch hier schon wieder gegen mich, denn die Bremer Buchhändler sind ja auch alle so eingestellt. Ich befürchte auch, daß eines Tages sich der Rundfunk auch zurückhaltend zeigen würde und was dann? Leider habe ich den Artikel in der »Zeit« nicht gelesen, denn sie ist mir ja schon lange auf den Magen gegangen. Können Sie ihn mir doch schicken? Ich glaube auch nicht, daß sie Ihre Entgegnung bringen werden. Sie sind ja alle so abhängig von den heute bei uns herrschenden Kräften.

Wenn wenigstens Freiburg sich melden würde. Endlich haben sie meine Haftentschädigung anerkannt, aber sie zahlen die kleine Summe in zwei Raten und die wichtigsten Dinge werden noch bearbeitet.

Ich habe hier immer wieder versucht, länger einmal mit Faust sprechen zu können. Aber er ist immer in Konferenzen, dazu ist er ja ein alter Mann geworden, der seine Spannkraft verloren hat und sich streng an die Parteidoktrin hält.

Dazu hat die Paulmannaffäre hier viel Staub aufgewirbelt und der Partei Abbruch getan. Alles auf die kommenden Wahlen hin.

Auf der andern Seite hat Herr Wien schon manchen Einfluß gewonnen. So ist die Entwicklung. Je schwieriger die wirtschaftliche Entwicklung wird, umsomehr werden sie abzulenken versuchen und den Osten angreifen. Und wir werden wieder die Prügelknaben werden wie schon einmal.

Sie sollten einmal überlegen, die Jugendbücher unter anderem Namen herauszubringen. Vielleicht ginge das. Denn irgendein Weg muß doch gefunden werden, um leben zu können.

Es ist so beschämend zu sehen, daß Menschen wie Sie heute so kämpfen müssen, um das bischen Leben zu fristen. Aber ich bin sehr pessimistisch und sehr deprimiert. Denn auch meine dauernden Reisen haben mir in den Gesprächen mit dem Sortiment doch vieles gezeigt. Es wäre wirklich gut, wenn wir uns zusammensetzen könnten und darüber ausführlich beraten. Aber wie? Ich glaube, zu einer solchen weiten Reise fehlt uns beiden wohl das Geld, wenn ich auch der Meinung bin, daß Sie selbst hier vielleicht doch manches erreichen könnten.

Ich warte nun dringend auf weitere Nachricht von Ihnen. Flore will auch noch ein paar Worte schreiben.

Alles Gute für Sie.

Herzlichst Ihr
Werner Wulff

6.7.51

Liebe Tami,

eigentlich sollte dieser Brief ein Geburtstagsbrief werden, aber ich hasse solche Dinge und ich glaube auch, daß wir beide wissen, daß unsere Gedanken und Wünsche bei solchen Tagen nicht weniger herzlich sind, als wenn alles so treudeutsch ausgesprochen wird. Unser Leben besteht ja nur in der Hoffnung, es so beenden zu können, wie wir es uns vorgenommen haben. Und das wird uns ja weiß Gott schwer genug gemacht. Wir wissen, daß Ihnen dieser Tag sicher von der guten Julia und den anderen Freunden so gestaltet wurde, wie Sie es verdienen. Unser Beitrag liegt im Gedenken, mehr war uns nach all diesen schweren Wochen nicht möglich.

Inzwischen ist nun auch mein Verhältnis mit Witsch im Krach auseinander gegangen. Er hat meine wirtschaftliche Lage zum Anlaß genommen, mir üble Briefe zu schreiben. Dazu kommt, daß ich mich absolut mit seiner politischen Richtung nicht einverstanden erklären konnte. Sein rücksichtsloses Vorgehen spottet jede Beschreibung und das von einem Mann, der das Wort »Sozial« ganz groß vor sich herträgt. Ich verstehe jetzt seine Einstellung gegen den Osten, nachdem ich weiß, daß auch er PG. gewesen ist und kurz vor seiner Entnazifizierung, in der ihm der Prozeß gemacht werden sollte, bei Nacht und Nebel Jena verließ. Heute ist er durch seinen Kampf gegen den Osten in Bonn groß angeschrieben und wird auch geldlich unterstützt. Aber er ist der Mann, dem es immer wieder gelingt, kraft seiner sogenannten Tüchtigkeit sich jeder Situation anzupassen. Und es ist wohl so, daß sich Frl. Ehlers seiner Art völlig angepaßt hat. Nun, das Kapitel ist für mich geschlossen und ich versuche nur noch, zu meinem Recht zu kommen. Leider stellt mich diese Situation vor neue Schwierigkeiten, nachdem auch der »Rütten und Loenin«-Verlag in diesem Jahr aus pekuniären Schwierigkeiten völlig versagt. Jetzt geht die Jagd nach einer neuen Vertretung wieder los. Aber wir lassen die Hoffnung nicht sinken.

Wie geht es nun Ihnen, wir warten beide auf einen ausführlichen Brief von Ihnen. Hat die »Zeit« die Entgegnung gebracht? Haben Sie an Weissmann geschrieben? Es fiel mir noch ein Verlag ein, der für Sie wichtig ist und ganz in unserem Sinn arbeitet. Die Europäische Verlagsanstalt, Hamburg, Pressehaus. Sehr vernünftige und kluge Leute.

Hier in Bremen ist im Augenblick alles sehr ruhig. Paulmann ist verschwunden von seinem Amt, er mußte, weil einige Dummheiten unter ihm begangen wurden, die die gute CDU zum Anlaß nahm, ihn zu torpedieren. Der Angelsachsen-Verlag ist stillgelegt, weil Roselius zu dumm war, ihn zu führen. Einige kleine Lichtblicke sind zwar da, aber es ist verdammt wenig.

Nun schreiben Sie recht bald, denn das Wasser des Sees kann ja nicht bis zu Ihnen.

Recht herzliche Grüße
Ihr Werner Wulff

den 14. Juli 1951

Liebe Flore und lieber Werner,

obwohl es gewittert und schwül ist – was mir nie gut bekam und obwohl ich dringend viele andre Dinge tippen müßte, will ich Euch erst mal für den Brief danken und so ausführlich antworten, als es meine Lust und Kraft für das unerschöpfliche Thema hergibt. Also erstmal zu meiner »Zeit« Angelegenheit. Ich hab mir gleich nach dieser mit Dummheit und Gehässigkeit geladenen Schöpfung von Hühnerfeld gesagt, daß ich es diesmal gründlich und ohne ein Blatt vor den Mund zu nehmen, durchkämpfen würde. Wir sind nicht mehr im dritten Reich und wenn sie schon so gut behaupten, wir lebten in Westdeutschland im Staate der wahren Freiheit, so werde ich so tun, als sei das keine Lüge. Also habe ich all meine Bemühungen in die Richtung spielen lassen. Erstmal die »Zeit«. Ich habe mit Richard Tüngel schon gesprochen, daß er sich nun nicht mehr mit meiner Freundschaft garnieren kann. Danach habe ich in einem Briefwechsel mit Hamburg so energisch meine Rechte unter Beweis gestellt, und ihre dortige Verlogenheit so deutlich festgelegt, daß endlich Herr Abendroth, der dort das Feuilleton macht, mir zugestand, daß ich im Recht sei, daß ich also verlangen könnte etc. etc. Sie würden bald eine Berichtigung bringen. Ich schlug vor, sie sollten lieber endlich zu ihrem Wort stehen und den Vorabdruck einer kleinen Scene aus dem wilden Engel bringen und bei der Gelegenheit eine ausführliche Fußnote, in der sie mal ausnahmsweise die Wahrheit sagen könnten. Herr Frowein, dem ich die ganze Sache erzählte, hat mich ausgelacht und gesagt «Niemals wird eine Zeitung so etwas tun«. Aber siehe da – Herr Abendroth, dem die Angelegenheit so allmählich aufging, hat mir auch das versprochen. Nun warte ich darauf, was in der »Zeit« bald ist.

Das allein füllte einen Leitzordner. Dann kam die Anfrage von einem Mann im Bundesministerium für gesamtdeutsche Fragen. Von dem behauptete Herr Witsch, er wüsse das alles schon. Nun, es nützte mir nicht, daß Herr Witsch dort vertrauten Umgang pflog. Ich habe meinerseits nicht nur den Briefwechsel mit Witsch, sondern auch den mit der »Zeit« nach Bonn geschickt. Dort gaben sie mir zu verstehen, daß ich ein Recht auf ein von mir gewünschtes Dementi hätte und daß Herr Witsch selbst, wenn kein Vertragsabschluß vorliegt, er mir aber fast zwei Jahre gestohlen hat, für Schaden haften müßte. Aber das wäre nach meiner Kenntnis vom Charakter des Verlegers nur mit Prozess möglich gewesen, einen Prozess, den nicht ich gewonnen hätte. Denn gegen Herrn Witsch anzuprozessieren, da müßte ich dummer sein oder an die Gerechtigkeit oder an den menschlichen Anstand überhaupt glauben. Damit wäre diese Angelegenheit W. für mich absolut erledigt. Nur habe ich diesmal dafür gesorgt, daß seine hahnebüchen sturen Briefe ordentlich unters Volk kamen. Ich habe zwanzig Fotokopien von Siggi herstellen lassen, die er mir umsonst machte und stellte den Briefwechsel zusammen und schickte ihn überall dahin, wo es für mich wichtig ist.

Werner Deusch, den ich aus schlimmen Zeiten gut kenne und der mir grad vorher rührende Briefe schrieb, wie er für mich sorgen würde und was er alles für mich tun könnte, schwieg sich vollkommen aus. Am Südwestfunk wurde Hagelstange für eine politische Glosse angeheuert und Ernst Johann schickte sie mir, »damit ich es nicht von Fremden hören« würde. Hagelstange, von mir zur Rede gestellt, lachte nur und fand das Ganze für sich unbedeutend. Ob er es wirklich nicht begriffen hat oder ob er vorgab, die Tragweite nicht zu übersehen, bleibt dahin gestellt. Der Brief von Witsch und der von Tüngel sind so voll von bekannten SS-tönen, daß ich sie gern weiter verbreite. Ausführlichst, mit viel Kommentaren! Nun zu Bertelsmann! Da werden Sie, lieber Werner staunen. Der einzige, der sich absolut richtig, freundschaftlich benahm und der kein Blatt vor den Mund nahm, war Herr Dr. Strauss. Er war wirklich erfreulich. Er bezeugte mir, daß ich nicht nur ein Recht auf meine freie und unbestechliche Meinung habe, sondern eben auch die Pflicht. Es war nicht bertelmännsch, was er mir sagte, aber es war mehr als menschlich. Genau so war es mit dem jungen Vensky – Stalling.

Ich hatte nie den Gedanken, daß ich im vierten Reich meinen Namen verstecken brauchte. Ich habe also auch Herrn Vensky genau informiert. Mehr als das, ich habe ihm und seiner ehr charmanten Frau ganz genau meine Anschauung über das heutige Leben und über diese Hassgesänge gegen Ostdeutschland dargelegt. Ich habe gesagt, daß ich es begreifen würde, wenn sie auf den »Onkel Moll« verzichten würden; denn ohne meinen Namen Tami Oelfken ginge es nicht. Wenn Sie ihn aber nehmen würden, so müßten sie mit in Zukunft für mich grade stehn. Und siehe da: Herr Vensky nimmt den Onkel Moll für 1952 und will auch den Nickelmann. Er sagt, es ist ihm eine besondre Ehre und Genugtuung – etc. Rechne ich noch Herrn Dir. Boeckhoff dazu, der in der letzten Nummer die lang versprochene italienische Novelle brachte und mir sehr freundschaftlich schrieb – so wäre das alles ein Bild, wie es heute um mich aussieht.

In der vorigen Woche kam Hanna auf der Durchreise in die Schweiz zu mir. Einstweilen unterstützt sie mich mit zweihundert Mark im Monat – das ist etwas. Bahlsens haben auch hundert Mark geschickt und etliche kleinere Beträge kommen so zusammen. Aber natürlich ist Julia ungeeignet, eine solche Aktion zu starten, und ich warte darauf, daß jemand von Hamburg kommt, der mir hilft. Es ist ja nicht für mich beschämend, daß ich es mit so viel Fleiß nicht dahin bringe, am Leben zu bleiben. Von der Wiedergutmachung kein Wort. Schelle gibt die Vollmacht nicht heraus, und ohne Vollmacht kann natürlich Frowein nichts unternehmen. Für den »Onkel Moll« erhalte ich im Februar 600,–, bis dahin muß sich etwas tun. Im Januar oder Februar fahre ich nach Hannover und dann nach Bremen und dann nach Hamburg. In Hannover kann ich bei Danehls wohnen, er war am letzten Sonntag auf der Durchreise da. Er läßt sich im Juni 1952 pensionieren – und Dorothea hatte einen Schlaganfall gehabt. Sie ziehen dann nach St. Märgen im hohen Schwarzwald. Sie war mager und alt und verkrampft. Aber es können auch die Folgen des Anfalls sein. Ich möchte von Hannover nach Braunschweig mit seinem Wagen und dort mal mit Westermann wegen des pädagogischen Dokumentenwerkes sehen. Sie drucken dort so gut und es muß ja Offsett Druck sein. Irmgard Kiepenheuer und Mü interessieren sich auch für das Werk, aber die haben ja nie Geld und ich habe ihn gar nicht gern.

Daß die Bremer Herren so ängstlich sind, begreife ich nicht. Auch habt Ihr mir von einer Paulmann-Affäre nie etwas erzählt. Was hat es denn gegeben? Ach und Hausmann – es ist einfach blamabel. Wenn er an die russische Politik glaubt, so ist es sein gutes Recht. Wenn er aber genau wie Ihr und ich es für dumm und stur und für eine politische Dummheit hält, wenn wir uns von den Amerikanern ins Schlepptau nehmen lassen, so ist das sein gutes Recht und diese sturen Böcke von heute, die sind es alle gar nicht gewesen, wenn wir eines Tages uns anders umsehen müssen. Die Freiheit ist auf beiden Seiten ein leerer Wahn.

Sie schreiben, daß Faust und Dr. Lutze etwas für mich getan hätten, wenn nicht die Zeit-Angelegenheit dazu gekommen wäre? Gut, erklären Sie ihnen, daß kein wahres Wort an den Beschuldigungen ist. Vielleicht glauben sie es. Nein, warten wir bis die Berichtigung »Bald« erscheint.

Carl Haensel ist für drei Wochen in Amerika. Er hat so gute Spesen, daß oben im Hause alles tapeziert und gestrichen wird und daß links am Hause der ganze Hühnerhag weg ist und da ist ein Steingarten angelegt mit hellgelben seltsamen Steinen. Es sieht prächtig aus.

Peter und Agi geht es gut. Nur Michael, der will nicht recht gedeihen. Er hat es sehr schwer, der kleine Kerl. Am 20. Juli fahren alle nach Kampen und Hanna hofft, daß sie mich Ende September noch mal besucht. Das neue Geschäft von Felix Bloch und Erben läuft nicht recht, sie leben von der Substanz, es scheint aber noch genug da zu sein. Ruth Herrmann hat einen Vertrag mit Christian Wegener auf einen Roman an dem sie schreibt. Ich halte viel von Ruth, sie ist sehr begabt. Otto Kurth übernimmt als Oberegisseur das Thalia-Theater in Hamburg für den Winter und ich möchte gerne nach Hamburg, um mal etwas anderes zu sehen, als hier den See und die Landschaft. Wie schön ist es, das Ihr wenigstens wieder ein Zuhause habt. Das ist so wichtig. Was macht denn W W? Man muß doch dort ganz genau wissen, wer er ist? Wie ist Hans Pfeiffer? Erinnert er sich noch an mich?

Nun zu Weismann. Ich habe ihm noch nicht auf seinen letzten Brief geantwortet, aber ich weiß nicht, ob ich dort in guten Händen bin. Ich überschaue die Situation in München gar nicht und Luise Rinser, die ich in Meersburg traf, hat mich sehr gewarnt. Aber das würde mich wenig kümmern. Ich mag sie nicht besonders, sie hat so eine nackte und kaltschnäuzige Art. Sie war gerade auf dem Weg nach Paris und alle die krampfhaften Bemühungen, mit einer Art von KDF-Kraft durch Fremde Anschluß an die große Welt zu finden, sind lächerlich. Sobald ich irgendwo wieder Anschluß gefunden habe, wird es weiter gehen.

Von zehn Büchern ist nun eines im Handel und das habe ich davon, daß ich Charakter habe. Hätte ich 34 tüchtig mitgespielt, so wäre ich hier fein heraus. Übrigens geht hier bei Dickreiter der Dwinger gut. Ihn selber habe ich nur einmal gesprochen im Laden bei Lo Weber, aber ich kenne seinen Geldgeber gut, das ist Hermann Lindemann, ein sogenannter Jugendfreund von mir, der hier in der Nähe in Achern wohnt. Aber zur Zeit ist er in Casa Blanca und das ist ziemlich weit weg. Er hat auch so denke ich mir, keinen Einfluß darauf, was Dickreiter produziert.

In der Stadt unten ist immer derselbe kleinbourgeoise Umtrieb – und es ist alles viel zu teuer. Es soll Kurgäste geben, die schon gemeutert haben wegen der unverhältnismäßig hohen Preise. Aber es ist zum Gotterbarmen voll von Autobussen und Gästen. Lauterwassers wohnen hier ein Haus weiter hin, sie haben einen kleinen Jungen, der Ali heißt. Sie haben ihren Wagen in meiner Garage und ich kann nun besser in die Stadt herunter. Der alte Scheffler ist noch gesund, er wird auch einfach von zwei Verlagen unterstützt, und dem ollen Ziegler hat die Stadt als Ehrengeschenk den Garten hergerichtet. Am besten geht es der Flunder, deren Roman in der »Welt«, Hamburg, vorabgedruckt ist. Ich versteh nur nicht, wieso ein Christenmensch diese mehr als urbane Schnaps- und Weibergeschichte lesen mag. Aber die »Welt« wird es wissen.

So, gute Nacht. Morgen noch ein Schlußwort. Julia macht täglich Geld.

Gruß an die Jungs. Seid umarmt von
Eurer Tami

18.7.51

Liebe Tami,

vielen Dank für den langen Brief, wir haben uns schon große Sorgen gemacht, aber erfreulich ist ja alles nicht. Hoffentlich hält Stalling seine Versprechungen, denn pekuniär ist er in der

Lage dazu, aber auf der anderen Seite ist man ja heute bei all diesen Dingen sehr geschockt. Ich bin auch sehr skeptisch der »Zeit« gegenüber. Wir haben ja mit Journalisten die tollsten Dinge erlebt und im Grund genommen sind sie ja alle abhängig von den verschiedensten Gruppen.

Was die Rinser über Weissmann schreibt, entspricht ihrer Zugehörigkeit zur Gruppe der »Neuen Zeitung«. Weissmann ist einer der wenigen Verleger, der unbeirrt seinen Weg geht und auch wahrscheinlich irgendwo eine gewisse Unterstützung findet. Er ist als tatsächlicher Avantgardist zu betrachten. Ich wollte, ich könnte es auch. Er ist ein ausgesprochener Pazifist. Während die gute Rinser eigentlich in allen Töpfen rumrührt, eiskalt ist und auf ihren Vorlesungen eine Routine und Koketterie entwickelt, die schon penetrant wirkt. Ich habe sie ja kennengelernt.

Der Fall Witsch ist für mich insofern erledigt, als ich mit dem Verlag nichts mehr zu tun haben will, aber so ganz ohne jede Genugtuung lasse ich die Angelegenheit auch nicht laufen, wenn ich auch weiß, daß dieser Mann durch seine Rücksichtslosigkeit mir weit überlegen ist. Er hat es geschickt verstanden, den Haß gegen alles, was nur irgendwie mit dem Osten zu tun hat, vor seinen Wagen zu spannen und genießt in Bonn und bei der SPD darin große Unterstützung. Er antwortet auf Briefe überhaupt nicht mehr und verkehrt alles ins Gegenteil, wenn es ihm paßt.

Ich habe ja gemerkt, wie die Herren Faust und Lutze sofort zurückschrecken, als sie den Brief von Kiepenheuer lasen. Sie waren, wie sie mir versicherten, gerade dabei, um über eine Hilfeleistung für Sie zu beraten. Ich bin nun der Meinung, daß man das nicht ruhen lassen soll, denn der Schaden, den Witsch Ihnen verursacht hat, ist schon groß genug. Und so wie ich ihn kenne, wird er bei Gelegenheit es immer weiter versuchen. Ich weiß es ja vom Fall Rowohlt. Jedenfalls möchte ich mit Herrn Dr. Lutze, der ja der ausschlaggebende Mann für diese Stiftung ist, noch einmal ausführlich darüber sprechen und bitte Sie, mir das Material, das Sie haben, mir zur Verfügung zu stellen. Ihren Briefwechsel mit der »Zeit«, mit Bonn, Bertelsmann und sonstige Gutachten. Es ist heute ja nichts ohne Kampf zu erreichen und man muß manchmal seltsame Wege gehen, um zum Ziel zu kommen.

Hausmann hat einen Teil seines Arbeitsgebietes abgegeben. Zum großen Teil ist wohl seine Krankheit Schuld, denn er soll sehr zusammen gefallen sein. Solche schwachen Geister sollen sich auch nicht mit Dingen befassen, die sie nachher nicht durchstehen können. Ich habe seinen Nachfolger, einen Herrn Goebel bereits kennen gelernt. Ein junger, sehr vernünftiger Mann, mit dem sich gut zusammenarbeiten läßt, der es aber sehr schwer hat, sich hier durchzusetzen. Die gute Ulberth läßt natürlich niemanden so ohne weiteres gelten. Ihr Hobby ist der Film, alles andere kommt hinten. Man sieht es wieder an der Auswahl des neuen Nachrichten-Romans. Wehe und Karl Lerbs. Der »Weser-Kurier« will nun versuchen, eine besondere Buchbeilage zu schaffen, und wir verfolgen gespannt die Arbeit von Herrn Goebel. Er selbst liest in der nächsten Woche bei uns. Thema: »Müssen wir im geistigen Proletariat verkommen«. Wir wollen versuchen, diese Zusammenkünfte weiter auszubauen.

Paulmanns Fehler bestand in seiner Gutmütigkeit. Es sind in seinem Amt mit seiner Duldung einige kleine Schiebungen passiert. Er hat nicht durchgegriffen und es auch versäumt, seinen Parteigenossen reinen Wein einzuschenken. Die CDU hat das freudestrahlend aufgegriffen und verstanden, solange zu bohren und es auszuweiten, bis er seinen Posten abgeben mußte und die SPD ihn auch nicht halten konnte. Eine peinliche Angelegenheit, die jetzt doppelt schwer im kommenden Wahlkampf wirkt, denn die CDU möchte unbedingt seinen Posten übernehmen. Damit würde die ganze Schulreform ins Wasser fallen. Es ist alles so ekelhaft und geht immer auf Kosten der Allgemeinheit, in diesem Fall wieder der Kinder.

Die Wiedergutmachung macht auch uns großen Kummer. Hier in Bremen ist schon zum großen Teil alles gegessen. Es ist ein Jammer, daß wir zu der Zeit nicht hier waren. Wir wären mit allen Dingen über den Berg. Aber uns trifft wohl nun wirklich die Strafe dafür, daß wir keine Nazis waren. Es ist alles manchmal so hoffnungslos. Aber es sind die Kinder da, die wir ja nicht im Stich lassen können.

Schluß für heute, ich bin es leid und muß auch morgen nach Hamburg, wo ich auch über Witsch und Sie berichten werde

Herzlichst von
Werner Wulff

den 20. Juli 1951

Lieber Wulff,

seitdem Ihr fort seid, habe ich hier natürlich niemanden, dem ich vertrauen kann. Siehe Hagelstange und seine politische Glosse im Südwestfunk. Ich steure also nur mit einem kleinen alten Kompass, den mir Ruth geschenkt hat, durch die Wasser der Politik. Mittlerweile bin ich so arm geworden, wie wir es zuletzt im dritten Reich waren, nur mit dem Unterschied, daß es damals nichts gab und sich heute die anderen wieder schön satt essen. Ich werde heute noch an Dr. Lutze schreiben. Bitte, sprechen Sie dann bei ihm vor. Einen langen Brief hatte ich auch von Faust, aber ich kann seiner Meinung nicht beistimmen. Es gibt das nicht; Menschlich hat er unrecht; aber politisch hat er recht. Wenn von solchen Leuten, die menschlich unzulänglich sind, Politik gemacht werden darf, weil wir es ihnen erlauben – denn sonst könnten sie es gar nicht – so wird das eine böse Politik. Ich antworte Herrn Faust ausführlich; seiner Unterstützung bin ich gewiß. Er hat wirklich gemerkt, wer ich bin. Den Durchschlag schicke ich Ihnen dann, damit Sie durch solche Briefe immer genau im Bilde sind.

Erst zu Stalling. Ich hatte einen guten Brief vom Herrn Venzky-Stalling, und ich habe durchaus den Eindruck, daß er Wort hält, besonders da ich grade diese Herren wie Stalling und Strauss und Dr. Bockenhoff immer auf dem Laufenden gehalten habe. Anders ist mit der »Zeit«. Sie haben mir den baldigen Abdruck eines Stückes aus dem wilden Engel zugesichert und am Schluß als Fußnote bringen sie eine Berichtigung. Auf den Text habe ich keinen Einfluß, so heftig ich auch darauf bestand. Herr Abendroth hat, zum Unterschied von Tüngel und Hühnerfeld und Witsch einen anständigen Stil und Ton – so kann ich nichts anderes tun, als abwarten, daß er hält, was er versprach. Ruth in gewohnter alter Tapferkeit sich für mich einsetzend, – ist sofort wutbebend hingetrabt und hat mit Erika Müller gesprochen. Sie hätte mit mehr als Hochachtung und Anerkennung von mir gesprochen, Erika Müller, meine ich jetzt! und dann entwickelte sie den Plan, den ich an die Zeit geschrieben hatte, als den richtigen Weg für eine Befriedigung. Es soll mir recht sein, wenn sie meine Blumen auf ihren Mist umpflanzen.

Luise Rinser habe ich hier in Meersburg erlebt, genau so wie Sie sie beschreiben. Es kommen einem die Nackenhaare einzeln hoch. Sie behauptete, Weismann sei durchaus undurchsichtig.

Von mir ernst genommen, wich sie mit einer katzenhaften Geschmeidigkeit in den nächsten Busch und ward nicht mehr gesehen. Dann hat Peter Haensel bei seiner Mutter angerufen und dem nicht sehr zuverlässigen Rapport nach, auf dem wir keine granitnen Säulen errichten können. »Wenn es nicht grade dieser Weissmann wäre – das weiß doch jedes Kind – das ist überhaupt nicht wieder gut zu machen –« etc. etc. –

Hanna war hier und gefragt, sagte sie »Tamichen – ich kümmere mich nicht darum – sie lügen alle. Ich helfe dir, so gut ich kann.« Seitdem schickt sie zweihundert Mark, damit Miete und Unkosten da sind.

Nun kommt etwas sehr kummervolles. Heute schreibt Herr Weismann – ich wäre ihm in den Rücken gefallen. Ich hätte also Herrn Kaiser eine Waffe in die Hand gegeben, ich finde nicht mehr durch. Er ist sehr bitter, und glaubt, man brauche einen Sündenbock.

Großer Gott, wie notwendig wäre es gewesen, sich zu sprechen und wie einfach auch für Weismann, wenn er mir geschrieben hätte, er sei kein Kommunist. Aber wer spricht noch deutsch? Man kann sich nur an den Kopf fassen und auh! rufen. Es kann auch gut sein, unsre Briefe – ich meine München–Überlingen haben sich gekreuzt – dann kommt vielleicht noch eine Erklärung. Ich bin restlos entsetzt, wenn meine Antwort, die ich hier mit viel Mühe und ohne andre Zutat als mein reines Gewissen ausgebrütet habe, den Leuten dienen wird, weiteren Schmutz aufzuwühlen und mit ihrer menschlichen Bosheit und Ungerechtigkeit, aber »politisch im Recht« mit diesem Schmutz nach den wenigen zu werfen, die menschlich anständig sind. Nachdem nun auch noch Herr Weismann schreibt, das im Ministerium bei Herrn Kaiser bereits ein Antibändchen vorbereitet wird, ist mir speiübel. Hätte ich nicht geglaubt, es handle sich bei diesem Bundesminsterium für gesamtdeutsche Fragen um eine einwandfreie überpolitische Stelle, so hätte ich denen geglaubt. Aber hier hat Weismann einen großen Fehler gemacht. Er ließ mich trotz meiner Fragen in vollständiger Unkenntnis über die Ziele und die eigentliche Absicht. In diesem Augenblick erhalte ich eine Einladung nach Starnberg und gestern kam der Brief, in dem er von mir tief deprimiert ist. Selbst aus diesem Brief geht nichts hervor. Aber aus dem Rückblick und der Einladung sehe ich nun deutlicher, was geplant wurde. Ich konnte der Intaktheit von Weismann, den ich gar nicht kannte, genau so wenig vertrauen wie der von Witsch oder Hühnerfeld – aber der Irrtum bestand darin, daß Weismann angenommen hat, ich wäre unterrichtet.

Lieber Wulff, es ist alles ein heilloses Durcheinander. Trotzdem muß man so arbeiten, wie unser Gewissen es uns vorschreibt. Bitte, behalten Sie die Durchschrift meines Briefes an Faust bei sich. Nur ist es nicht immer gut, daß wir, in diesem Falle Sie sagen, daß Sie so genau im Bilde über unsern Briefwechsel sind. Das könnte ihn ärgern. Aber das müssen Sie am besten wissen.

Der Südwestfunk bringt im Oktober eine Sendung aus dem wilden Engel mit einer Einleitung von mir. Wenigstens haben sie es dort schriftlich versprochen. Aber ich habe an Johann einen sehr ernsten Brief geschrieben, damit er in Zukunft weiß, wo Kameradschaft anfängt und Subalternität aufhört. Das dort kein guter Stall ist, wissen wir. Das wird sich auch keineswegs dadurch ändern, daß Julia – sie ist hinter meinem Rücken so busy wie ungeschickt, – an Bischoff einen intimen Brief geschrieben haben soll, des Inhalts, er möge mich in seine Freundschaft zu Peter und Carl und Julia mit einbeziehen. Diese ganze Makulatur macht mir Kopfschmerzen, das können Sie sich vorstellen.

Ich komme ziemlich sicher im Anfang des neuen Jahres nach Bremen. Ich halte es auf die Dauer nicht aus, und warte nun auf den Besuch von Frau Lemke und Luise Hartung, die am 1. August von Berlin kommt. Die Arbeit von Herrn Göbel ist mir auch interessant. Faust schreibt, daß sich Hausmann so geschickt aus der Schlinge gezogen habe, eine Form, sich zurückzuziehen, die mir gar nicht gefällt. Er kann nicht behaupten, er wolle nichts als zufrieden gelassen werden. Das möchten wir alle, aber in erster Linie haben wir eine Aufgabe. Diese Aufgabe ist genau so groß wie unsere Begabung, die uns der Himmel geschenkt hat. Hält sich Manfred Hausmann für so nebensächlich und halb begabt? Das wäre das Neueste. Das Schlimmste ist, wir haben kein Organ, in dem wir unsre andre Meinung zum Ausdruck bringen könnten. Sogar in der Weltwoche sitzt Luise Rinser. Wo sitzt sie nicht. Zwei Briefe an Hans Reisiger blieben genau so unbeantwortet wie zwei an Karl Jakob Hirsch. Was soll man noch tun, um sich der Welt in Verbindung zu setzen? Ein abgesacktes U-Boot.

In Bremen wohnt eine Frau Wilts – St. Martini im Gemeindebüro. Wenn Sie diese prächtige Dame einmal aufsuchen werden und Grüße bringen. Sie hat viel von mir gelesen und hat ein so gesundes mütterliches Urteil. Es kann sein, sie hat auch gewisse Leute hinter sich. Sie ist siebzig Jahre alt und schreibt so jung. Suchen Sie sie mal auf? Für heute mache ich Schluß. Ich schicke Ihnen alle Durchschläge und – haben Sie »Honorata« gelesen? Dr. Boeckhoff hat es sofort gedruckt, als ich ihm die Seenot schilderte und mit dem Honorar habe ich gestopft und gestopft – der Zahnarzt, drei Stehr Holz – hohe Steuerschulden – bald mehr, lieber Werner – nein, wir dürfen nicht verzweifeln. Wir haben noch zuviel zu tun. Sehr herzlich

Tami

den 21. Juli 1951

Lieber Herr Alfred Faust,

ich weiß gut, was es für Sie bedeutet, wenn Sie in den kargen Erholungstagen, sich so kameradschaftlich wie gründlich um meine Sorgen kümmern. Um so tiefer ist mein Dank, daß Sie es tun. Sie schreiben mir, daß Sie erst heute, nachdem Sie alle Unterlagen haben, den Umfang meiner persönlichen Katastrophe ermessen können. An meine äußerste Armut hatte ich mich in den langen Jahren von 1934 (da wurde meine Schule verboten) bis 1945 gewöhnt; aber wirklich fühlbar wurde mir die ganze Schwere meines Lebens erst nach dieser Zeit. Die Erhaltung meines Mutes zum Leben und meine Gesundheit sind durch weitere Entbehrungen gefährdet. Das ist Tami Oelfken rein persönliches Schicksal. Aber darüber hinaus empfinde ich die andre uns bedrohende Katastrophe. Sie besteht darin, daß die Tradition unseres Schaffens abzureißen droht und daß an die Stelle unsrer Ehrfurcht vor der Tat des Geistes und auch des Herzens eine ganz und gar unbesinnliche Effekthascherei getreten ist. Sehr oft habe ich das Gefühl, in einen luftleeren Raum zu sprechen. Ja noch mehr, daß wie bei dem Turmbau zu Babel auch jene behaupten, sie sprächen deutsch, deren Sprache vom SS-Jargon so verfärbt ist, daß sie nicht mehr als Ausdruck einer Kultur gewertet werden kann, die sich dem Geist verschrieben hat. Immer mehr deutsche Stimmen gehen verloren – nur dadurch, daß wir es nicht fertig gebracht haben, nach 45 alle unlautren Elemente fern zu halten. Wir haben uns ihrer nicht erwehrt, nun haben sie diesen pseudo-humanistischen, aufgedonnerten Stil überall breit gemacht und keiner versteht die deutsche Sprache. Sie haben auch kaum ein Buch in klassischem Deutsch gelesen. Es sei denn, sie brauchten daraus Zitate.

Hier, mein lieber Alfred Faust sehe ich die Gefahr. Daß bei einer solchen Gesinnung die Menschen sehr bald eine Beute der Vermassung sind, ist eine Folge, es ist keine Ursache. Wer noch an die Reinheit, die Klarheit einer Quelle glaubt, für den ist kein Platz in diesem geschäftstüchtigen Gemurkel.

Wenn sich nicht im Laufe der Jahre eine Lesergemeinde um meine Bücher gefunden hätte, – viele Menschen aus Bremen wüßte ich nicht, warum ich noch ein Wort schreiben sollte. Sie, lieber Alfred Faust, schreiben in Ihrem Brief folgenden Satz: »menschlich hat Dr. W. unrecht, politisch hat er recht«. Ich bin anderer Meinung. Jemand, der menschlich unrecht hat (und daß er es hat, bestätigen mir täglich neue Briefe!) soll seine Hände und seine ehrgeizige Nase aus der Politik heraus lassen. Es wird eine verbrecherische, unmenschliche Politik werden müssen. Wir haben das wirklich am eigenen Leibe zwanzig Jahre lang erlitten. Wenn wir die kalte Rechthaberei zulassen, anstatt, daß wir menschlichen Anstand, Herz und Verstand den Vorrang geben, rennen wir unweigerlich in neues Elend. Dabei haben wir das alte Elend noch gar nicht überwunden. Wir brauchen eine klare Einordnung der wirklichen Werte. Es ist nicht nur der misstönende Krampf, der aus dem Brief klingt, noch viel mehr ist die Anmassung, mit der die Sprache mißbraucht wird. Der Mensch, der so schreibt, ist höchst anfechtbar in seinem Mangel an Anstand und Würde. Sollte er wirklich recht haben, so dürften wir ihm das nicht einmal zugestehen. Aber er hat nicht recht. Das ist es.

Sie fragen mich, auf welche Weise ich mit fraulicher Moral und aus meiner Verlassenheit dagegen ankämpfen kann? Ich kann es aus der im tiefsten Innern verankerten positiven Lebensanschauung heraus, aus dem unerschütterlichen Glauben, daß die Wahrheit heller erscheint als das bengalische Feuer. Ich bin gänzlich unbestechlich. Wenn ich Ehrgeiz habe – leider sind die richtigen Oelfkens aus der Rhederstraße 2 mit Ehrgeiz nicht ausgestattet worden – so nur dafür, nicht einen Zentimeter von meinem Weg abzugehen. So habe ich es im Jahre 34 gehalten. Trotz Verzweiflung und Trauer habe ich es nicht einmal bereut. Es ist meinem Temperamente ziemlich schwer, bei Lügen und Entstellungen den Mund zu halten. Aber da hat der Himmel mir als retardierendes Moment meinen rechten Flügel gekürzt, ein so einfaches Verfahren erfindet nur Gott.

Andrerseits ist durch meine körperliche Behinderung mein Kontakt mit der geistigen Welt sehr erschwert. Nur so konnte es auch zu den Mißverständnissen kommen, als wollten Herr Weismann und ich uns von Herrn Stalin engagieren lassen. Es liegt aber viel zu viel Methode in diesen Verunglimpfungen, als daß ich nicht aus langer Lebenserfahrung wüßte, daß etwas andres beabsichtigt war. Man hatte nicht eingerechnet, wer ich wirklich bin. Ich komme aus dem geistigen Klima der freien Hansestadt Bremen, was mich glücklich macht, ohne nationalen Stolz, ich habe also ein angeborenes Organ für Freiheit, für Unerschrockenheit. Mir ist jede Subalternität fremd. Sie werden gut begreifen, wie gefeit ich gegen jede Infiltration von links oder rechts bin. Diese meine Moral möchte ich gar nicht fraulich nennen. Ist sie nicht menschlich? Und wie würden Sie die Moral von Dr. W. nennen? Ich kenne Manfred Hausmann zu wenig, um seinen Fall mit dem meinen vergleichen zu können. Ich würde nie sagen »Laßt mich in Frieden!« ich weiß zu gut, daß wir erst dann Frieden haben, wenn es uns gelungen ist, diese mit Haß aus Freigheit, mit Neid aus Armseligkeit geladene Luft wieder zu reinigen. Das ist aber nicht nur eine politische Arbeit und schon gar nicht von solchen Politikern, die unmenschlich sind – das ist in aller erster Linie eine Arbeit, die wir Geistigen, die wir keine Angst haben, leisten müssen. So schwer es uns auch wird, so hoffnungslos es aussieht. Es ist unsre Aufgabe. Auch fühle ich mich zum Unterschied von Manfred Hausmann nicht in einer Schlinge. Ich werde meine Stimme erheben. Das ist gewiß. Ich werde auch aus der mir so reichen Praxis der Pädagogik für die Praxis der Zukunft geben, was ich kann. Wenn ich verdammt wurde, elf Jahre lang zu schweigen, so versuche ich diese elf gestohlenen Jahre nachzuholen, so gut ich es vermag. Das werden Sie bestimmt begreifen. Herr Hausmann hat nie geschwiegen. Er durfte reden. Das ist ein Unterschied. Ich will froh sein über jedes Jahr, das mir noch vergönnt ist, das Richtige zu tun.

Sie werden begreifen, daß mir daran lag, daß Sie genau meine Vorstellung vom Leben kennen. Und ich danke Ihnen für alle kameradschaftliche Hilfe und Ihren Trost. Bitte machen Sie von diesem Brief Gebrauch, sobald Sie es für notwendig halten. Ihre Ratschläge habe ich befolgt als Ihre
unverbesserliche aber Ihnen aufrichtige dankbare Tami.

31.7.51

Liebe Tami,

vielen Dank für Ihren Brief und den Durchschlag von Faust. Ich habe nun mit den verschiedensten Leuten verhandelt und bekomme allmählich etwas Boden unter den Füßen.

Faust. Trotz seines guten Willens ist er natürlich etwas ängstlich und steht völlig unter dem Druck der Parteidisziplin. Nach langer Unterredung hat er sich bekehren lassen und wir werden gemeinsam mit Dr. Lutze, der für 14 Tage in Ferien gefahren ist, verhandeln. Es ist allerdings nicht möglich, daß die gleiche Summe herauskommt, denn der Etat ist halbiert worden und soll eigentlich nur für Maler, Bildhauer und Graphiker gegeben werden. Ich hoffe aber, doch 2 bis 300 Mark herauszuhandeln. Sie suchen natürlich nach einem Ausweg, um die politische Sache zu bemänteln. Es wäre natürlich gut, wenn die Zeit jetzt wirklich etwas brächte. Faust sagte mir ferner, daß die meisten Schriftsteller ungefragt in den Weismann-Almanach gekommen wären. Es ist alles so durchsichtig und stinkt, daß einem bei diesem Geschäft richtig übel wird. Sowie also Lutze wieder im Lande ist, werde ich berichten. Bitte halten auch Sie mich auf dem Laufenden. Auch Faust ist der Meinung, daß die gutgemeinte Schreiberei von Julia besser unterblieben wäre, soweit ist es noch nicht, daß Sie als arbeitslos hingestellt werden müssen.

Theater. Glaskugel. Sehr lange mit Heinemann gesprochen. Er behält die Glaskugel noch und will sich nun endgültig in ca. 2 bis 3 Wochen entscheiden. Er ist sehr angetan und möchte furchtbar gerne, aber es sind auch hier große interne Schwierigkeiten, die sich erst richtig lösen werden, wenn die Bürgerschaftswahlen erledigt sind. Es steht halt alles im Zeichen der Politik. Da er aber sehr gerne mit mir zusammen arbeiten möchte und wir uns gut verstehen, habe ich auch hier berechtigte Hoffnungen. Er wird auch im September an den See kommen und wird Sie dann besuchen. Sie kennen nun die Bremer ja auch wirklich gut und wissen, daß man sehr viel Zeit braucht, um die Dinge in Schwung zu bekommen.

Weser-Kurier. Hausmann. Auch mit ihm habe ich gesprochen, als gerade Ihre Erzählung und die Gedichte kamen. Ulberth ist in Urlaub. Es hat wohl auch keinen Sinn mehr, mit ihr zu verhandeln, da sie sich ganz auf Theater und Film konzentriert hat. Außerdem ist sie mit Wien befreundet. Ich habe nun Hausmann, der das Siebengestirn allein macht, das allerdings nur alle drei Wochen erscheint, genauestens über alle Zusammenhänge aufgeklärt. Er wußte nichts von Wien und Ihrem Buch. Er hat auch die Briefe gelesen und will sich Ihrer nun auch annehmen. Man muß natürlich bei ihm sehr vorsichtig sein, da er weich ist, viel verspricht und viel vergißt. Aber ich bleibe am Feind und außerdem habe ich jetzt die Unterstützung des neuen Redakteurs, Herrn Goebel, der eng mit mir zusammen arbeitet und wir beide ziehen gemeinsam eine neue Korrespondenzabteilung auf. Darüber aber noch nachher. Jedenfalls sind die beiden Zeitungen sich spinnefeind. Kurier ist doch mehr links, während Nachrichten ganz im Sinne Wiens geleitet werden. Dieser Gute geht um mich herum wie die Katz um den heißen Brei. Er weiß genau, daß ich gegen ihn eingestellt bin und aus dieser Einstellung keinen Hehl mache und überall wo ich kann, davon Gebrauch mache. Er selbst scheint sich aber durch alte wohlbekannte Klänge sehr viel zu schaden. Aber wir werden ihn schon bekommen. Hausmann war durch die ganze Entwicklung, die sich besonders in den letzten Wochen anzeigt, sehr deprimiert. Er ist auch für den Frieden, von welcher Seite er auch kommt. Man hat ihm diesen Ausspruch sehr verübelt, aber da er absolut kein Kämpfer ist, kann man mit ihm in der Öffentlichkeit schlecht rechnen. Zumal er noch krank ist. Aber ich habe die feste Hoffnung, daß bei all diesen Bemühungen doch etwas herausspringen wird.

Für mich ist es sonst ziemlich übel, nachdem mir Herr Dr. Witsch diesen Streich gespielt hat. Mein Anwalt hat sich zwar eingeschaltet und wir wollen die Sache nicht einfach hinnehmen, aber wir kennen Witsch zu genau, um uns allzu viel Hoffnung zu machen. Auf alle Fälle muß aber die Angelegenheit klar gestellt werden.

Jetzt sind wir am Ausbau des Pressevertriebs. Wenn Sie kleinere Erzählungen haben, bitte schicken Sie uns je einen Durchschlag. Herr Goebel hat die besten Beziehungen zu ungefähr 25 der größten Zeitungen, mit denen er zusammenarbeitet. Ich habe auch Hausmann die Stine gegeben.

Übrigens habe ich den »Nickelmann« noch hier. Bitte schreiben Sie, wenn ich schicken soll. Und sonst ist weiterhin alles betrübend. Die guten Kräfte sollten sich weiß Gott mehr zusammen tun als sich zu allem Unglück so weiter bekämpfen, wie es bisher der Fall war. Aber es ist alles so deutsch und verkrampft und die andere Seite macht das Rennen. Es ist so schade, daß wir so weit auseinandersitzen. Hier wäre für Sie ein ganz anderes Feld. Nun freuen wir uns auf den Besuch im Januar.

Herzliche Grüße von uns beiden
Ihr Wulff

6. August 1951

Lieber Werner,

heute sehr in Eile, weil Frau Lemke aus Berlin seit einigen Tagen mit Luise Hartung hier ist. Wir haben sofort das pädagogische Dokumentenwerk angefangen und ich glaube, es arbeitet sich gut mit G.L. Ich habe mit drei Leuten wegen dieses pädagogischen Werkes Fühlung genommen: mit Westermann, mit Stalling und mit Müller-Kiepenheuer, die das »Urbild der Seele« gerade herausgebracht haben. Dies Urbild war auch der Grund, weshalb ich mich mit Herrn K. in Verbindung setzte. Eine zusagende oder auch nur verbindliche Haltung haben wir von keinem. Das darf aber kein Grund sein, daß wir den ersten Band nicht ganz durchdisponieren. Die preface ist von Eduard Monod-Herzen aus Paris. Ich hatte das Glück, diese preface wiederzufinden. Überlegen Sie mit mir, wen wir noch interessieren könnten. Großes Format, Offsetdruck, farbige Wiedergaben. Textzeichnungen.

Sodann – ein Brief von Hausmann, recht kameradschaftlich.

Er wurde gewiß nach Ihrem Besuch geschrieben. Ja, ich habe alles begriffen. Man kann keine Säulen auf ihn bauen; aber er begriff, was los ist. Das ist viel.

Hagelstangen hat in einer Funkzeitung ein kleines Interview lanciert, wie eng unsere Freundschaft oder Verbindung sei. Ich rieche überall Absichten, die ich nicht durchschaue, weil mich all diese krummen Wege schwindelig machen. Den offenen Brief in der Deutschen Woche haben Sie gelesen? Die ganze Deutsche Woche ist wenig frisch, wenig zuversichtlich. Mir auch nicht eindeutig genug. Was macht sich Hagelstange aus dem Brief? Garnichts.

Stuttgarter Nachrichten bringen die September-Penate, Weser-Kurier ein liebe Mucki-Geschichte. Die »Zeit« antwortet mal wieder nicht. Doch lege ich Ihnen die beiden letzten Briefe von Abendroth ein, bitte schickt sie mir schnell zurück.

Südwestfunk bringt Lesung »Wilder Engel« nach dem 20. Oktober!!! Die warten also hämisch grinsend auf das Dementi, von dem ich heute noch nicht weiß, wie es aussehen wird.

Bitte um schnelle Übersendung vom »Nickelmann«. Den schreibe ich im September um, dann ist Else Luz aus Hamburg hier und ich kann diktieren.

Da habe ich überall Ihren letzten Brief gesucht; aber er hat sich verkrümelt. Julia ist seit Tagen in Baden-Baden, Carl kommt aus Amerika zurück. Da holt sie ihre bestellten Geschenke ab. Daß sie alle möglichen und unmöglichen Stellen für meine Hilfe einspannen will, hat natürlich viele Hintergründe, die sie selbst gar nicht weiß.

Daß Ihr es auch schwer habt, ist auszudenken. Umsomehr, als kein Mensch gegen Witsch anwitschen kann und die neue gemeinsame Arbeit mit Goebel ist deshalb sehr zu begrüßen. Ich habe ja alle meine alten Dinge seit Jahren an Dr. Timm nach Lübeck gegeben. Das Büro nennt sich »Kanzlit« und verrechnet gut. Autor 60 % – Kanzlit 40 %. Ich habe gut mit Dr. Timm gearbeitet. Aber wenn Sie eine Bremer Sache aufziehen, so will ich – erstmal etwas Ruhe um mich – gerne alles zusammensuchen, was noch da ist.

Ja, ich freue mich auch sehr darauf, im Winter nach Bremen

zu kommen und dort alles gründlich zu besprechen. Ich muß aus diesem Dreck heraus und ich kann mich nicht mehr um Dinge kümmern, die mich gar nichts angehen. Dadurch, daß die beiden Frauen aus Berlin einen Wagen hier haben, habe ich viel von der Gegend. Wir fahren immer gegen Abend über Land. Fe und Anita kommen am 10. auf 3 Tage. Unten in Überlingen jagt ein Seefest das andere mit Feuerwerk und Bodenseeflotte mit Illumination.

Sonst alles derselbe Mief. Gertrud hat eine Freundin, das ist Hannelore Dickreiter. Aber ich habe ihn seit Monaten nicht gesehen.

Eilig Schluß!

Sehr herzlichst
Tami

7.8.51

Liebe Tami,

heute nur kurz die Nachricht, daß man mir auf dem Weser-Kurier gesagt hat, daß sie im März die Stine als Vorabdruck bringen wollen. Außerdem hat Hausmann eine Erzählung von Ihnen angenommen. Ich freue mich, daß es endlich gelungen ist, das Eis dort zu brechen. Es war gut, daß die Ulberth in Urlaub war und ich mit Hausmann alles in Ruhe und ausführlich besprechen konnte. Er will sich sehr für Sie einsetzen, soweit es in seinen Kräften steht, aber auf der anderen Seite ist er naürlich sehr weich. Jedenfalls will ich nun die Verbindung nicht abreißen lassen. Näheres über seine Pläne kann ich aber auch erst sagen, wenn ich von ihm offiziell Nachricht über die Stine habe. Ich werde Ihnen dann sofort schreiben.

Sonst ist nicht viel zu berichten. Wir gehen mit den Kindern jetzt natürlich viel in die Umgebung und nutzen das augenblicklich schöne Wetter sehr aus. Meine Reisesituation ist immer noch ungeklärt und macht mir natürlich sehr viel Sorgen. Dank der Schweinerei von Witsch bin ich nun noch ohne Verdienst, denn so kurz vor der Saison etwas zu finden in den heutigen Zeiten war umöglich. Mein Anwalt hat ihm nun ausführlich geschrieben. Er steht auch auf dem Standpunkt, daß er gesetzlich nicht berechtigt war, aber Witsch kennt ja in seinem Temperament keine Grenzen.

Übrigens hätte ich nun gerne den »Wilden Engel« gelesen. Einmal überhaupt und dann zu sehen, ob wir ihn doch einer Zeitung anbieten können. Durch die guten Beziehungen meines Mitarbeiters wäre es vielleicht möglich. Hat übrigens die Zeit schon etwas gebracht?

Wir wollen nun die »Stine« so bringen, daß sie mit dem Zeitungsabdruck zusammenfällt. Damit wäre eine wesentliche Reklame erreicht. Es ist immer wieder ein Jammer, daß man so knapp bei Kasse ist, was könnte man doch auf die Beine stellen.

Nun liebe Tami, für heute Schluß, in der nächsten Woche ist die Unterredung mit Lutze fällig, hoffentlich positiv, wenn Sie noch etwas an Unterlagen haben, schicken Sie.

Herzlichst von uns allen
Ihr Werner Wulff

Herrn Oberregierungsrat Dr. Lutze

Bremen, Osterdeich 27 (1951)

Sehr geehrter Herr Oberregierungsrat,

wenn ich auch als in Bremen geborene Autorin am Bodensee lebe, so scheint es mir eine natürliche Bitte, die ich Ihnen heute vortrage.

Schon im vorigen Jahr erhielt ich aus den Mitteln der Künstlerhilfe einen einmaligen Beitrag. Es geschah dies, so wage ich zu hoffen, nicht allein wegen meiner elenden wirtschaftlichen Lage, sondern auch in Anerkennung meiner literarischen Leistung und Zugehörigkeit zum niedersächischen Kulturkreis.

Die Sonnenuhr, Maddo Clüver, Zauber der Artemis, Stine vom Löh und der »Traum am Morgen« sind geistig Kinder dieser bremer heimatlichen Landschaft. Nur das letztere ist auf dem Büchermarkt, alle anderen haben nach der Auflösung des Alster-Verlages keinen neuen Verlag gefunden. Erinnern Sie sich bitte, daß ich im dritten Reich aus der Kulturkammer ausgeschlossen wurde und also wohl acht fertige Bücher, aber keine Lesergemeinde in die Freiheit hinüber retten konnte. Alle Kritiken sind gut.

Heute bin ich 63 Jahre alt, gehbehindert und nicht wendig genug, um irgendwo den Anschluß zu finden. Meine Finanzlage ist noch schlechter als im letzten Jahr. Ich bitte Sie herzlich, mir auch in diesem Jahr eine Künstlerhilfe als Bremer Schriftstellerin gewähren zu wollen. Ich bin Opfer des Faschismus und habe bisher noch keinerlei Entschädigung erhalten.

Mit bestem Gruß bin ich
Ihre ergebene
Tami Oelfken

20.8.51

Liebe Tami,

mein letzter Brief ist zwar noch nicht von Ihnen beantwortet aber ich muß Ihnen heute doch allerlei berichten. Diesmal wenigstens etwas positiv.

Faust hat mir heute gesagt, daß nach vieler Mühe die Kommission Ihnen 200,– DM bewilligt hat. Sie waren alle dagegen, da das Geld knapp ist und nicht außerhalb Bremens vergeben werden soll, außerdem ist der Etat wirklich wesentlich kleiner als im vorigen Jahr und soll nun für Künstler gelten. Er hat es aber doch durchgedrückt und sein Einsatz ist doch erfreulich.

Vom Weserkurier habe ich Ihnen schon geschrieben, eine tatsächliche Bestätigung steht allerdings noch aus, aber man muß Geduld haben und ich darf auch nicht zu sehr drängen. Inzwischen habe ich erfahren, daß die gute Ulberth Ihr Gegner an der Zeitung ist. Ihre Position ist allerdings sehr im Wanken, sie scheint in der Nazizeit zierlich in Craz gewirkt zu haben. Jedenfalls kommt man so allmählich dahinter. Wir wollen uns aber dadurch nicht beeinflussen lassen, Hausmann ist wohl immer noch maßgebend und wird sich auch einsetzen.

Ferner besteht die Möglichkeit, die Stine als Hörspiel zu bringen. Ein hier am Radio sehr bekannter Mann will die Stine bearbeiten. Er hat sie genauestens gelesen und ist wild begeistert von der Arbeit. Auch plant er sie als Film zu bearbeiten, da er viele Anfragen nach guten Manuskripten vorliegen hat und sie sehr geeignet dafür findet, was wir ja auch schon immer gesagt haben. Es ist doch halt so, daß man hier viel mehr Verbindungen anknüpfen kann. All diese Dinge sind sehr hoffnungsvoll, vor allem die Verbindung mit diesem Hörspielmann, der mir auch seine Unterstützung für den Verlag zugesagt hat, so daß auch für den Verlag sich der Horizont etwas erhellt. Nur Geduld. Die Bremer sind etwas sehr langsam und überlegend in all ihren Dingen.

Wir sitzen jedenfalls fast jeden Abend mit diesen Leuten zusammen und sind am überlegen. Es kostet Nerven, viel Kaffee, der natürlich teuer ist und jetzt fehlt uns manchmal der gute Schnaps vom See.

Für den Verkauf des Buches würde es eine sehr gute Reklame bedeuten. Ich habe ja wohl Ihr Einverständnis, um die Verhandlungen weiter zu führen, denn man muß ja das Eisen und so weiter.

Eine erste große Besprechung vom Schaeffer ist im Weserkurier erschienen. Darauf erschien bereits bei uns die Leiterin der Frauenkultur und bot uns ihre neue Zeitschrift an, die wieder so werden soll wie früher bei Beyer. Ein interessantes Thema, aber wir sind sehr abwartend und müssen erst die Verhandlungen erledigen, die für unseren Verlag wichtig sind.

Die Fahrt durchs Chaos wird hier jetzt kräftig gelesen, ich muß immer aufpassen, daß man mir nicht mein Archivexemplar wegholt. Auch der Rundfunk amüsiert sich über das Kapitel Wien. Ich warte nun sehr auf die Kurzgeschichten für meine

Korrespondenz und auch auf die pädagogigschen Sachen. Bitte nicht vergessen.

Hoffentlich haben Sie nun den anstrengenden Sommer gut überstanden. Es sieht ja sonst trostlos aus und wir denken sehr daran, wie es im Winter bei Ihnen werden wird, falls die Kohlenmisere anhält. Nun Sie kommen erst einmal her. Und ich glaube, es wird allerlei zu machen sein.

Herzlichst von uns beiden
Ihr Werner Wulff

Tami Oelfken, Überlingen
an Werner Wulff, Bremen

21. August 1951

Mein lieber Wulff,

wegen langen Schweigens bitte ich um Verzeihung! Ich schrieb Ihnen, daß Frau Professor Lemcke und Louise Hartung bei mir wohnen. Wir arbeiten einen Monat zusammen, um das pädagogische Dokumentenwerk fertig zu stellen. Die Mitarbeit von Gertrud Lemcke, (Sie ist klug, politisch sehr erfahren und es arbeitet sich sehr gut mit ihr) betrifft besonders den ersten Band, der mir darum auch am wichtigsten erscheint. Das heißt, er muß zuerst erledigt werden, damit ich nachher nicht ohne sie aufsitze. Sie hat als Universitätsprofessorin mehr zu tun als Carl Haensel, hat daneben eine riesige Praxis, eine Poliklinik und eine umfangreiche Familie. Wenn die Zeit hier um ist, so wird es vor dem nächsten Winter fast unmöglich sein, sie zu sprechen. Daß in diese meine neue Arbeitsphase grade Ihre Verbindung mit der Lehrergewerkschaft in Bremen fällt, ist mehr als ein Wink des Himmels. Gewiß ist es kein Zufall. Die Berliner Lehrergewerkschaft hat nie etwas andres betrieben als Tarifkämpfe durchzuführen, aber in Bremen ist sie bereits traditionell als Kulturträgerin im weitsten Sinne bekannt. Es darf uns nicht wundern, daß Herr Goosmann nicht einmal meinen Namen kennt, Elisabeth Rotten, die das werdende Zeitalter herausgab und Anna Siemssen haben von je Bremen als abgerundetes Eigengewächs behandelt. Alle anderen Städte, Berlin einbegriffen, waren gegen Bremen rückständig. Ich aber war wieder so weit vorn, daß ich ihnen allen – so drückte es Madame Flayol aus – allen davon gelaufen war. Sonst könnte es ja auch sein, meine Methode einbegriffen – daß all meine pädagogische Arbeit heute so modern ist, daß Frau Lemcke sagt, es ist die Schule von morgen. Erstaunlich ist es selbst für mich, daß alle pädagogischen und psychologischen letzten Ergebnisse darin ausprobiert sind und ihre Rechtfertigung erhielten. Wissen Sie, die Art, junge Menschen zur Entfaltung zu bringen, bedingt eine Art von Weltvorstellung, ihrer Umwandlung und ihrer Lebendigkeit, die bestes Bremer Erbgut ist. Das ist mir ganz klar geworden. Gansberg und Scharrelmann sind für mich mehr als nur geistige Väter gewesen. Sie haben mich, als ich in Grohn gegen das System die ersten holperigen Schritte machte, nicht nur bestätigt, sie gaben mir auch den Mut, einfach ohne mich auch nur um zu gucken nach vorne zu gehen. Es ist ein Glück, daß ich nie gemerkt habe, daß mir keiner folgte. Ob bei einer solchen Isolierung mein Mut ausgereicht hätte, das wage ich heute nicht auszusagen. Gewiss ist, daß ich von dem Weg nie mehr abgelassen habe. Damit habe ich kein Geld verdient; aber ich habe etwas gefunden. Und was ist Geld gegen einen solchen Fund!!? Nichts. Wir stellen also diesen ersten Teil erstmal mit den Bildern, die zur Illustration für die psychologischen Aufsätze von L unbedingt farbig gebracht werden müssen. Dazu einige Träume, die ich mit pädagogischem Text zusammenbaue. Die Vorrede ist von Monod Herzen – Sorbonne, und auch sie ist, so kurz sie ist mit zwei, drei Seiten, ein Beweis, wie wir heute die Verbundenheit aller dieser Versuche im Sinne von Jung einbauen können. Wie eng und nur eine Seite berücksichtigend alle Freudschen Untersuchungen dagegen sind. Aus dieser gemeinsamen Arbeit aber ergab sich die Notwendigkeit, alles Material neu zu gruppieren und so ist es im Augenblick noch nicht möglich, Bilder einzeln zu schicken. Das ist auch gewiß nicht notwendig. Vielmehr würde ich, sobald wir Umfang und ungefähre Disposition festgelegt haben, eine solche an Dr. Boekhoff-Westermann schicken und an Sie. Mit dem Westermann-Verlag arbeite ich im Augenblick mit viel Kontakt. Es gibt dort neue Einsichten und durchaus Aufgeschlossenheit. Ich werde nichts unversucht lassen, um zum Ziele zu kommen. Aber die Bremer Lehrergewerkschaft ist mir näher, so wie das Hemd näher ist als der Rock. Nur wußte ich nicht, daß eine Möglichkeit besteht, daß sie Bücher herausgibt, oder in Auftrag gibt.

Der so umfangreiche Zusammenschluß der Lehrer ist sehr praktisch. Daß meine Arbeit eine bisher ganz und gar einmalige und für uns alle, die wir an den praktischen Sozialismus glauben und an seiner Verwirklichung arbeiten, unvorstellbar notwendige Untersuchung darstellt, davon sind alle überzeugt. Wir wollen also den Kontakt mit Herrn Goosmann als glückliche Perspektive verbuchen und ich werde alles gerne tun, um dort zu sprechen. Wenn ich gesund bleibe, was ich unterstütze, als wäre ich ein fremdes Stück!! so komme ich und werde mich vorher gründlich mit Herrn Goosmann aussprechen. Sodann wäre es mir lieb, einen oder noch besser drei Vorträge dort zu halten. Die Disposition würde ich vorher ausarbeiten und schicken. Dann wäre es mir ganz besonders am Herzen liegend, daß eine ausreichende Diskussion, eine lebendige Durchleuchtung stattfinden könnte, die ich gerne aus pädagogischen Gründen selber leiten möchte. Ich habe das früher auch getan und aus meiner Elternschule weiß ich, was daraus kommen kann, wenn eine solche Arbeit mit Geduld und Fingerspitzengefühl im engen zugehörenden Kreis gemacht wird und wie aussichtslos und ergebnislos unsre Bemühung ist, wenn wir sie eitel und groß machen. Groß – so dürfen wir fröhlich nur unsre endgültigen Ergebnisse zur Ermutigung für die anderen herausstellen.

Das ist heute über Punkt eins alles.

Punkt zwei hat die »Zeit« trotz Telegrammen und jetzt auch Drohungnen meinerseits das Versprechen noch nicht erfüllt – Es sollte, aber sollte sage ich – in dieser Woche oder der nächsten kommen. An Manfred Hausmann habe ich geschrieben. Er hat mir sehr viel Trost gespendet. Wenn also dort die Stine erscheint, so sollten Sie keine Sorge haben – und mir nichts schicken von dem Geld, was hereinkommt. Es ist besser Sie nehmen es für die Produktion und wir machen das später in Ordnung. Ich habe gar kein Geld, aber mir wird von allen Seiten immer wieder geholfen. Ich hoffe daß ich nach dem letzten Bremer Besuch doch etwas Geld von Bremen kriege und Hanna hilft mir auch. Wenn die Glaskugel doch nur aufgeführt würde!!! Ich habe an Manfred Hausmann ein Exemplar geschickt. Es liegt mir sehr viel daran.

Diese Abschrift – immer vorausgesetzt, daß Sie es für richtig halten, geben Sie doch bitte an Herrn Goosmann. Hilüert hatte es hier damals bereits angenommen und ich sollte den plattdeutschen Text für hiesige Fischerkinder umschreiben – Aber wir beide können darüber lachen: Wir sind nicht katholisch!!!!! Wir werden es auch nicht. Es ist ein Stück für England und für Bremen und für Hamburg und für uns!! Es hat keine flachen Mondengelchen und es hat keine Prinzen. – Aber es ist voll von jenem guten kameradschaftlichen Geist, den wir in unsre Kinder senken möchten. Wenn sie es dort nehmen, bin ich im Dezember in Bremen. Das lasse ich mir nicht entgehen. Dann würde alle Arbeit etwas vorgelagert werden können. Vielleicht interessiert es Herrn Goosmann, daß Frau Lemcke die Glaskugel gelesen hat und sagt, es ist voll von magischer Heilkraft. Ich glaube das auch.

Dasselbe sagt sie vom wilden Engel. Ich habe in der Schweiz bei Korrodi sehr schönes Papier bestellt, das schenkt mir Hanna. Dann lasse ich abschreiben, aber Sie wissen ja, wie teuer hier Frau Gast ist. Ich bin zu zwei Drittel fertig – aber nur ein Exemplar und das gebe ich nach meinen Erfahrungen mit Witsch nie wieder aus der Hand. Für August und September ist meine Arbeit so festgelegt und Sie lieber Werner werden begreifen, daß ich in diesen kurzen gesicherten – halb gesicherten Monaten alles tun muß, was in erster Linie Erfolg verspricht. Aber Hanna war zum zweiten Mal hier und hat mich beschworen, zu sparen – gewiß – aber meine Zeit nicht mit Brödchenerwerb zu zersplittern. Das war sehr anerkennend gemeint und sie will, daß der wilde Engel fertig wird, daß die Bilitis herauskommt – und daß meine Pädagogische Arbeit wieder vorne an steht. Ich habe sehr ausführlich mit ihr über alle Pläne hin und her gegrübelt – denn sie ist es, die mich ja wieder über Wasser hält, was schlimm genug für mich ist. Aber darüber brauchen wir beide kein Wort zu verlieren. Von der Wiedergutmachung noch kein Schimmer am Horizont!!!!

Für heute ist das ein langer Brief. Was macht der Vertrieb? Was Dr. Witsch? Diese Art von CDU-leuten sind schlimmer wie die Beulenpest – und am unteren Teil des Lorelyfelsen sitzen und singen »Ich weiß nicht, was soll es bedeuten« – das ist kein guter Start für die Zukunft. Aber was ist für sie »Zukunft«? Festhalten, was man zusammen gestohlen hat und dazu gaunern, damit man mehr hat! So glaube ich nicht, daß Sie viel Hoffnung haben, aus Witsch etwas heraus zu holen.

Die Bilitis möchte ich Lambert Schneider anbieten. Kennen Sie dort jemanden? Der dünne Band Rimbaud ist sehr schön und mit französischem Text links und die Übertragung rechts, wird die Bilitis literarisch besser an ihren Platz gerückt, als durch noch so schöne Zeichnungen. Fe u. Anita waren bis vorgestern hier, sie kaufen in München ein und sind mit Sorgen zugedeckt.

Schluß! Es regnet. Mir geht es gut. Grüßen Sie die Jungens und Flore und seien Sie herzlich gegrüßt von Ihrer Freundin

Tami

Tami Oelfken, Überlingen
an Werner Wulff, Bremen

29.8.1951

Lieber Werner,

mein Brief mit der Glaskugel für Herrn Goosmann ging gestern eingeschrieben ab. Ich bin über die Aussicht auf 200,– sehr glücklich und werde sofort Kohlen kaufen. An Hausmann habe ich so herzlich wie ausführlich geschrieben und ich könnte mir denken, daß meine Briefe Ihre Arbeit dort gut unterstützen. Darüber müssen Sie mir genau schreiben. Wieso die Ulberth mein Gegner ist, ist mir bei ihren dicken Liebesbriefen an mich unvorstellbar. Ich habe sie ja nie gesehen, aber immerhin durchschaue ich etwas die Hintergründe. Da ist es gewiß nicht nur Werner Wien – sondern – das bleibt bitte unter uns beiden – Hanna hatte den Besuch von Hanna Thimig – Freundin von Alma Rogge und von Werner Wien. Sie – HT, hat bei Hanna sehr anbiedern wollen, um ein wenig ihr Prestige aufzupolieren, aber Hanna hat ihr ziemlich höflich und eindeutig die kühle Schulter gezeigt. Nun wird Hanna Thimig, Alma Rogge und Ulberth gar nicht anders annehmen – weil sie alle selbst nichts tun als zu konspirieren, ich würde mit Hanna darüber gesprochen haben. Das ist nicht der Fall. Hanna hat ein untrügliches sicheres Gefühl – die braucht mich für ihre Beurteilungen gar nicht. Sie ist sogar der Überzeugung, daß mein gutes Herz mir einen schlechten Dienst tut, und daß ich mich aus Degout immer zu wenig wehre. Womit sie recht hat.

Also kommt viel aus dieser Quelle. Aber auf die Dauer werden die Lügen immer entlarvt, das ist ein Naturgesetz. Wir beide haben also allen Grund, mit etwas mehr Zuversicht in die Zukunft zu schauen.

Mit allen Ihren Unternehmungen, was die Stine betrifft, bin ich einverstanden. Als Hörspiel könnte es einfach ein herzliches und herrliches Stück werden, voll von Saft und Humor. Als Film, so habe ich sie ja geschrieben, wäre es ein Dokument, ein Stück Marsch-Kulturgeschichte, ein Stück Kinderheimat, und wenn das alles von künstlerischer Hand und Empfindung bearbeitet würde, so könnte ich mir vorstellen, daß wir Ehre damit einlegen. Es ist ein rundes Kunstwerk, das ist gewiß. Bitte, schicken Sie mir die Besprechung von Supervieille und ist es möglich, daß Sie mir laufend den »Weser-Kurier« im Verlag bestellen? Ich komme nicht dazu und der Briefträger ist ein Quadratsdussel. Leiterin der Frauenkultur? Wer ist das? Und – wird das eine Zeitschrift? Besteht Sie schon? Hella bei Beyer wurde damals von Enderle gemacht und ich habe daran viel gearbeitet. Sie war für Kultur allzu mickerig, es ist sicher, man könnte mit denselben Themen weit besser und eindringlicher arbeiten. Das hat ja dann Mode und Heim bewiesen. Es wäre für mich sehr wichtig, an einer wichtigen und repräsentablen Frauenzeitschrift mit zu arbeiten. Einstweilen übernimmt Hertha Gotthelf in Bonn etliche Beiträge aus der Praxis für die Praxis. Mir ist die »Gleichheit« zu nüchtern und sie ist viel zu wenig künstlerisch. Könnten Sie die Dame nicht veranlassen, sich mit mir in Verbindung zu setzen?

Wenn ich nicht jeden Tag etliche Stunden am Dokumentenwerk mit Gertraud Lemke arbeiten müßte, würde ich Ihnen schon etwas Material geschickt haben. Sie bleiben nur noch acht Tage und es eilt, soviel unter Dach zu bringen und den ersten Band ganz durch zu disponieren – damit ich ihn anbieten kann. Darüber habe ich im letzten Brief ausführlich geschrieben. Wenn wir die Lehrergewerkschaft interessieren könnten und wenn man dem Werner-Wulff-Verlag dann den Auftrag geben würde, das wäre die genialste Lösung. Auch Dr. Boekhoff vom Westermann-Verlag interessiert sich und Irmgard Kiepenheuer. A Propos ich warte sehr auf Nickelmann, der kommt im September an die Reihe.

Alles andere bald. Heute nur die Zusicherung von Freundschaft und Vertrauen. Wir werden, beide arm und geprüft genug – uns über alles einigen, was unsre geschäftlichen Dinge angeht und wer auch immer auf einem noch so kleinen grünen Ast sitzt und sich schaukelt, der wirft dem andern einen reifen süßen Apfel zu.

Gestern habe ich von Korrodi aus Zürich herrliches Papier gekriegt, dafür sollte ich fünfzig Mark Zoll bezahlen. Aber, als ich selbst hinfuhr, was mir durch Lemckes Wagen einfach war, waren es sechs Mark und fünfzig. 1000 Blatt weiß, 1000 Blatt hellblau und fünfhundert Umschläge hellblau. Das Hellblau lasse ich bei Veit mit einem Kopf versehen, dann bin ich wieder auf lange Zeit versorgt.

Schluß – laßt Euch alle herzlich grüßen. Auch ich freue mich auf Bremen und meine Freude wäre der Gipfel des Glücks, wenn meine Glaskugel aufgeführt würde und wir würden, alle mit sauberen Fingernägeln und blütend weißen Hemden, vorne im

Theater sitzen und Eure Jungens würden Beifall klatschen! Hipp Hipp Hurra!

Eure Tami

Werner Wulff Verlag, Bremen, Riensbergerstr. 94
an Tami Oelfken, Überlingen

31.8.1951

Liebe Tami,

schönen Dank für Ihre beiden so ausführlichen Briefe. Ich weiß natürlich, daß Sie die Chance einer Zusammenarbeit mit Frau Lemcke ausnutzen müssen und warte in Ruhe auf die Fertigstellung des Dokumentenwerkes. Im Augenblick ist es auch nicht eilig, da Herr Goosmann von der Gewerkschaft aus nach Amerika gefahren ist und erst Mitte des Monats zurückkommt. Also wir können erst dann unsere Gespräche wieder aufnehmen. Und bis dahin werden ja die Unterlagen von Ihnen kommen. Ich hoffe auch sehr, daß die Bürgerschaftswahlen im Oktober Paulmann wieder auf seinen Thron zurückführen werden und wir auch dadurch eine Unterstützung finden.

Ich war heute wieder im Theater und habe wegen der Glaskugel gesprochen. Sie haben sich noch einmal eine Frist von 8 Tagen ausgebeten. Es sind schon seltsame Leute, aber da gestern gerade die neue Spielzeit eröffnet worden ist, ist alles noch durcheinander. Leider Gottes spielt auch hier die politische Auseinandersetzung eine große Rolle. Aber die SPD wird doch wohl die Mehrheit haben und die alten Leute werden bleiben. Auf alle Fälle habe ich die Glaskugel auch dem verantwortlichen Rundfunkmann übergeben, der es auf Hörspielfähigkeit untersuchen will, es ist der gleiche, der die Stine bearbeiten will. Sie sehen, wir tun hier alles, was nur irgendwie möglich ist, aber bei all diesen Institutionen braucht man Geduld. Ich stelle immer wieder fest, daß es ein Jammer ist, daß wir erst so spät hierher gekommen sind. Wir wären wesentlich weiter.

Der Weser-Kurier hat eine kleine Erzählung aus der Sonnenuhr abgedruckt. Unterlagen anbei und mir heute 15,– DM dafür gegeben. Ich habe das Honorar erstmal auf Ihr Konto gebracht, wir rechnen ja dann später Ihrem Wunsch gemäß ab, jedenfalls war es im Augenblick für uns wichtig, da wir wieder einmal trocken dasitzen und nichts zu fressen hatten. Dieser Abdruck war auch nur möglich, weil die gute Ulberth in Ferien war. Sie hat auch nach ihrer Rückkehr die passenden Bemerkungen dazu gemacht. Sie ist eine ausgekochte Intrigantin, schreibt ein jämmerliches Deutsch und muß jetzt wohl um ihre Position kämpfen. Ich möchte Sie noch einmal in unser beiderseitigem Interesse bitten, sich nicht allzuviel mit ihr zu beschäftigen. Hausmann wird schon tun, was er kann und vor allem der uns befreundete neue Redakteur Goebel, der jetzt mit der Ulberth einen heftigen Positionskampf führt.

Mit Lutze habe ich jetzt noch einmal privat eine längere Aussprache gehabt. Er begrüßt sehr meinen Zuzug und will uns auch sehr unterstützen, aber auch hier heißt es abwarten. Er ist eigentlich Kunstgeschichtler, kommt vom Germanischen Museum in Nürnberg und auch natürlich nicht astrein, aber wahrscheinlich müssen wir uns mit all diesen Leuten allmählich abfinden, falls sie nicht direkt unter die Schädlinge zählen. Er hat hier jedenfalls eine wichtige Position in den Händen und ist auch ein klein wenig eitel darauf. Laß ihn. Er möchte gerne die Belange der bremischen Schriftsteller unterstützt wissen, natürlich verständlich und es sind auch einige die es verdienen, aber bestimmt nicht Augustini und Rogge. Daß habe ich auch gesagt und er war sehr damit einverstanden, da der Schünemann-Verlag nicht seine Freundschaft genießt. Es sind dies nur alles erfreuliche Anfänge, leider bringen sie im Augenblick noch nichts ein und verlangen Wartezeit. Schlimm für uns, die wir diese Zeit sozusagen mit nichts überbrücken müssen, vor allem durch die Gemeinheit von Witsch völlig am Boden zerstört sind. Wir versuchen natürlich krampfhaft, durchzuhalten, aber allmählich versagen Nerven und die Widerstandskraft läßt allmählich nach und wenn wir jetzt hingehen würden und restlos aufstcken würden, würden wir damit alle so sorgsamst aufgebauten Beziehungen zerstören. Aber noch glauben wir an den guten Stern.

Die von Ihnen eingeschickte Erzählung steht übrigens heute im Weser-Kurier, sodaß man jetzt wirklich von einer Tami Invasion sprechen kann, sehr zum Ärger anderer Leute. Mit dem Weser Kurier wollen wir es so machen, daß wir alle 8 Tage die gesamten Zeitungen an Sie schicken. Wozu noch bezahlen und auf die politischen Tagesnachrichten kommt es ja nicht an.

Der Pressevertrieb soll erst anlaufen, ich warte auch noch auf Ihre Erzählungen u.s.w., die Sie mir ja schicken wollten.

Das Wien und Th. bei Frau Wrede waren, finde ich großartig. Er ist doch ein ganz geschicktes Subjekt. Seine Wut auch auf mich muß groß sein, denn wenn wir uns begegnen, möchte er mich direkt fressen. Er weiß natürlich genau, wer ich bin und daß durch meine Mitwirkung das »Chaos« überall gelesen wird. Aber wahrscheinlich kann man auf die Dauer gegen solche Leute nicht anstinken. Sie beherrschen dieses Metier stärker und besser. Über Th. weiß ich eigentlich nichts, nur daß sie unzertrennlich von der guten Alma ist.

Was ich mit der Frauenkultur machen werde, weiß ich noch nicht. Es ist ein ganz geschlossener Kreis von Frauen, die überall ihre Gruppen haben und sehr zielbewußt arbeiten. Schon vor den Nazis waren sie sehr verbreitet. Hier in Bremen war bis 33 Frau Dr. Bücking die Leiterin. Dann wurde gleichgeschaltet und Frau Brüggemeier übernahm es und hat das Amt auch heute noch. Vorläufig bin ich sehr zurückhaltend und muß nun abwarten, wie sich diese Dame eigentlich die Zusammenarbeit denkt. Wenn es klappen sollte, ist es ja selbstverständlich, daß ich eine Zusammenarbeit mit Ihnen herbeiführen würde.

Westermann rührt sich mächtig und versucht seine Monatshefte zu modernisieren. Worüber ich noch immer stolpere ist die Mitarbeit vieler Größen aus der Nazizeit, siehe Deutschlandbuch. Aber wo sind sie nicht. Mal besingen sie den Führer, mal die Demokratie. Aber für das Volk ist es so wohl richtig.

Nun Tami, für heute Schluß. Hoffentlich bald wieder bessere Nachricht. Herzlichst von uns beiden

Ihr Werner Wulff

Dienstag Abend, *undatiert*

Liebe Flore, lieber Werner,

hier ist wunderbares Herbstwetter, und da Gertrud Urlaub hat und Kartoffeln ausbuddelt, habe ich stundenlang allein in meinen Rabatten gewühlt, um den Garten allmählich für den Winter vorzubereiten. Habt Dank für Eure ausführlichen Briefe. Es ist wirklich so, daß, wenn man so weit auseinander wohnt, ganz wichtige Alltags- und Sonntagsdinge vergessen werden.

Gertrud Lemke will zum Oktober-Anfang einen Teil der Arbeit fertig haben. Was ich jetzt jeden Tag unten auf einem Tisch im Vestibül mache, ist alles übersichtliche Vorbereitung.

Mit viel Notizen und immer neuen Versuchen, eine Disposition herauszufinden, die allem gerecht wird. Das ist nicht einfach. Bevor ich nicht genau weiß, ob sich die Lehrergewerkschaft interessiert, möchte ich auch das Material, das sich nicht nur schwer verpackt, sondern darüber hinaus ja auch aus unersetzlichen Originalen besteht, nicht auseinanderreißen. Darüber unterhalten wir uns später.

Hier ist heute die neue Einteilung der erweiterten Sonnenuhr. Bei den kleineren Stücken vorne werde ich alle Widmungen, die ihren Zweck ja erfüllt haben, fortlassen. Es besteht aber keine Gefahr, daß das Buch an Umfang einbüßen würde. Anemonenwald, Am Sonnabend Abend, Tanzstunde, Schornsteinfeger sind neu aufgenommen. Dazu kommt der zweite Teil, der gewiß 40 Seiten umfaßt. Ich weiß gar nicht, was Ihr da habt. Laßt es mich doch wissen. Ich würde dann, damit Ihr wenigstens diese Arbeit vollständig habt, abschreiben und schicken. Mit Dickreiter ist nichts zu übersehen. Gewiß ist, daß Herrmann Lindemann, der viel im Ausland ist und dessen literarische Amibitionen ich nur erzählen – nie schreiben könnte, konfus ist. Aber ungemein tüchtig und zuverlässig scheint die Frau zu sein. Was nun Dickreiter damit in Zukunft zu tun hat, kann ich nicht durchschauen. Das »Verlagshaus« soll nach Freiburg?! sagt H.L. Sie ziehen am 1. Oktober von Achern weg dahin. Meine Bücher hat H.L. alle zurückgeschickt und mich wissen lassen, zuerst müßten sie alle solche Bücher herausbringen, die reißend weggingen, um ein Fundament zu haben. Aber alles andere, wie gesagt, war konfus. Die Frau schwieg. Aber jetzt, nachdem er abgereist ist, hat sie mir geschrieben, daß sie die Verbindung aufrecht erhalten möchte. Das sind ungefangene Fische! –

Es hat mir viel Arbeit, Schicken der Bücher, aller Kritiken etc. etc., gemacht, und hinterher bin ich keinen Schritt weiter.

Dann habe ich an Reiss geschrieben, nach Basel; aber noch keine Antwort. Dahin habe ich die »Kuckucks-Spucke« angeboten.

Die Stuttgarter Nachrichten haben einen Teil der September-Penaten gebracht; die bis jetzt fertigen Monate liegen bei Sponholz in Hannover. Ja, du großer Gott, dies Westermannbuch! Ich komme auch bei aller Freundlichkeit mit Dr. Boekhoff dort nicht vorwärts und weiß nicht einmal, ob ich mir das wünschen soll. Ich wollte nur, die Stine wäre erst endlich da; aber ich sehe wohl ein, daß Ihr Euch bei einer solchen Pleite gar nicht bewegen könnt. Da ist aller guter Wille für die Katz.

Von Stalling auch länger nichts gehört. Er wollte Vertrag über den Onkel Moll schicken; die Illustratorin war bis jetzt in Schweden. Muß aber wohl nach Berlin zurück sein. Wie läuft Euer Vertrieb an? Erfreulich, daß der Weser-Kurier etwas genommen hat. Aber betrüblich, daß die Bremer Nachrichten das bessere Feuilleton haben. Das dürfte nicht sein. Dabei gibt es soviel herrliche Sachen; aber was sie dann aussuchen, ist aus Gründen der Rücksichtsnahme auf den erlauchten Abonnenten hoffnungslos pachulkig. Die wenigen Leute, die in Deutschland etwas verstehen, haben kein Geld und spielen deshalb nicht mit.

Ich wollte, weiß Gott, Ihr wäret erst über den Berg. Was habt Ihr für Buchhandlung-Pläne? Das ist natürlich ein einigermaßen verläßlicher Boden. Hier war Frau Buchholz – ist noch – mit Sohn und Gudula im Haupthaus von Frau Vögele zu Gast. Sie gehen alle am 1. Oktober nach Columbien. Sie sehen todtraurig aus, alle drei. Etwas armselig heruntergewirtschaftet. *Er* ist gar nicht mitgekommen. Er löst alles in Madrid auf, weil, wie sie sagt, in Spanien (Madrid ist der Laden) zu wenig gute deutscher Bücher erlaubt sind. Nun, Dringer und Salomon sind nicht nur erlaubt, sondern werden auch viel gekauft. In Süd-Amerika wird es genauso sein.

Im Südwestfunk ist großer Knatsch. Bischoff erholt sich in Lugano; Ernst Johann hat mir heute geschrieben. Da ist gründlich saure Gurkenzeit und mit meiner schon vor 6 Wochen bezahlten Sendung vom wilden Engel warten sie dort bis nach dem Dementi von Abendroth!!!!! Sie!

Trotzdem, E.J. ist ein ordentlicher honorabler Mann; er ist nicht der Programmdirektor. Wenn er das wäre, ging es mir mehr als gut. In der Frankfurter Allgemeinen hatte er einen lauwarmen Artikel über Avignon. Er ist viel mit »Kraft durch Freude« unterwegs, was ihm nur halb soviel Spaß macht wie dem Professor und Justiziar.

Von Hanna weiterhin gernige aber freundliche Hilfe. Ich warte noch immer auf die versprochenen 50 Zentner Koks. Die für meine Heizung notwendige Größe war nicht vorrätig.

Grade schreibt mir Ruth, daß also nun in Hamburg Schnabel Intendant geworden ist, den Ruth und Otto Kurth gut kennen. Sobald ich in Hamburg bin, will ich an dieser lukrativen Freundschaft teilnehmen.

Zum Trösten für Euch weiß ich nur dasselbe zu sagen, was ich mir selber oft erkläre: Es ist so armselig, noch armseliger geht es nicht; also muß es nur besser werden. Wenn ich an meinem geistigen Auge vorbei passieren lasse, was seit 1934 mit mir gemacht wurde – so würde ich es nicht glauben, wenn ein Fremder es mir erzählen würde. Dabei ist das meiste einfache Unzulänglichkeit. Nicht das, was im Dritten Reich passierte; aber was im Staate der Freiheit dann weiter vor sich ging. Professor Gertraud Lemke hat hier von uns allen Rohrschach-Tests gemacht; mein Psychogramm ist besonders aufschlußreich. Sie ist eine kluge Frau, sehr gründlich, streng und still; aber ohne Ellenbogen. Da ich auch nicht viel davon habe, ist es interessant zu sehen, wie es weitergeht. Als Psychologin und als »Leterat« war sie verwundert über die Tiefe und die Unantastbarkeit der archäischen Bilder im Abgrund, über die Incarnation der Träume in den Traumkindern, die voll von Wahrheit und Fülle seien und über den dann ganz unerwartet breit einsetzenden Strom der Erzählung und Schürzung im dritten Kapitel.

Wäre uns der wilde Engel vom Ausland gekommen, aus England, aus Spanien oder sonst woher, so würden die Leser – und die Kritiker vorher – sich auf den Kopf stellen! Aber so tut ein SS-Mann Anstoß nehmen, sonst nichts. Er ist es nicht gewesen. Es ist undiscutabel!!! Sobald ich das dritte Kapitel abgeschrieben habe, – das ist immer für mich eine lähmende Sache – schicke ich es Euch. Das erste und zweite kennt Ihr. Bitte schickt nach der Lektüre das dritte zurück. Sie, lieber Werner, würden sofort merken, daß es zum Vorabdruck ganz ungeeignet ist. Genauso gut könnten Sie aus dem Faust ein Stück herausnehmen oder aus Catherine Mansfields »Prelude«. Ich schreibe, solange ich noch den Mut und Elan dazu habe, langsam weiter ab und werde gewiß bis Weihnachten mit dem ganzen fertig sein. Wenn nicht etwas Blödes dazwischenkommt, wovor ich mich weniger zu schützen verstehe denn je.

Daß ich aber von Herzen glücklich bin, daß ich nicht bei Witsch landete, brauche ich Ihnen nicht zu erklären. Mir wäre bei soviel Arroganz, aufgeblasener Dummheit und permanenter katholischer Wichtigkeit nur noch Selbstmord übrig geblieben, und Selbstmord ist ein trauriges Ende.

Vielen Dank für den Nikkelmann. Mein lieber Verleger, ob wir wenig Kaffee haben oder gar keinen Schnaps, ob sie uns betrügen oder übervorteilen, erscheint mir im Vergleich mit unserer Intaktheit unwesentlich. Wir wollen uns bemühen, das Beste zu tun. Und wenn H.L. mir erklärt, daß er die Titel der Bücher macht, die er verlegt (weil er ja das Geld hat), so ist das von gutem alten Nazigeist, obwohl er keiner gewesen ist. Ob das nun ein SS war oder Kazetter, es spielt keine Rolle, wenn so etwas in die Domäne des Geistes einbricht wie der Wolf in die Herde. Da gibt es nur Trost in der Tradition unserer Literatur, in Rilkes langweiligem Briefwechsel oder dem von Lawrence an seine Freunde.

So, jetzt ist es längst der andere Morgen; ich habe gefrühstückt, über dem See hängt dicker Nebel und das Nebelhorn tutet. Der Stadt geht es gut. Die Saison war fette Weide und nur die Äpfel sind rar. Sobald Franzel fertig gebrannt hat, schicke ich Schnaps; aber vom ganz alten, an den er erst beim Auffüllen rangeht. Gertrud ist wieder fort zum Kartoffelnbuddeln, und ich setzte mich zum Abschreiben hin.

Herzlich Eure Tami

den 7. September 1951

Lieber Wulff,

Sie schweigen so lange? Das Geld aus Bremen ist gekommen und ich habe mich teils untertänig und teils humorig bedankt Frau Lemke hat also vier Wochen sehr intensiv mit mir gearbeitet und auf beiden Seiten herrschte schönes Einvernehmen. Grade habe ich einen Brief von ihr, in dem sie mir zusichert, daß ihr erstes Kapitel in drei Wochen fertig ist. Also nichts versprochen, was nicht gehalten würde. (Sie wissen, wie störend und nervös machend die Menschen hier mit Versprechen und nicht halten sind!!)

Meinen letzten Brief haben Sie erhalten? Ich habe darin über die Stine gesprochen und Sie gebeten, mir nun genaueres über Ihren Vertrieb zu schreiben. Sie erinnern sich, daß ich Herrn Dr. Timm schon vor drei Jahren mit dem Vertrieb meiner Zweitdrucke beauftragt habe und daß dieser Vertrag ja noch läuft. Nun müßen wir einmal gemeinsam überlegen, was wir in dieser Beziehung tun können. Bitte, recht ausführliche Antwort! Der wilde Engel hat bis jetzt geruht, einfach, weil ich vor lauter Arbeit und Besuch nicht aus den Augen gucken konnte. Außer den beiden Berliner Damen waren noch Dodo und Hans aus London hier. Sie erholten sich in Oberstdorf und kamen mich hier besuchen. Wirtschaftlich geht es ihnen auch hundsmiserabel – aber sie haben mich so herzlich eingeladen, daß ich gern auf einen Monat rüber möchte.

Angenommen – ich würde den Nickelmann umschreiben – und dann einen zweiten Band Nickelmann in London verfassen

– so wäre das die beste Gelegenheit, ein ausreichendes Lokalcolorit zu pinseln. Ich liebe London sehr und hätte viel Muße zum Arbeiten, weil Dodo in einer Fabrik Knöpfe malt und Hans hier in Düsseldorf im International-Committe für Wiedergutmachung arbeitet. Er ist Rechtsanwalt. Er ist von der moralischen Korruption in Deutschland gradezu überwältigt!

Dann waren noch mitten im Monat Fe und Anita auf acht Tage hier. Sie wohnten bei Marion Jägerhuber (wenn Ihr noch wißt, wer das war) und sie waren auch grauslich am Zappeln, um in dieser Pariser Krise oben zu bleiben. Aber ich sehe, wie tüchtig Anita ist und wie viel Mut dazu gehört, durch die Zeit zu steuern. Es besteht aber Aussicht, daß sie beide in absehbarer Zeit nach Deutschland zurückkommen. Fe möchte lieber in Wiesbaden oder Düsseldorf arbeiten- Paris ist sehr laut und sehr teuer. Sie hat genug davon.

Der wilde Engel eignet sich gar nicht zum Vorabdruck – es sei denn für eine sehr elevierte Monatszeitschrift. Frau Lemke hat diese hundert Seiten gelesen und sie hält diesen Roman für das dichteste und dichterisch reifste Erzeugnis, was wir in Deutschland haben. Aber - sie mag recht haben- wo finden wir dafür Leser? Ich will auf alle Fälle ein Exemplar an Robert Minder schicken und ihn um sein Urteil bitten. Das könnte mir helfen. Was meinen Sie? Ich lasse jetzt hundert Seiten abschreiben- das sind sechzig Mark. Papier habe ich von Hanna - (Korrodis aus Zürich haben es in ihrem Auftrag geschickt.) Dann bleiben von den zweihundert genug, um die ersten Kohlen einzulagern. Sie haben mir fünzig Zentner Koks versprochen, das wären zweihundert und drei und vierzig Mark!!! Aber ich krümle mich lustlos durch die Gegend. Ich habe hohe Erwartung auf den Bremer Gewerkschaftsbund und ich bitte Sie, lassen Sie dort nicht locker! Haben Sie noch einmal einen Vorstoß gemacht? Bitte, legen Sie in den nächsten Brief die Nachrichten von Hamburg-Abendroth mit hinein- ich brauche sie. Telegramme blieben ohne Antwort und alle Versprechungen waren nichts als Lügen. Bisher ist nichts veröffentlicht und ich bin machtlos. Es sei denn, ein Mann würde ihnen dort drohen. Einen solchen Mann habe ich nicht. Ich kann nicht auch noch Frowein bezahlen - - - -

Vergessen Sie nicht, wegen der Glaskugel zu bohren. Was machen dort die Wahlen?

Ich bin froh, daß Ihr ein Haus habt und alles andere kommt nach und nach. Die Kritik über Supervieille sollte ich noch lesen – schickt sie doch bitte mit. Ich lege sie bestimmt in den Antwortbrief. So Schluß! Ich muß mit meinem Hauswirt Greiner reden – der hat auf meinen eingeschriebenen Brief hin sich angemeldet – aber die Heizung ist nicht gemacht.

Und Witsch?

Eure Tami

Ach, noch etwas sehr komisches – Herr Dickreiter hat einen Geldgeber- das ist ein Herrmann Lindemann – ein sogenannter Jugendfreund von mir aus großer Zeit! Der war mit seiner Frau am letzten Sonnabend hier. Er will den Verlag selbst mit machen. Ein komischer Kauz! Über Elbertzhagen habe ich ihn so ausgelacht, daß er mir sofort erzählte – den hätte er abgemeldet. Aber Dwinger hält er für eine deutsche Stimme. Die Frau sprach nicht viel – aber sie ist energisch und klug. Sie versprachen bald wieder zu kommen. Von mir gelesen hatten sie kein Wort! Darüber halte ich euch auf dem laufenden. So. Nun schnell - viele Grüße an das ganze Haus und bitte bald ausführliche Antwort an Ihre Tami

Bremen, den 16.9.51

Liebe Tami,

schönen Dank für Ihren Brief vom 7.9. Ich will ihn gleich beantworten, damit er in das Päckchen zu den übrigen kommt. Es war nicht unser Wille, denn ich hatte schon lange alles fertig, aber immer kam was dazwischen und es bleibt liegen.

Daß ihre Zusammenarbeit mit Frau Lemke so gut verlaufen ist, freut mich besonders, denn solche Dinge sind ja auch für Ihre Weiterarbeit sehr wichtig, da Sie ja sonst aus Ihrer Umgebung heraus keine besonderen Anregungen erhalten. Auch die Luft aus London ist gut, aber immer wieder betrübend festzustellen, wie sicher uns diese Leute alle einschätzen und wie vergeblich unser aller Bemühen ist, daran etwas ändern. Die Entwicklung rollt weiter wieder dahin, wo sie 1933 war. Der Zusammenhalt der wenigen vernünftigen Leute ist zu gering und immer wieder durch persönliche Dinge getrübt, als könnte er den andern die Stange halten. Schade, auch hier in Bremen sehe ich es immer wieder. Besonders die SPD leistet sich manches.

Fe soll nicht Wiesbaden wählen, lieber Düsseldorf. W. ist viel zu eng für einen solchen Geist und in D. könnte sie sich auch wirtschaftlich besser behaupten. Wenn auch die Großkotzen dort schrecklich engstirnig sind in unserer Welt, aber Geld haben sie und es springt auch manches dabei heraus.

Die Pressekorrespondenz soll nun langsam anlaufen. Durch Herrn Goebel haben wir Beziehungen zu den wichtigsten Redakteuren von den größten ca. 25 Zeitungen und Zeitschriften. Ich setze sehr starke Hoffnungen darauf. Ich weiß nicht wie Ihr Vertrag mit Timm ist. Es kommt auf die Kündigungszeit an und ich würde es so halten, daß sie erst einmal sehen, wie es bei uns geht und dann rechtzeitig kündigen. Ich werde Ihnen von Zeit zu Zeit Bericht geben.

Das Urteil über den wilden Engel von Frau Lemke hat mich sehr interessiert und ich muß ihn unbedingt lesen, nachdem ja Witsch und sein Lektorat behauptet haben, er wäre indiscutabel. Wenn er abgeschrieben ist, bitte doch schicken. Da ich in der nächsten Zeit nach Hamburg fahre, um zu arbeiten, werde ich Herrn Abendroth aufsuchen und einmal mit ihm reden. So geht es nicht weiter und es muß doch endlich eine klare Linie geschaffen werden. Schriftlich ist es immer schwierig.

»Glaskugel« ist noch nicht entschieden, über Stine habe ich mit Hausmann noch einmal gesprochen. Was muß man bloß für Geduld heute aufbringen. Die Begegnung mit Herrn Lindemann ist wirklich komisch. Ein indirekter Fühler von Dickreiter. Nun ja, Tami, wenn Herr Dwinger eine deutsche Stimme ist, haben Sie ja das Anrecht, auch eine zu sein und warum soll es nicht möglich sein, zwei solch deutscher Stimmen in einem Verlag zu vereinen.

Von uns ist nicht viel zu berichten. Unsere Geburtstage sind noch nie so trostlos verlaufen wie in diesem Jahr. Außer unserer treuen Sibylle hat sich niemand bereit gefunden, uns in dieser Zeit etwas zu trösten. Und gerade die fünfzigsten. Aber auch damit sind wir fertig geworden. Wenn wir auch wohl etwas traurig auf die bescheidenen Kaffeetassen blickten und die geklauten Blumen. Vorbei. Wahrscheinlich müssen wir es verdient haben.

Goosmann kommt in diesen Tagen zurück. Ich werde ihn ja dann ausführlich sprechen. Bitte sorgen Sie dafür, daß bald etwas Material von Ihnen kommt.

Herzlichst wie immer von uns beiden
Werner Wulff

Montag, den 8. Oktober

Lieber Werner, liebe Flore,

nachdem ich erst gestern abend am Radio klebte, um zu sehen, wie es Bremen ergeht, kann ich mich nun in Zufriedenheit meinen anderen Sorgen wieder zuwenden. Obwohl ich allzuwenig Einsicht in Euer dortiges Gefüge habe, soviel ist gewiß, die Bremer Ehre ist gerettet. Es lebe die Freiheit!

Alles andere lebt mehr recht als schlecht. Noch warte ich auf das erste Kapitel von Gertraud Lemke, damit ich selber etwas vorankomme. Heute muß ich noch einmal an sie schreiben, weil sie mir auch eine Zusammenfassung des wilden Engel (ihres Urteils über das Gelesene) geben wollte. Das würde ich schon deshalb gerne an Sie weiterleiten, weil ich dem Urteil und der psychologischen Sachkenntnis inclusiv literarischer umfangreicher Bildung von Gertraud Lemke mehr traue als allen Witschen der Welt. Seine heftige Abneigung gegen das III. Kapitel ist von mir dahin registriert, wohin sie gehört und sobald Sie das dritte Kapitel gelesen haben, werden Sie auch wissen, was ich meine. Es ist erstaunlich, welch empfindliches Gemüt die SS-Leute immer gehabt haben! –

Das erste Kapitel kennen Sie; es ist der Abgrund. Das zweite kennen Sie auch, die Traumkinder. Das dritte ist Schlangen und Tauben. Ich komme mit der Abschrift sehr langsam voran, weil ich zuviel Tagestraum erledigen muß. Im dritten Kapitel mache ich am Rande einen dünnen Strich, wo es noch nicht die letzte Fassung ist. Dazu brauche ich einmal eine ganz und gar andere Seelenlage, die mir hier unter Witschens und sonstwie klerikalen schwarzen Schatten nicht kommen will, und auf die ich nicht mehr warten mag. So bin ich dazu gekommen, die ersten zehn Seiten vom dritten Kapitel so unvollkommen stehen zu lassen. Die endgültige Fassung fängt dann wieder an »der deutsche Offizier«. –

Zu Ihrer Orientierung lege ich eine Übersicht ein und habe darin alles unterstrichen, was schon seine letzte Fassung hat. Abgeschrieben habe ich 140 Seiten, was einfach eine Tierquälerei für mich war.

Das Inhaltsverzeichnis, mit eingelegt, ist ein Ungefähres, nicht mehr. Auch weiß ich nicht, ob ich Elan aufbringe, am wilden Engel weiter zu arbeiten. Hätte ein Franzose das Buch geschrieben, so wäre es bei uns im höchsten Kurs, das ist gewiß. Man würde ***alles*** daran bewundern, ihre en marge nur ganz abwegige Konzeption, das hohe Niveau der dichterischen Bilder, die Überlegenheit des Geistes über Eintagspolitik. Aber was wollen Sie? Ich muß einmal wieder an Robert Minder schreiben und mich trösten lassen. Das undiscutabel von Herrn Witschens Lektor stört mich ziemlich wenig. Ich habe mir abgewöhnt, auf diese Leute zu hören. Der hatte es nicht einmal nötig, sich mit mir persönlich in Verbindung zu setzen.

Das heute über den wilden Engel, dessen III. Kapitel schickt mir bald zurück, um dann das vierte zu erhalten.

Neben der Abschrift arbeite ich an einer neuen Sache; aber davon zu sprechen ist verfrüht. Gewiß ist, daß Ihr sie zuerst lesen sollt.

Manfred Hausmann ist krank? Das tut mir leid. Wie weit ist die Arbeit mit Herrn Goebel gediehen? Nein, an C.U. schreibe ich schon lange nicht mehr. Anfänglich hat sie in den höchsten Tönen ganz ähnlich wie Richard Tüngel gerufen: kein Feuilleton ohne Tami! Und dann war sie allzuoft in Rönnebeck bei A.R. und ich weiß nicht in welchen Hinterstuben – danach schwieg sie sich aus, antwortete auf keine Fragen. Es sind alles diese unzuverlässigen Methoden. Sie heult mit den Wölfen, und auch ich bin fest davon überzeugt, daß sie kein Bremer Feuilleton machen kann. Es ist traurig, wenn Sie mir schreiben, daß die Bremer Nachrichten unter W.W. ein so gutes Niveau hat! Dabei hatte der Weser-Kurier einen so enormen Vorsprung! – Der müßte eingeholt werden. Das ist gewiß. Nein, was W.W. anbelangt, – ich kenne ihn wirklich – es sollte mit ihm Frieden gemacht werden. Grade jetzt. Psychologisch ist jetzt der Augenblick gekommen, mit ihm freundlich aber überlegen zu sein.

Am Südwestfunk zittern sie alle wie Pudding. Dabei wird ihnen nichts passieren. Ernst Johann freundschaftlich. Hartmann auch, nicht mehr. Verdienst gleich Null. Wenn ich Hanna nicht hätte, würde ich vor der Zukunft davonlaufen. Die Gegenwart ist durch Bertelsmann bis zum November noch so, daß ich etwa soviel wie ein Hilfsarbeiter verdiene, nur nicht so sicher!

Von der Wiedergutmachung noch kein Rosenschimmer am Horizont.

Was habt Ihr vom Theater gehört, grade weil die Glaskugel den sozialen Gedanken nach vorne stellt, müßte doch Interesse dafür da sein. Fragt doch noch mal.

Herrn Heilig habe ich am Telefon gesprochen. Es gibt im Augenblick hier gar keinen Koks. Er soll aber kommen, der bekannte Weg, von Amerika über Hamburg, damit die Welt nicht langweilig wird.

Von der »Zeit« nichts gehört. Es wird auch alles nichts nützen, lieber Werner, es wird gelogen und versprochen und betrogen, und den Ärmsten holen die Katzen. Damit nicht zu rechnen, wäre ein gottverfluchter Leichtsinn.

Von Noa Kiepenheuer langen lieben Brief. Irmgard Kiepenheuer (Mü und Kie) hat mir eine Karte geschrieben, sie werden mich besuchen. Das Dokumentenwerk interessiert sie natürlich sehr; sie haben das Urbild der Seele herausgebracht (viel zu teuer!) und ich fürchte, sie werden kein Geld haben. Außerdem muß das Dokumentenwerk von einer beruflich gut fundierten Seite herauskommen, und darum verspreche ich mir viel von der Bremer Lehrergewerkschaft. Ist der Herr aus Amerika wieder da? Es kommen immer noch Anfragen, Briefe von Eltern, die meine Sendungen im Südwestfunk gehört haben. Das ist ermutigend. Aber der Südwestfunk zahlt nicht mehr; trotzdem höre ich nicht auf, jeden Brief auf das sorgsamste zu beantworten. Das kostet Zeit, Papier, Geld. Aber auf die Dauer ist es gewiß richtig, nicht abzulassen. Ja, Dwinger als deutsche Stimme. Alle Dinge mit Dickreiter sind ziemlich undurchsichtig. Auch weiß ich nicht, wer dort bestimmt. Ob D.? Ob. H.L.? Ich fürchte Frau Lindemann. Aber sie haben keine Ahnung, und die komischen Vorstellungen, die bei ihnen beiden (L's) kochen, geben keinerlei Gewähr, daß sie es ernst meinen.

Ich habe an Reiss-Basel geschrieben und dort die KKS angeboten. Keine Antwort bis jetzt.

Schreibt bald, Eure Euch herzlich grüßende

Tami

Grüßt mir Bremen. Ich bin in Gedanken viel dort. Mehr als hier. Wo bleiben die versprochenen Zeitungen?

10.10.51

Liebe Tami,

schönen Dank für den ausführlichen Brief. Wir freuen uns immer sehr, von Ihnen Nachricht zu bekommen, wenn sie auch genau so traurig ist wie unsere. Aber das Gefühl, auf Verständnis zu stoßen, ist so wichtig heute, daß man vieles darüber vergißt.

Mit Goosmann haben wir gesprochen. Er bittet Sie, jetzt den zukünftigen Briefwechsel in diesen Dingen mit ihm direkt zu führen, damit er positive Unterlagen bekommt, mit denen er arbeiten kann. Auch ich halte es für richtiger. Soviel steht jedenfalls fest, daß er sehr an diesen Vorträgen interessiert ist und daß selbstverständlich diese Vorträge auch honoriert werden. Bitte schreiben Sie ihm nun ausführlich über Ihre ganzen Probleme und Projekte. Es ist wirklich manchmal lächerlich, immer wieder dasselbe zu tun, aber einmal werden diese Dinge doch zum Ziel führen. Seine Anschrift ist Riensbergerstr. 102. Er wartet nun.

Die Glaskugel schwebt noch immer. Ich habe mit Herrn Heinemann, Chefdramaturg ausführlich vorgestern gesprochen. Die Situation ist nun folgende. Das Theater am Goetheplatz bringt als Weihnachtsmärchen Aschenputtel eines Hamburger Schriftstellers. Namen vergessen. Unbedeutend jedenfalls. Die Kammerspiele, wofür sich meines Erachtens die Glaskugel wesentlich besser eignen würde, werden auch ein Weihnachtsmärchen bringen und nun wird von dem sogenannten Regiekollegium Ihr Stück geprüft. Wollen wir hoffen, daß es klappt. Jedenfalls was in meinen Kräften steht, wird natürlich getan und ich kann ganz ruhig sagen, daß sich meine Beziehungen zu dem Theater dauernd vertiefen, nur bringen sie vorläufig noch nichts ein.

Die Stine ist als Hörspiel bereits von Herrn Timm in Angriff genommen und ich werde in der nächsten Zeit erfahren, wie weit er damit ist. Leider ist die Arbeit mit dem Weser-Kurier ins Stocken geraten. Der gute Hausmann hat sich durch die Auseinandersetzungen mit der Ulberth so aufgeregt, daß er während einer Vortragsreise in die Kleinstädte einen sehr üblen Anfall bekam, der ihn ins Krankenhaus brachte und ihn völlig transportunfähig gemacht hat. Man befürchtet sogar, daß er seinen Posten nicht mehr ausfüllen kann. Herr Goebel schwebt auch in tausend Ängsten, sodaß die ganze so sorgsam eingefädelte Arbeit einmal wieder mehr in Frage gestellt ist. Diese ganzen Journalisten sind doch ein komisches Volk. Neid und Mißgunst beherrschen ihre Arbeit. Beziehungen sind einfach alles.

Inzwischen sind die Wahlen hier vorbei. Die SPD hat mit einem erheblichen Vorsprung das Feld behauptet und ich hoffe, daß nun dadurch auch meine Wünsche etwas besser gefördert werden. Im Augenblick sind sie alle noch mit dem Postenverteilen am Gange. Leider eigne ich mich nicht für solche Parteidinge. Leider haben sich hier in Bremen ausgerechnet die radikalen Rechtsparteien nicht nur behaupten können, sondern sogar wesentliche Gewinne erzielen können. Die SRP, die Partei des Herrn Remer hat aus dem Nichts acht Sitze erzielt und die sogenannte DP ist die zweitstärkste Partei

Aber die Herren der SPD sind so von ihrem Erfolg eingenommen, daß sie diese Warnzeichen sehr leicht nehmen. Ich habe eine direkte Angst vor diesen Gesellen. So fing es an und so wurde Weimar beseitigt. Und dazu die Mentalität des deutschen Volkes. Hoffentlich wird wenigstens die Ostgeschichte in Angriff genommen, damit wir wieder freier atmen können.

Sonst schläft die Kultur hier weiter. Die Buchhändler stöhnen und klagen und tun nichts. Der Tag des Buches verläuft still und unbeachtet. Dagegen Hamburg. Einfach toll. So muß man es heute machen. Wenn das wirkliche Buch wohl eine andere Behandlung verdient, die Zeit und die verfluchte Amerikanisierung zwingen uns ja mitzumachen. Dann aber wenigstens so. Ich lege Ihnen das Programm bei. Bitte zurück –

Wir haben hier Max Tau gehört. Ein von tiefer Menschlichkeit und großem Idealismus erfüllter Vortrag. Ein Jude, dem wir alles genommen haben, aber der uns aus innerstem Herzen heraus die Hand reicht und mit uns zusammenarbeiten will. Und wir. Keine Buchhandlung hatte in ihren Fenstern Bezug auf diesen Vortrag genommen. Es waren nicht mal alle da. Auf der anderen Seite packt einen die Wut, wenn man sehen muß, wie Leute, wie Spiegel von Leuwer und Rodewald von der früheren nordischen Buchhandlung, die damals die größten Halunken waren, heute in einem solchem Vortrag sitzen und Beifall spenden. Widerlich, aber bezeichnend.

Die neue Einteilung der Sonnenuhr ist wirklich gut. Wenn man sie doch nur bringen könnte. Daß Sie jetzt die Widmungen fortlassen, ist richtig. Sie haben ihren Zweck damals erfüllt und zerreißen nur das Satzbild. Ich habe ja nur die alte Fassung da, die bei uns erschien. Es fehlen mir also die ganzen Erweiterungen.

Was Sie über Dickreiter schreiben, ist mir nicht neu. Alle diese Herren sind nur auf der Jagd nach sogenannten Reißern und wollen Geschäfte machen. Ihre eigentliche Aufgabe als Mittler haben sie nie gekannt und werden es auch nicht wollen. Verdienen um jeden Preis. Daher steht es auch um unser Leben so schön. Ich kenne ihn ja schon lange, als er noch der Geschäftsführer des berüchtigten Gauleiters Koch in Königsberg war und mir von dem Großdeutschland sprach, dessen Grenze am Jenessaifluß in Rußland liegen würde. Heute ist er Mitglied der SPD! Im Ernst Tami, ich glaube, Sie könnten es sich nicht leisten, Ihre Bücher dort zu verlegen. Dann lieber hungern. So machen wir es jetzt jedenfalls. Ich versuche mir unbedingt treu zu bleiben und habe aus den gut bekannten Gründen einige Vertretungen nicht angenommen, troztdem ich es bitter nötig habe, aber sie stanken etwas. Geld natürlich, sicher. Und so stinkt es bei Herrn D. auch. Unser Beruf geht vor die Hunde, geistig gesehen, wenn unsere Verleger weiter so wirtschaften und sich den amerikanischen Bestsellers in die Arme werfen. Um Euopa zu schaffen, müssen wir uns auf die wirklichen Werte stützen, die auch bei uns vorhanden sind und vor allem auf die Frankreichs und der vielen anderen Staaten. Aber nicht auf Dwinger, Kolbenheyer und Konsorten. Das Börsenblatt strotzt von solchen Leuten. Jeder Soldatenbündler schreibt heute ein Buch und es wird verlegt. Auf der anderen Seite die sogenannten christlichen Leute, die ja keine Christen sind. Ach, Tami, es könnte so endlos weitergehen.

Von Sponholz kann ich auch nicht viel berichten. Es sind alles Verlage, treudeutsch und sehr auf Erfolg aus. Die Persönlichkeiten, die dahinter stehen, sind nur Geschäftsleute. Es ist wirklich bedauerlich und für die heutige Situation bezeichnend, daß Sie ausgerechnet immer an solche Menschen geraten. Und wir, die es wollen und uns mit der Kultur verwachsen fühlen, sind schwer gehandicapt. Siehe auch Brauns. Trotz seiner vielen Fehler war er ein Idealist, der das Gute wollte. Daß Sie mit Westermann eigentlich nicht weiterkommen, ist verwunderlich, denn er bemüht sich sehr auf pädagogischem Gebiet. Ich befürchte nur immer wieder, daß all diese Menschen vor Ihrer politischen Einstellung zurückschrecken und lieber auf Nummer Sicher gehen wollen. Hoffentlich trifft dies nicht auch auf Stalling zu. Oldenburg, ein durchaus konservatives Land und auch der Verlag war es immer. Siehe Beumelburg.

Unsere Buchhandlungspläne werden immer wieder diskutiert. Bis jetzt sind sie noch nicht weiter. Von allen Seiten freut man sich auf die Eröffnung, aber man ist nicht gewillt, bei der Verwirklichung behilflich zu sein. Die Läden sind unerschwinglich, wir wollen auch etwas besonderes wieder machen, so wie es unsere alte Bücherstube war. Ich hatte auch versucht, die Gewerkschaft zu bewegen, denn in fast allen größeren Städten hat die Partei gut eingerichtete Buchhandlungen. Hier zeigt man wenig Interesse, denn der Einzige, der sich mit Nachdruck einsetzen könnte, ist Faust und der ist alt und senil geworden und möchte unangefochten jetzt sein Leben verbringen. Verständlich. Also versuchen wir es weiter.

Also Buchholz ist wieder einmal soweit. Bei seiner großschnäuzigen Art wird er immer wieder auf der Strecke bleiben, aber auf der anderen Seite immer wieder Gelegenheit haben, neu anzufangen. Er kann es halt. Sie tut mir leid, denn ihr Leben an seiner Seite ist weiß Gott kein Vergnügen.

Die Rundfunkgeschichte ist bitter. Ich habe es ja geahnt, denn Johann allein kann es nicht schaffen, zumal Sie den Krach mit Bischoff schon einmal hatten und außerdem Herr Justiziar. Aber ich hoffe sehr, daß das Hörspiel, wenn es hier aufgeführt wird, doch einige Änderungen herbeiführen wird. Vielleicht gelingt es Ihnen dann auch einen Einbruch in den Hamburger Rundfunk zu erzwingen, wenn Ihnen Kurh durch seine Freundschaft zu Schnabel helfen kann. Schnabel ist wie man so zu sagen pflegt, ein honoriger Mann. Allerdings ist seine Stellung sehr schwer. Es wäre zu all diesen Dingen natürlich wichtig, wenn Sie selbst hier wären. Wenn Goosmann richtig funkt, müßte es klappen, abgesehen vom Theater, daß ja noch sehr ungewiß ist. Auch Herr Heinemann meinte, daß doch eigentlich Ihr Platz hier in der Landschaft wäre und nicht der See. Persönlich ist alles besser zu schaffen.

Gewiß haben Sie recht, wenn Sie schreiben, daß Kaffee und Schnaps nicht so wichtig sind, als unsere Arbeit und unsere Bereitwilligkeit, aber trotzdem ist es schlimm und leider auch hindernd, wenn man es nicht hat. Es erleichtert die Arbeit. Leider. Wir haben hier seit Tagen ein unwahrscheinlich schönes und noch warmes Wetter und wir beten jeden Abend, daß es noch anhält. Wir brauchen noch nicht heizen. Koks ist nicht aufzutreiben zu normalen Bedingungen und die für uns bereitgestellten 16 Zentner können wir uns noch nicht kaufen, abgesehen davon, was soll diese Menge für unser Haus. Nun müssen wir uns einen Ofen kaufen und werden in einem Zimmer zusammenkriechen. Sonntags und Feiertags können wir dann feierlich die Heizung anmachen und in unseren Räumen spazierengehen. Der alte Backtorf kommt nun wieder zu Ehren. In langen Wagenkolonnen kommen frühmorgens die Bauern wieder in die Stadt und kassieren über 60,- DM. Für eine Fuhre. Nun, wir wenden uns der alten Zeit auch wieder zu und werden den Ofen damit in Brand setzen. Vielleicht kommt auch wieder die gute Petroleumfunzel in Ehren, wenn sie uns im Winter den Strom sperren werden.

Nun, Tami, es ist spät geworden, auch bei uns. Müde und wärmehungrig wollen wir ins Bett krauchen. Hoffentlich bald wieder etwas bessere Nachrichten gegenseitig.

Herzlichst von uns allen

Ich wollte den Brief bereits verschließen und auf Portogeld warten, da kam der neue Schrieb, für den wir herzlichst danken. Viele Fragen daraus habe ich ja bereits beantwortet. Ich warte sehr auf den »Wilden«. Nach der Konzeption glaube ich beinahe, daß es richtiger wäre, ihn noch einmal vollständig zu lesen. Ich möchte wirklich ruhig urteilen können. Sicher macht mir die Aussage der Lektorin von Witsch nichts aus, trotzdem sie sonst sehr gut ist, aber wenn sie mit dem »Großen Mann« spricht, rutscht der Verstand immer nach unten.

Mit Heilig verstehe ich das nicht. Er besuchte uns hier in Bremen und erzählte uns, daß Sie bereits 50 Ctn. hätten. Es sind halt alles Badenser und zwar südliche.

Vorsicht und immer wieder Vorsicht bei Irmgard K. Sie haben sich im Buchhandel alles versaut. Wir wundern uns alle immer wieder, woher sie weitermachen können. Die Zeitungen kommen in den nächsten Tagen. Ich habe heute mit Faust gesprochen, er läßt grüßen und freut sich auf den Besuch. Hier ist es kalt, trotz Sonne, aber abends zieht es so langsam durch. Unser Plan mit der Gasheizung ist fehlgeschlagen, alldieweil die Leitung nicht ausreicht und auf unsere Kosten erneuert werden soll. Nun müssen Öfen her, natürlich Geld auch, aber in unserer bodenlosen Dummheit rechnen wir immer noch auf ein Wunder der Anständigkeit.

Ihr Werner

22.X.1951

Lieber Herr Goosmann, ich freue mich, mit Ihnen den Kontakt aufnehmen zu können, den mein Freund Werner Wulff angebahnt hat. Wir wollen keine Umschweife machen; ich komme zu meinem Thema.

Die einzige Tradition auf pädagogischem Gebiet, die ich mit gesunden Wurzeln kenne, hat Bremen. Es ist geradezu tragisch, daß man mich in Bremen nicht kennt. In meiner Vorstellung lebt und wirkt Bremen als pädagogische Provinz, im Humanen und im heutig realen Sinn. An dieser Tradition sollten wir wenigen Überlebenden, die noch intakt sind, weiter bauen. Diese bremische Tradition ist mir seit Generationen eingeboren und deshalb weiß ich auch, welch umfassende Bedeutung Arbeit auf diesem Gebiete für uns alle hat.

Zu Ihrer Information, lieber Herr Goosmann, darf ich Sie mit meiner Person, meinem Lebensinhalt und dem bisherigen Ablauf bekannt machen. Das klingt blöde genug; aber bei der Sucht im heutigen Deutschland überall zu quaken, zu entstellen, um es nachher mit Bedauern zurückzunehmen, weil es Lügen sind, erscheint es mir notwendig. Meine Arbeit ist seit Jahrzehnten vielerorts bekannt und umstritten. Anerkannt wurde sie durch Elisabeth Rotten (Herausgeberin des »werdenden Zeitalters«), Professor Paul Oesterreich (Präsident der Schulreform, Berlin), Max Tepp und Fritz Joede, Hamburg.

1908 machte ich in Bremen auf dem Rathaus, erstes Zimmer

links, ein mehr als mässiges Staatsexamnen. Damals war ich noch nicht zwanzig Jahre alt. Zwei Tage nach dem Examen stand ich vor meiner zweiten 2. Schulklasse in Ohwege bei Zwischenahn. Es war eine zweitklassige Volksschule, ganz abseits, in der ich über fünfzig Buben und Mädchen im Alter von sechs – zehn Jahren aus einsam bäuerlichen Katen unterrichtete. Der Hauptlehrer und der damalige Kirchenrat Püschelberger aus Zwischenahn erlaubten mir ziemliche Freiheit im Unterricht, die ich mit Freude genoß. Nach einem Jahr wurde ich bei einer Inspektion an die sechszehnklassige Volksschule nach Grohn gewählt und 1909 dort fest angestellt. Ich begann mit einer Klasse von fünfzig Arbeiterkindern. Im Kreise vernünftiger Kollegen fand ich viel Verständnis für meine besondere Art, die von jeher den Staatsdienst und sein Reglement sprengen möchte. Herr Rektor Brunswick drückte gerne väterlich beide Augen zu, nicht so der aus Ostelbien stammende reaktionäre Schulrat, der mir schlaflose Nächte bereitete. Die Jahre 1909 – 1916 in Grohn waren für mich die wahren Lehrjahre. Es waren die fruchtbarsten und lebhaftesten Jahre überhaupt, wie sie in der »Sonnenuhr« nach dreißig Jahren ihren Niederschlag fanden.

Schon damals fing ich an, den Stundenplan zu überspringen und etwa Naturgeschichte, Deutsch und Rechnen an einem Vormittag als komplexe Methode aufzubauen, was mit Pausen und Stundeneinteilung mir damals unvereinbar erschien.

1917 – 1919, nachdem das Leben mit dem Schulrat unerträglich geworden war, wurde ich gezwungen, mich nach Tarmstedt versetzen zu lassen. Das war eine einsame zweitklassige Volksschule auf der fernen Geest hinter dem Moor, wo ich der Aufsicht des Schulleiters und Hauptlehrers Heinrich Fröhllich unterstellt wurde. Ich hatte Glück. Herr Fröhlich ließ mir, überzeugt von dem Ernst meiner Bemühungen, absolute Freiheit. Da wir nur zwei Klassen hatten, konnte ich die komplexe Methode, auch zeitlich, was die Pausen anbelangte, hier durchführen.

1918, nach zehn Dienstjahren, kündigte ich die Arbeit im preussischen Staat und verzichtete auf alle Ansprüche. Ich nahm an der revulotionären Reichsschulkonferenz in Herrenhaus in Berlin teil. Dort hospitierte ich auch einige Wochen in der Bertold Otto-Schule, Lichterfelde, die damals als freiheitliche Schule vornan stand. Die Bekanntschaft mit namhaften Pädagogen der Zeit wie Paul Oesterreich, Hilker, vom Central-Institut für Erziehung und Unterricht, Frau Wegscheider, Ziegler, dem Kulturminister von Gotha, Jacobi, stärkten in mir die Überzeugung auf dem rechten Weg zu sein. Bis 1920 arbeitete ich unter Jacobi in Gotha an der Arbeitsgemeinschaft für Junglehrer von Professor Rössger. Diese Arbeitsgemeinschaften fanden auf dem Friedenstein, dem Schloß in Gotha statt. Herr Professor Rössger stellte mir ein Zeugnis aus, in dem er meine Leistungen für die Arbeitsschule besonders hervorhob; wegen meiner künstlerischen Begabung sei ich für die Arbeitsschule prädestiniert.

Der Kapp-Putsch machte all unsere Arbeit in Thüringen zuschande. Ich ging nach Berlin zurück, nachdem ich vorher ein halbes Jahr ohne Papiere im Lager Klappholdthal auf Sylt als Kätchen Meier für das Lager gekocht hatte. Im November 21 übernahm ich mit Dr. Margarete Panten unter dem Schutz des Oberschulrat Paulsen den Schulkampf in Spandau. Es standen 800 Kinder der Linksparteien im Schulstreik für die Gemeinschaftsschule gegen Prügelstrafe, gegen erzwungenes Gebet. Es waren unter dem geduldigen Einsatz all unserer Kräfte monatelang Versuche, diese Schule durchzusetzen. Junge Lehrer wie Theo Hofschläger und Ewald Dalke haben sich in diesem Kampf ihre Sporen verdient; aber unter dem geschickten Dreh des damaligen Schulrates von Spandau und eines unfähigen Kulturminsters in Berlin wurden aus den Gemeinschaftsschulen Volksschulen ohne Religionsunterricht, genannt »religionslose Schulen«. Ich quittierte zum zweiten Mal den Staatsdienst, weil ich einsah, daß eine Staatsschule damals ein hoffnungsloser Fall war.

In den kommenden Jahren konzentrierte ich meine gesamte Arbeit darauf, die komplexe Methode mit den inzwischen gewonnenen psychologischen Einsichten in Einklang zu bringen. Ich übernahm in Hellerau ein Quarta-Schulversuch, der mir nach ausführlicher Rücksprache und in Anerkennung der dargelegten Gründe vom Kulturminister Mencke-Glückert als Schulversuch zugestanden wurde. Die äußeren Umstände waren hier in Hellerau besonders glücklich. Ich hatte 48 Quartaner, Buben und Mädchen, von denen die schwierigeren Kinder bei mir im Internat waren, sodaß ich alle gemeinsam über den ganzen Tag betreuen konnte. Daß die anderen Kollegen an dem alten Schulsystem hingen, brauchte mich nicht zu stören. Ich gewann Mitarbeiter an dem Musikpädagogen Heinrich Jacobi (heute Palästina) und an Hermann Harless. (der später Marquadtstein leitete) und Margarete Panten (heute Amerika, Yale Universität). Die Anwendbarkeit meiner Methode hat sich an dem Erfolg der Quarta bewiesen. Als aber die deutsche Inflation zu Ende ging, übernahm der pädagogisch unfähige Dr. Alois Schardt das Internat und die Schule wurde umgeformt.

In Hellerau hatte ich das Glück, unter demselben Dach mit Mr. A.S. Mill zu arbeiten, der in einer großen Gruppe internationale Kinder malen ließ. Dieser sehr interessante Schulversuch hat mir viel gegeben. Das Problem »Erziehung und Machttrieb« wurde von Mr. Mill auf eine verblüffend einfache Art gelöst. Damals war auch Mr. Mill noch am Anfang – die tastenden Versuche des Anfangs sind das Schönste im Leben – heute leitet er seine Schule in Summer-Hill. Sein Buch »That dreadful school« ist in diesem Jahr im Pan-Verlag Zürich erschienen.

Die nächsten Stationen will ich nur kurz aufführen: Dahlem, Gemeinschaftsschulen, in der ich bis zu ihrem Bankrott meine große Gruppe leitete. Dann gründete ich eine besondere Schule für die Kinder der russischen Handelsvertretung und der russischen Botschaft, die bald über hundert Kinder zählte. So lange die Ärztin und Frau des damaligen russischen Botschafters, Frau Kristinski, mitarbeitete, war eine Verständigung möglich. Aber es wurde intrigiert und ich genoß als Induvidualist und Intellektuelle nicht das nötige Vertrauen.

Endlich wurde mir nach Darlegung meiner Methode im Provinzialschulkollegium in Lichterfelde im Jahre 1928 die Lizenz für eine eigene Schule erteilt. Mit Hilfe moralischer und wirtschaftlicher Art baute ich mit aufgeklärten Eltern die »Tami-Oelfken-Schule« auf, und es ist besonders diesem Kreis überzeugter Eltern zu verdanken, daß unsere Schule sich von Jahr zu Jahr mehr auswuchs zu einer Schulgemeinschaft.

Im Jahre 1930 richtete ich das I. Semester Elternschule Tami Oelfken ein, die für die Eltern meiner Kinder verbindlich war, die aber auch von vielen Interessierten, Kinderlosen, Künstlern und Pädagogen besucht wurde.

Im Jahre 1934 wurde von Kube persönlich, er erschien zu diesem Zweck in Uniform in meiner Schule, diese Schule sofort verboten und mir jeglicher Unterricht auf Lebenszeit untersagt.

Ich ging sofort nach Paris, um zu versuchen mit Madame Flayol und Madame Brown (entre Aide europén) meine Schule zu retten. Die Gestapo sorgte dafür, daß es mir nicht gelang.

1936 machte ich denselben Versuch in London mit demselben negativen Erfolg.

1939 machte ich den letzten Versuch noch einmal in Paris; aber es war zu spät. Nach meiner Rückkehr 39 aus dem Ausland wurde ich aus der Reichsschrifttumkammer ausgeschlossen und mir das Schreiben untersagt. Der Inhalt des »Logbuchs« weist über mein Leben von 1935 – 1945 zur Genüge aus.

Ich glaube, lieber Herr Goosmann, Ihnen hiermit nach bestem Gewissen mit meinen Daten gedient zu haben und bin gerne bereit, Ihnen etwa noch vorhandene Fragen zu beantworten. Sobald ich von Ihnen Nachricht habe, daß Sie meinen Vorschlägen über drei Vorträge in der Bremer Lehrer-Gewerkschaft sympatisch gegenüberstehen, erhalten Sie weiteres Material. Ich vergaß noch, Ihnen zu berichten, daß ich vor zwei Jahren 1 Semester Elternschule über den Südwest-Funk gelesen habe, eine Unternehmung, die weder meinem Niveau noch meiner Absicht entsprach.

Ihre Tami Oelfken

26. Oktober

Liebe Eva Kausche,

wir haben so lange nichts von einander gehört und jetzt, da ich grade meine Arabesken neu geschrieben habe, fällt mir ein, daß Sie daran einen gesegneten Sonntagsspaß haben könnten.

Ich habe die Hoffnung, im Laufe des Winters nach Bremen zu kommen. Wulff hat da allerhand Verbindungen aufgetan, von denen ich bis an den Bodensee den fruchtbaren Geruch noch nicht wahrnehmen kann. Es bleibt die vielgepriesene Hoffnung. Wenn Sie oder Ihr Mann Herrn Goosmann von der Lehrergewerkschaft kennen sollten... wenn Sie irgend eine Beziehung zum Theater hätten, die meiner Glaskugel zugute kommen könnte...

Ich habe eine der Zeichnungen im Speicher von Bertelsmann zu Ihren Martins Geschichten gesehen – sie ist ganz zauberhaft. Daß ich – sobald eine andre außerordentlich in den Wolken schwebende Fatamorgana sich als bodenständig erwiesen hat oder sich aufgelöst hat in jenes rosige Nichts von einer Abendwolke, – eine Geschichte für kleine Mädchen von zehn – zwölf Jahren schreibe – vielmehr umarbeite – daß ich daran anschließend diese Nucki weiter leben lasse – erstmal in England, muß ich Ihnen heute anvertrauen. Die Tatsache, daß der jugendliche Mensch wissen will, wie es einer Heldin nun weiter geht, ist psychologisch interessant (siehe Trotzköpfchen). Nun ist meine handfeste Nucki alles andre als ein bürgerliches Ideal, Trotzkopf, die sich unter Tränen bessert; aber daür ist er oder sie – charmant wie ein lebendiges Geschöpf. Darüber mit Ihnen zu sprechen und einen gemeinsamen Start mit Voraussicht und Gründlichkeit vorzubereiten, wäre mir mehr als lieb. Wenn ich nach Bremen komme, bin ich auch in Worpswede! –

Es tut mir so leid, daß Manfred Hausmann krank ist. Wer und was hat ihn umgeworfen? Ich weiß zu wenig, aber von alleine ist er nicht gefallen. Wenn ich seine Adresse wüßte, hätte ich ihm zur Aufmunterung auch die Arabesken geschickt. Seine zarten Martinsgeschichten haben soviel Anmut.

Könnte ich in Worpswede über die »Neue Form des Romans« sprechen? Könnte ich aus meinem wilden Engel dort etwas vorlesen? Wenn ich schon in Bremen bin, läge mir viel daran. Aber besonders viel liegt mir daran, mit Ihnen über alles Gemeinsame ausführlich zu sprechen. Sie wundern sich dort alle, daß ich nicht längst bei Bremen irgendwo wohne; aber hier sind meine erheblichen Wiedergutmachungsansprüche angemeldet, da muß ich am Herde stehen und den Quirrel drehen. Bitte überlegen Sie mit mir, was wir Gemeinsames vornehmen können und seien Sie und Ihr Mann bestens gegrüßt

von Ihrer Tami

22. November 1951

Lieber Werner,

Es ist des Teufels mit Bremen! Ich habe einen ausführlichen Lebenslauf an diesen Herrn Goosmann geschickt, zwei lange Briefe und dann die genaue Disposition des ersten Vortrags. Ich habe nicht einmal eine Bestätigung gekriegt. Was soll man da wirklich noch machen? U.A.w.g.

Von München, wohin ich zur Zeit mit derselben Ausführlichkeit schrieb, hatte ich Nachricht, sowohl von Frau Weitsch (Funk), die mich im Januar erwartet, als auch von Alfons Simon vom Oldenbourg-Verlag. Ebenso wurden meine Vorschläge in Hamburg diskutiert, wo Carl Grimme sitzt. Ich bin von allen Unternehmungen in Bremen enttäuscht. Was sollte es nur nutzen, wenn ich dort wäre und kein Mensch, der sich nachhaltig für mich einsetzt? Das kann *ich* ja bekanntlich nicht. Und Sie können es auch nicht, weil Sie wohl die Einsichten und Liebe zur Sache haben, aber nirgend eine Exekutive. Was wollen wir machen?

München vor Berlin kommt aus vielen mit den dortigen Menschen wohl erwogenen Gründen erst im Januar infrage. Ich fahre am 27. November nach Baden-Baden, wo ich im Haupthaus Quisisana wohne (hier ist das Haus naßkalt – ***keine*** Kohlen!!!) Ernst Johann und Frau Weg. werden soviel gewiß für mich zu tun haben, daß ich dort bezahlen kann. Das Studio hat doppelten Bedarf an Manuskripten und bevor das publik wird, will ich in Baden-Baden alles besprechen, obwohl Hartmann zur Zeit in Paris sein wird. Das Studio dort macht Gaupp.

Ich habe drei kleine Erzählungen neu geschrieben. »Der zweckentfremdete Elfenbeinturm«, der »Umtrunk« und »Katze im Schnee«. Das ganze etliche Male abgeschrieben und in die weitere Gegend geschickt. Von Kanzlit Timm kommt seit etwa drei Monaten immer etwas Geld. Die Stuttgarter Nachrichten und die Freie Presse Bielefeld haben den »Schornsteinfeger« zu Weihnachten genommen. Stalling, so glaube ich zuversichtlich, wird Wort halten. Er hat es mir ja auch brieflich bestätigt, daß ich im Februar Geld haben soll. Das ist eine Aussicht. Von der »Stine vom Löh« habe ich nichts mehr gehört; es sei denn, daß Herr Strauß jedesmal anfragt. Wenn wir es nicht schaffen können, daß es bei Ihnen herauskommt, sollten Sie es dann nicht Bertelsmann anbieten? Es wäre für Sie vielleicht ein Weg, um zu etwas Geld zu kommen, das Sie mir auf der Bank einzahlten. Das wäre zu überlegen.

In diesem Augenblick kommt das erste Kapitel von Gertraud Lemke. Es ist sehr intressant und deutlich zu fühlen, auf welch hohen Niveau sie das Ganze angelegt hat. Sobald ich diese zwölf Seiten abgeschrieben habe, schicke ich eine Abschrift an Goosmann. Die pädagogische Behandlung ist das erste Kapitel von mir. Gertraud Lemke hat diese Einzelbehandlung in einen größeren Rahmen gespannt. Ich habe Hoffnung, es wird ein sehr interessantes Buch; ich habe keine Hoffnung, dafür je einen Verlag zu finden. Ich habe Erfahrungen darin, gute Bücher zu verbreiten, die keinen Verlag haben.

Bitte, schreibt nun einmal. Ich weiß nicht, wie lange ich in Baden-Baden bleibe. Drei Wochen gewiß. Solange also ist meine Adresse Quisisana.

Seid alle sehr von Herzen gegrüßt von Eurer
Tami

5. Dezember 1951

Mein lieber Wulff,

nun habe ich solange nichts von Ihnen gehört, daß mir schwül zumute wird. Was mag bei Ihnen los sein? Zur Zeit sitze ich in dem kleinsten aller Quisisanazimmer; ein Aufenthalt in Baden-Baden war ***mehr*** als notwendig!? Seit sechs Monaten wurde nicht ein Wort von mir gesendet; gestern nachmittag und abend mit Ernst Johann ergab viel. Nach jeder Fahrtrichtung hin: viel. Angenommen ist eine Novelle: »Der Umtrunk« für 16. Februar.

Eine Autorenlesung aus dem wilden Engel (die leider schon im Juni 1950 aufgegessen ist), eine italienische Novelle »Ariella« und eine große Sendung mit Johann zusammen im Nacht-Studio über Wirklichkeit der Dichtung mit einigen Bilitis-Übertragungen. Außerdem Auftrag für eine Sendung über Sévérine (für Nacht-Studio, 1/2 Std.).

Ich muß dafür sorgen, daß nun nicht alles wieder unter den Tisch fällt. Dann hat noch der Frauenfunk einen Apell an die Mütter für Januar genommen, und ich muß nun noch versuchen, in den Genuß etlicher Spesen zu gelangen, was mir in diesen Tagen in Abwesenheit des Justiziars wohl gelingen wird. Haltet mir den Daumen. Damit habe ich in kümmerlichen Grenzen hier alles getan. Stalling macht wegen Onkel Moll, den er im Februar bezahlen wollte, plötzlich Sperenzien; aber ich habe den Briefwechsel nicht hier und werde das ganze mit Frowein in Überlingen besprechen.

Aus Bremen hatte ich sowohl vom Theater als auch von Herrn Goosmann nun endlich Briefe, die mich sehr ermutigten. Alles, was über die »Glaskugel« gesagt wurde, müßte ja in gemeinsamer Arbeit erst geprüft und von mir gerne bearbeitet werden, wenn es mir einleuchtet. Das ist anzunehmen, da ja nicht ich, sondern der Intendant praktische Erfahrungen hat und es mir ein guter Gedanke ist, dort in Bremen die Glaskugel durchzuarbeiten.

Der Brief von Herrn Goosmann klingt nicht nur sympatisch, sondern verrät ein eindeutiges Verständnis für meine Arbeit.

Ich muß nun genau überlegen, was ich alles in Bremen tun könnte, um den Aufenthalt dort möglich zu machen.

Da Herr H. mir schreibt: Man könnte Ihr
a) Hiersein doch mit einer Feier in den Kammerspielen verbinden. Sie könnten vielleicht dann aus eigenen Werken lesen –
b) Herr Goosmann meinen Vortrag für Ende Januar einbauen kann,
c) ich durch Eure Hilfe dann gewiß auch im Rundfunk ein Gespräch: »Wiedersehen mit Bremen« im Radio-Bremen senden könnte,

würden die nicht unerheblichen Unkosten gedeckt. Ich würde in der Mitte des Monats Januar nach Bremen kommen, schon damit ich mit Herrn Goosmann *vor* dem Vortrag eine gute Verständigung habe. Mir wäre es lieb, in einem guten Hotel ein Zimmer mit Frühstück zu haben. Das Hotel müßte in der Innenstadt liegen, sodaß ich von da leicht kleine Gänge machen könnte und auch – gut gewärmt und betreut – den Kontakt mit der großen Welt aufnehmen kann. Welches Hotel könnt Ihr mir empfehlen? Was wird es kosten?

An Herrn Goosmann schreibe ich heute abend. Ich schicke ihm auch in den nächsten Tagen von hier aus das erste Kapitel von Gertraud Lemke. Es ist sehr aufschlußreich. Im Augenblick hat es Frau van den Wagenbergh hier, aber ich will eben versuchen, in Bremen im Winter 1952/53 eine Semesterlesung Methode zu machen, ob am Rundfunk oder in welchem Rahmen, das wird sich alles dort ergeben.

Bitte schreibt hierher wie es Euch geht! –

In Eile

Eure Tami

10. Dezember 1951

Mein lieber Wulff,

mittlerweile macht mir Euer Schweigen Unruhe. Was mag außer der notorischen Ebbe los sein? Wie Sie wissen, habe ich nun aus unserm lieben Bremen allerhand Post. Da ist erstmal ein sehr vernünftiger Brief von Herrn Goosmann, den ich sofort beantwortete. Wenn die Arbeit auch als Anfang einen bescheidenen Anstrich hat, – ich habe vorgeschlagen, daß ich Ende Januar oder Anfang Februar einen Vortrag halte – so bin ich davon überzeugt, daß ich in Bremen erstmal ins Gespräch kommen muß, um dann wirklich eine erfreuliche Arbeit zu leisten. Das alles verdanke ich Ihnen, daran ist kein Zweifel. Wer nicht da ist, der kann sich nicht erklären. Wir wollen alles tun, um die Bremer nicht zu enttäuschen.

Auch vom Theater hatte ich einen Brief mit der Absage der »Glaskugel«. Auch dieser Brief war erstaunlich kameradschaftlich. Auch aus dieser Angelegenheit werde ich das Beste machen. Ganz besonders habe ich mich über einen Tami-Oelfken-Abend in den Kammerspielen gefreut und habe sofort erfreut und ausführlich geschrieben. Als Vortrag habe ich 1) die Balance, 2) meine Einführung über die neue Form des Romans und ein Stück aus dem dritten Kapitel des wilden Engels und zum Schluß, um Bremen und allen Menschen, Tieren und Bäumen eine Krone aufzusetzen, möchte ich die Huldigung an meine heimatliche Landchaft sprechen. Was meinen Sie? Ist das nicht eine gute und umfangreiche Darbietung? Bleibt nur noch für Werner Wulff, weiter die Werbetrommel zu rühren, falls er dafür noch Schnaufe hat.

Der Weser-Kurier schreibt »immerhin können Sie sich über den Weser-Kurier nicht beklagen, denn wir haben ja mit großer Freude in letzter Zeit allerlei von Ihnen gebracht.« Was haben sie dorten gebracht? Sie versprachen mir, Belege zu schicken; aber es kam kein einziger. Nun möchte ich natürlich in der Redaktion dort nicht anfragen; also schreibt mir darüber. Ich nehme an, das Geld habt Ihr so notwendig gebraucht wie ich, darüber werden wir beide keine grauen Haare kriegen. Ich habe hier in B.-B. sehr gut mit Ernst Johann Kontakt. Wir machen eine Sendung Nacht-Studio, Lieder der Bilitis. Einleitung Literatur von E.J., dann spreche ich die »Wirklichkeit der Dichtung« (die damals von der Neuen Zeitung so verhunzt war) und danach lassen wir von einem guten männlichen Schauspieler einige Gedichte, übertragen von Tami Oelfken, folgen (30 Minuten). Mit dem Geld kann ich nach Bremen reisen. Besonders da ich Montag auf Band spreche: Über die neue Form des heutigen Romans und daran anschließend lese ich aus dem zweiten Kapitel des wilden Engels. Dieselbe Sendung mit einem Auszug aus dem vierten Kapitel läuft über den Rias!!!!

Dann hat er für Mitte Februar »Umtrunk« eingesetzt und Frau van den Wagenbergh läßt mich für Anfang Januar einen Apell an die Mütter sprechen. Das alles ist auf Mark und Pfennig ausgerechnet und wir haben es fertiggebracht, Herrn Programmdirektors (Hartmanns) Herz zu rühren, der mich mit Spesen bedenkt wegen Weihnachten und noch mehr wegen Tapferkeit vor dem Feind. Davon mündlich mehr.

Dr. Wolfgang Strauss vom Bertelsmann-Verlag ist an der Stine nach wie vor sehr interessiert. Ich habe ihm gesagt, daß er, falls Sie die Stine nicht starten können, sich mit ihm in Verbindung setzen werden. Er ist sehr anständig. Ich glaube nicht, daß er mit Hanna Stephans formidablen Treck der Dämonen aus dem Osten etwas zu tun hat. Das Buch kostet 14,80 und wird nicht gekauft. Ich hatte immerhin wieder im letzten Vierteljahr 632,– und ich hoffe auch, etwas von dem Weihnachtsgeschäft zu profitieren. Es ist immerhin erstaunlich, wie gut der Traum am Morgen gegangen ist. Ich habe zwei 1/2 Jahr davon monatlich 400,– gehabt. Das ist in Anbetracht von Lesergilde etc. erheblich. Aber ich kann und kann es nicht einsehen, daß sie dort kein zweites Buch nehmen. Das – so scheint mir – liegt weniger an Herrn Dr. Strauss, der sehr wohl Literatur von Literatur unterscheiden kann, als an dem Inhaber oder Besitzer, der mich nicht mag und der seinerseits von Literatur so wenig Ahnung hat wie die Maus vom Schnaps. Ich weiß auch noch nicht, wozu es gut ist, daß Bertelsmann kein zweites nimmt.

Werner Wien tut mir leid. Alles ist so idiotisch! – Wenn ich nach Bremen komme, werde ich ihn besuchen. Das ist gewiß. Blind oder halb blind – das ist furchtbar und ich weiß nicht einmal zu sagen, ob es dann nicht besser ist, im Grabe zu liegen.

Ist Manfred Hausmann wieder gesund? Ich muß alles genau wissen, bevor ich dort aufkreuze. Ich habe schon überall nach einem guten Hotel Ausschau gehalten. Ich würde gern in der Innenstadt wohnen, es warm haben, ein Zimmer mit Frühstück, aber mittags und abends nach meinem goût leben. So habe ich es auch hier im Quisisana. Was könnt Ihr mir vorschlagen? Wie sind die Preise? Ich freue mich schrecklich und hoffe nur, ich bereite dort keine Enttäuschungen.

Weihnachten bin ich in Ü. Ich habe im Keller etwa zehn Ztr. Kohlen und etwas Koks und etwas Holz. Es wird alles vom 15. Dezember – 15. Januar reichen. Wenn alles so wird, wie ich es plane und bedenke, dann bin ich am 20. Januar in Bremen (wie kommt man nur dahin??) und gewöhne mich erst einige Tage an die Luft des heimatlichen Stalles.

Herr Justiziar schreibt ein Buch über Fernsehen; er ist wie immer; aber ich habe ihn seit 3 Tagen nicht gesehen, da ich den Wagen von Herrn Hartmann haben kann und sowohl Ernst Johann als Wagenbergh zur mir kommen. Was werde ich im Radio Bremen für eine feine Sendung starten können: Wiedersehen mit meiner Vase am Wall (Dahinter habe ich lange Jahre gewohnt. Ich zeige es Euch dann!)

Lebt wohl, laßt bitte sofort von Euch hören.

In herzlicher Freundschaft Eure Tami

Anmerkung: Auf Werner Wien wurde ein Bombenattentat verübt (aus politischen Motiven).

Freitag Abend (kurz vor Weihn. 51)

Lieber Werner Wulff,

warum laßt Ihr so gar nichts von Euch hören? Ich habe gestern noch 2 Kapitel Nickelmann auf Band gesprochen und war abends mit Ernst Johann bei Zahns zum Abendessen. Heute früh holte ich mir Geld von der Honorarabteilung und ging in die Stadt, um Weihnachtseinkäufe zu machen. So kommt die Flasche Himbeergeischt gleich nach Weihnachten zu Ihnen. Sie konnte es aus Gründen äußerster Armseligkeit nicht eher machen.

Die Sendung aus dem wilden Engel mit einem Vorwort von mir habe ich auf Band gesprochen. Für Februar hat Johann schon »Umtrunk« eingesetzt und für den April machen wir eine gemeinsame Bilitis - Sendung. Ernst Johann wird die literarische Einführung machen, dann spreche ich »Wirklichkeit der Dichtung« (neu bearbeitet) und danach liest ein junger Schauspieler einige meiner Übertragungen. Musik von Ravel.

Ich hätte gerne noch eine der italienischen Novellen untergebracht, am liebsten Ariella - aber damit sind sie mehr als reichlich eingedeckt. Was ich erreicht habe, ist erfreulich genug und daß sie es nun bringen, ist bei der wirtschaftlichen Überwachung gewiß; denn es ist alles bezahlt. Ich habe etwas bescheiden gewohnt (das Quisisana schloß am 10., und ich übersiedelte in die Pension Zink), so daß Miete in Überlingen und meine Unkosten dabei herauskamen. Das Weihnachtsgeld von Hanna habe ich für die Reise nach Bremen gespart.

Ich habe Euch vor einiger Zeit (Anfang des Monats) ausführlich geschrieben. Ich habe keine Ahnung, wie es Euch geht und wie Ihr alles wirtschaftlich einrichten könnt. Ich nehme aber an – und Ihr müßt mir genau sagen wie es ist – daß es doch für Euch eine gewisse Belastung bedeutet, wenn ich Euer Gast wäre und daß ich ja Euch so oft besuchen kann, als es uns allen danach zumute ist. Ich habe gut trainiert und fahre auch hier ganz munter Autobus etc. etc. Nur wenn es nachher in Bremen schneit und friert, dann ist alles ohne Wagen sehr erschwert. Wenn ich mitten in der Stadt wohne, ist es einfacher. Aber dar über hat Flore dann das letzte Wort.

Bis jetzt bin ich von ziemlicher Zuversicht getragen. Die Glaskugel werde ich also umarbeiten. Sie wird davon nur besser. Wenn Herr Goosmann auch nur erst einen Abend in der Lehrergewerkschaft einrichten kann, so hoffe ich, soviel Resonanz zu finden, daß eine gemeinsame Arbeit für die Zukunft möglich sein könnte. Von den Kammerspielen (Namen konnte ich nicht lesen, er heißt Conrad mit Vornamen) hatte ich einen sehr freundschaftlichen Brief, und wenn es möglich ist, dort einen Abend für mich zu arrangieren, so wäre das eine reine Bremer Freude. Ich habe vorgeschlagen, dann die Balance zu lesen, danach meine Einführung zum wilden Engel und das vierte Kapitel und als letztes aus dem Zauber der Artemis »Huldigung an meine heimatliche Landschaft«. Wenn ich dazu noch »Wiedersehen mit Bremen« für Herrn Oscar Wessel über Radio Bremen machen könnte – es läßt sich ja alles gut ausbauen, das habe ich hier bemerkt. Aber ich muß selbst in die Erscheinung treten – von Überlingen aus bin ich eine tote Maus. Hier habe ich in einer Buchhandlung in der langen Straße einen »Kinderdieb Superviele« im Fenster gesehen. In der ganzen Stadt nicht einen »Traum am Morgen«. Wild und Brotesser verkaufen gut. Sie sagen, es sei besser als im vorigen Jahr. Die neue Vicki Baum in wilden Mengen! – Damit wird Witsch Geschäfte machen. Das ist gewiß. Ich habe eine vage Verbindung mit dem Kerle-Verlag. Es ist mir einfach schmerzlich, daß die »Sonnenuhr« nicht draußen ist. Sie ist so wundersam einmalig, so viel besser als alles, was hier verkauft wird. Es wird zu den schönsten Tagen meines Lebens gehören, wenn sie, umfangreicher und äußerlich vollkommen wieder da sein wird. Aber wann wird das sein?

Nun schreibt mir über alles. Feiert ein gemütliches Fest. Ich freue mich auf Bemen, daß es gar nicht zu beschreiben ist.

Herzliche Grüße
Eure Tami

Bremen, den 29.12.51
Riensbergerstr. 94

Liebe Tami,

die letzten Tage des Jahres will ich noch benutzen, um wenigstens einiges von meiner Briefschuld abzutragen. Sie sind die Erste. Ich muß um Entschuldigung bitten, daß ich mich nicht eher gemeldet habe, aber die letzten Wochen waren turbulent und brachten allerlei Umwälzungen, die für uns beide sehr wichtig sind. Der Reihe nach.

Sie wissen ja aus meinen Briefen, daß wir bis zum Hals im

Dreck stachen. Ohne Hilfe und nur vegetieren von Tag zu Tag. Eine Änderung mußte geschaffen werden. Kurz entschlossen nahm Flore eine sehr gute Stellung als Leiterin eines Ingenieurbüros an. Die Umstellung für sie war natürlich nicht einfach. Arbeitszeit von morgens neun bis nachmittags um fünf. Aber es mußte gehen und es geht. Diese Stellung hat sich als ein besonderes Glück erwiesen. Sie wird gut bezahlt und bietet ein angenehmes Arbeitsverhältnis mit vollkommen selbständigen Dispositionen. Leider ist die Arbeit zu Hause dadurch ins Hintertreffen geraten, aber wir helfen alle mit und so geht es. Im Januar muß natürlich eine vernünftige Hilfe her. Aber der Horizont ist für das nächte Jahr dadurch etwas heller geworden.

Ich konnte aufgrund unserer Beziehungen zum deutsch-französischen Haus auch wieder Fuß fassen. Die Gedok veranstaltete im Dezember zusammen mit den Franzosen eine sehr schöne Weihnachtsausstellung in deren Räumen und ich übernahm die Buchausstellung, die ein guter Erfolg für mich wurde. Neben vielen neuen Gesichtern tauchten eine große Anzahl alte Kunden auf, die sich über mein Wiedererscheinen sehr freuten und wünschten, daß ich bleiben sollte. Nach vielen Schwierigkeiten ist es mir nun gelungen, mit der Leiterin des deutsch-französischen Hauses zu einer Einigung zu kommen. Ab dritten Januar erhalte ich einen kleinen Raum in ihrem Haus und richte dort meine Bücherstube ein. Alle sind hocherfreut, besonders natürlich ich selber. Sie können sich denken, wie die Stube aussehen wird. Kunst, modernes Antiquariat und besonders ausgesuchte Literatur. Dazu eine große Abteilung französischer Bücher. Die Lage ist besonders günstig, da täglich viele Leute das Haus besuchen. Ich gedenke dort solange zu bleiben, bis ich die Räume gefunden habe, die ich brauche, um den Traum einer richtigen Bücherbar zu verwirklichen. Die ganzen Künstler Bremens warten schmerzlich darauf, um endlich in einer Galerie ihre Arbeiten ausstellen zu können. Gewiß, es wird alles nicht einfach sein und meine lieben Bremer Kollegen werden schießen, aber wir lassen uns nicht mehr davon abhalten und mit Flores Unterstützung wird es geschafft werden. Jedenfalls hat die Unsicherheit ein Ende und eine intensive Reisetätigkeit wäre mir durch meine

Krankheit doch schwer gefallen und hätte auch bald ein Ende gefunden.

Daneben besteht für den Verlag neue Hoffnung. Als erste Veröffentlichung im neuen Jahr soll das Testament von Rodin wieder zweisprachig erscheinen, denn das Interesse ist besonders groß und dann kommt die Stine. Wir werden bei Ihrem Hiersein alles durchsprechen und versuchen, zusammen mit dem Hörspiel und dem Zeitungsabdruck es zu schaffen. Wir wollen hoffen, daß es gut geht, denn dann möchte ich im Herbst die Sonnenuhr wieder bringen. Sie, liebe Tami gehören nach Bremen und in einen Bremer Verlag. Wenn es auch langsam geht, aber es wird und ich bitte noch um Geduld.

Ich habe heute mit Herrn Timm gesprochen, der das Hörspiel schreiben wird. Er freut sich auf Ihren Besuch und wird dann gemeinsam alles besprechen.

Auch können Sie dann bei Ihrem Hiersein mit dem Chefdramaturgen des Theaters wegen der Glaskugel alles besprechen und bearbeiten, damit die Aufführung in der nächsten Spielzeit gesichert ist.

Ferner stehen noch zur Diskussion das hiesige Zimmertheater für einen Vorleseabend, der geldlich nicht viel einbringen wird, aber werbemäßig wichtig ist und vielleicht auch die Verbindung mit der Gedok, die uns ja jetzt auch offen ist. Sie sehen, eine ganze Menge wartet auf Sie zur Besprechung. Nach Ihren Erfolgen im Südwestfunk können Sie hier auch ganz anders arbeiten, denn wie überall sind auch hier die hiesigen Radioleute sehr unter amerikanischem Druck und suchen Rückendeckung siehe Osten. Goosmann wollte Ihnen ja schreiben. Geld für einen Vortrag ist bestimmt da, was es dann weiter gibt, wird Ihre Besprechung mit ihm erweisen. Ich halte es für richtiger, wenn Sie in der Stadt wohnen. Die Entfernungen sind ja nicht groß und es ist wesentlich billiger dadurch. Und abends sind wir ja zusammen und die Bahn fährt unmittelbar von unserer Wohnung direkt in die Stadt. Also alles günstig. Vielleicht können Sie auch über Ihren langen Aufenthalt in Paris und in der Provence im deutsch-französischen Haus sprechen. Mme. Galmiche wird sich sicher sehr darüber freuen.

Veranlassen Sie doch bitte Herrn Dr. Strauss, daß er mir eine Anzahl des »Traums« in Kommission schickt, ich kann doch einiges dafür tun. Die Buchhandlungen sind hier weiß Gott alles nur Handlungen. Keine Richtung, keine Literatur, kein Risiko.

Über den Himbeergeist freuen wir uns jetzt schon, denn noch immer ist bei uns alles sehr knapp und wir brauchen jeden Pfennig zum Aufbau. Über alles andere können wir ja dann genug klöhnen. Bitte rechtzeitig Nachricht, wann Sie kommen, damit wir das Zimmer bestellen können. Wichtig. Verleben Sie das neue Jahr ruhig und glücklich und hoffen Sie auf eine schöne ereignisreiche Zusammenarbeit im nächsten Jahr.

Herzlichst mit vielen guten Wünschen
Ihre Wulffs

Anfang Jan. 52

Lieber Wulff,

leider hat vor Überanstrengung in Baden-Baden meine Hüfte gebockt; so halte ich Bettruhe, Paul G. machte eine Spritze und in ein paar Tagen hofft das Wiesel wieder zu wieseln.

Ihr Brief kam auf unendlichen Umwegen heute morgen; Gertrud hatte die Postumbestellung so idiotisch wie möglich gemacht, der Postbote sie noch idiotischer ausgeführt und ein Brief, der von Baden-Baden ging, kam in die Hände des Absenders zurück, u.s.f., nach bewährtem Muster von Faulheit und Interessenlosigkeit. Ich muß alles selber tun (was ich gar nicht kann), sonst geht alles automatisch falsch und schief, besonders alles, was Herrn Schelle betrifft!!!

Von Euren großen Veränderungen habe ich mit Genugtuung gehört; hoffentlich ist es ein Anfang einer besseren Zeit. Die Warnung aus dem Buchhändlerbörsenblatt wurde mir von ach so guten Freunden drei x zugeschickt, sie sind in solchen Dingen verdammt aufmerksam. An Herrn Strauss werde ich morgen schreiben; ich bin ziemlich hoffnungsfroh, daß er schickt.

Ist inzwischen der Geischt gekommen? – Prost.

Nun zu unseren Unternehmungen. Hier lege ich das Pariser Tagebuch ein, am 13. Dezember erschienen in der Frankfurter Allgemeinen. Die Frankfurter Allgemeine hat zum Neujahr die Januar-Penate gebracht, ganz groß. Schicke ich mit, sobald ich ein Duplikat habe. Ich nehme an, daß Herr Dr. Nette mich dort gern hat; denn seit Karl Kern krank ist, flutscht es dorten. Es kann ebenso gut sein, daß Ernst Johann beteiligt ist, mit dem ich mich, je länger ich ihn kenne, je besser verstehe. Er ist mit der Frankfurter gut bekannt. Sie zahlen schlecht; aber beide Arbeiten sind lang; die Reise wird wohl dabei rauskommen. Es geht ein direkter Zug von Lindau nach Bremen. Ich fahre hier nachmittags von Friedrichshafen ab, habe von Stuttgart an Schlafwagen und bin früh in Bremen. Das wäre am Dienstag, den 29. Januar. Wann genau, das weiß ich nicht. Ich möchte in der Nähe der Böttcherstraße – oder in der Nähe des Domes oder so – wo es das gibt, ein warmes gutes Einbettzimmer. Zimmer mit Frühstück! – Wie teuer mag das sein? In Baden-Baden habe ich – weil mein Aufenthalt genau wie in Bremen etwa vier Wochen dauerte – 5,– plus zehn % + Frühstück extra gehabt. Wenn es dort teurer ist, so ist mir lieber, etwas teurer als für 5,– primitiv, was ich nicht recht aushalte. Es muß auch Restaurant und Halle oder Aufenthaltsraum da sein, damit wir zusammen sitzen können.

Bitte, erkundigen Sie sich und schreiben Sie mir postwendend, welche Möglichkeiten es gibt. Auch Prospekte wären mir lieb und eine Karte vom heutigen Bremen. Da könnte ich schon in Gedanken spazieren gehen. Daß Sie, wenn auch erst bescheiden, mit Bücherbar wieder anfangen, ist *sehr* erfreulich. Meine Arbeit hängt ja ganz davon ab, wie mich mit Herrn Goosmann oder auch Herrn Heinemann vertrage. Ich werde meine genaue Ankunft denen bekannt geben, die für mich wichtig sind und ich hoffe dann, mit Ihrer Hilfe und in Rücksprachen dort alles für meine Publicity zu tun. Eine abendliche Lesung habe ich Herrn Heinemann vorgeschlagen, mit dem Vortrag bei Herrn Goosmann glaube ich rechnen zu können. Heute schreibe ich an Dr. Oscar Wessel, damit ich im Radio Bremen, unabhängig vom Hörspiel noch etwas unterbringe. Das erscheint mir grade nach meinen Erfolgen im Südwestfunk fast gewiß.

Großen Ärger habe ich mit Stalling, der sich aus seinen Abmachungen herausschlängeln will. Er hatte schriftlich zugesichert, daß er am 1. Februar 1952 an mich 600,– als einmalige Summe für Onkel Moll bezahlen würde. Das Manuscript ist daraufhin von mir gekürzt worden und zu dem gewünschten Termin geschickt. Seine Rückzieher sind ohne jede Begründung, die Stich halten könnte. Ich habe ihm eingeschrieben sehr dringlich aber auch kameradschaftlich geschrieben, daß alle meine Dispositionen darauf aufgebaut sind, daß er sein Wort hält und ich über das Geld am 1. Februar verfügen muß. Den Briefwechsel bringe ich Ihnen mit.

Von Peter H. habe ich eine Reisebeihilfe von 50,–, von Hanna 200,–, so daß ich, immer alles auf einen Haufen gekratzt, durch die verrückten Zeiten steure.

Die Bilitis-Gedichte haben bei Ernst Johann gradezu Entzükken hervorgerufen. Er meinte, es dürften keine erotischen Zeichnungen, sondern die griechischen Vasenbilder aus der Zeit als Illustrationen dienen. Das hat mir, nachdem ich davon einige in der Manessebiblio. gefunden habe, sehr eingeleuchtet. Auch meint Johann, die französische Fassung müsse neben der deutschen stehen; erst dann wäre diese literarische Arbeit voll. Ich könnte mir das alles gut denken, fast biliophil. Aber wer macht uns das? Ich habe nun mit Ernst Johann zwei Spätsendungen, davon die erste im April, diese Bilitis-Gedichte. E.J. macht die literarische Einordnung von Pierre Louys und Gide etc., dann spreche ich die Wirklichkeit der Dichtung und dann folgen die Gedichte. Aber darüber schrieb ich wohl schon. Die zweite Sendung ist von mir über die Séverine (kennen Sie aus Logbuch), aber sprechen wir noch nicht davon, sonst schnappt mir der allesfressende Herbert Günther oder der alles wissende Paeschke den Bissen sofort weg. Es fällt denen nie was ein.

Von der Wiedergutmachung noch keinen Pfennig. Aber Herr Moritz Lederer, gegen den ein Haftbefehl wegen Heiratsschwindel vorliegt – er hat einer einsamen trostbedürftigen Dame 7000 Mark abgeschwatzt – der hat aus der Wiedergutmachung eine

Monatsrente von 250,–. Aber, wenn ich dann auch seinen Charakter und sein Gesicht haben müßte, um 250,– zu kriegen, weiß ich nicht, ob ich nicht besser verzichte. Was meinen Sie?

Wo ist das »Haus der Franzosen« in Bremen? Gibt es in der Nähe des früheren Teichmannbrunnens, dem Schlüsselkorb oder da ein gutes Hotel? Ich habe in einem Antiquariat beide Bände von Frido Lampe wieder gefunden. Sehr seltsam und kubusch. Was macht denn da nun Hanna Thimig? Wie geht es Manfred Hausmann? Und ist der erdgebundene Benno Gobsch noch am Wirken? Sie ist doch so enorm tüchtig. Ja, sie ist so tüchtig, daß ich es nicht mit ihr verderben möchte. Sehr lieb hat mir Frau Kausche aus Worpswede geschrieben, die würde ich gerne kennenlernen.

Grüßen Sie die Dame im französischen Haus. Ich würde dort gerne lesen. Von der Gedok hier halte ich nichts; aber sie kann ja in Bremen sehr viel besser sein. Hier ist sie minder und mit der alten Soroprima gar nicht in einem Atem zu nennen. Am meisten verspreche ich mir von der pädagogischen Arbeit mit Goosmann für die Zukunft und ich werde alles tun, um Interesse für intensive Arbeit für den nächsten Winter zu erwecken.

Hier ist Sturm und Regen. Julia fährt in der nächsten Woche nach Berlin und es kann gut sein, sie bringt es fertig, einige Tage in Bremen aufzukreuzen. Sie hat einen ehernen Willen und Carl hat Geld wie Heu. Das zusammen wird eine Reise zu einer dritten Schwester nach Hamburg notwendig machen und einmal unterwegs, wird sie es von Hamburg nach Bremen leicht haben. Sie hat mir gute Schuhe zu Weihnachten geschenkt und ein pelzgefüttertes Gehäuse für meine Füße unter dem Arbeitstisch.

Heute genug geschwätzt. Bitte, sehr bald Nachricht über Hotel etc. und auf gutes Wiedersehen in meiner sogenannten Heimatstadt.

Herzlich Eure Tami

Sollte man der Dame das Pariser Tagebuch geben?
Ich meine der im Maison de France?

15.1.52

Lieber Werner,

vielen Dank für heutigen Brief.

Mit derselben Post hatte ich einen sehr lieben Brief von Frau Wilts, Martinikirchhof, die mit Geerdes vom Funk, Radio Bremen, befreundet ist. Was da zu tun ist, werde ich vorher genau bearbeiten. Mir liegt natürlich an einem Interview – aber noch mehr an einer Lesung aus dem wilden Engel analog der im Südwestfunk. Aber das alles geht mündlich besser. Ich beabsichtige, mindestens vier Wochen in Bremen und dann noch in Worpswede zu sein.

Wenn es dasselbe Hospiz wie vor Jahrzehnten ist, dann ist es gut. Sauber, ohne Rauch, vollkommen friedlich mit liebevoller Aufmerksamkeit geführt. Bitte sofort Zimmer bestellen auf den 29., da komme ich früh um acht Uhr an und hoffe, irgend jemand hat Zeit, mich abzuholen. Wenn Flore wegen Beruf und Jungens es nicht kann, und wenn die Bücherstube Sie festhält, was ich so früh nicht glaube, wäre vielleicht jene freundliche Marie Wilts bereit. Aber sie ist 70 Jahre alt, und ich kenne sie noch nicht. Von Herrn Goosmann habe ich lange nichts gehört. Aber das ist mündlich abzumachen.

Bitte, schaut das Zimmer vorher genau an, ob es eine Chaiselongue hat (damit ich am Tage arbeiten kann) und ob ich einen größeren Tisch hineinkriegen kann, um all meine Arbeiten auszubreiten.

Ich freue mich sehr auf Euch, auf Bremen und auf die Arbeit, die unter einem guten Stern stehen möge. Ich habe versucht, nach allen Seiten alle Arbeit gut vorzubereiten und bin nun froh, daß Hanna, die mich vor einigen Abenden anrief, die Reisekosten (zwei x 120,–) und den Aufenthalt im Hospiz in mich investiert. Sie glaubt eben an mich, die Gute, und sie findet es eine Schande, daß die Sonnenuhr nicht im Handel ist. Ich bringe sie neuzusammengestellt mit dem neuen autobiographischen Anhang mit. Wir wollen alles in Ruhe besprechen. Bitte über endgültige Abmachung und Adresse von Hospiz noch kurze Karte. Ich will eine Sendung der pädagogischen Dokumente vorausschicken.

Auf Wiedersehen am 29.
Eure Tami

Bitte genauen Preis mit Frühstück.

Bremen-Born, den 21.1.52

Liebe Tami,

schönen Dank für den Brief. Wir haben uns alles noch einmal durch den Kopf gehen lassen. Nachdem wir nun jetzt eine dauernde Haushaltshilfe haben, scheint es uns doch vernünftiger, wenn Sie bei uns wohnen. Außer dem Schlafzimmer für Sie steht Ihnen für Ihre ganze Arbeiterei das Arbeitszimmer von der Flore zur Verfügung. Ein großer Schreibtisch, warm und ungestört, denn wir sind ja den ganzen Tag nicht da. Außerdem können Sie in Ruhe Ihre Freunde und sonstigen Leute empfangen. Ein weiterer Vorteil. Goosmann wohnt nur drei Häuser weit entfernt und auch der Funk ist in unmittelbarerer Nähe. Sämtliche Bequemlichkeiten sind vorhanden. Bad mit dauerndem warmen Wasser u.s.w. Straßenbahn zwei Minuten weg, für eilige Fahrten ist auch ein Wagen sofort zu erreichen.

Und dann Tami, der lange Aufenthalt im Hotel, sei es noch so billig, wird zu teuer. Zimmer ohne Frühstück doch immerhin 6,– bis 7,– DM. Und was sonst noch dazu kommt. Flore schlägt vor, uns täglich 5,– Mark zu geben und dann können wir gemeinsam essen. Dadurch läßt sich viel sparen.

Am 29.1. sind wir natürlich an der Bahn. Freuen uns sehr. Unser Schifflein scheint so langsam unter einem günstigen Wind zu stehen. Aber darüber ja alles mündlich.

Herzlichst
Werner

Mittwoch den 26. März 1952

Meine liebe Martha,

...»Berlin ist eine so absolut verlorene Stadt! Alle meine Freunde aus bester Zeit sind tot – fort – und alle die Menschen, die hier mit harten Ellenbogen herumstoßen und sich gegenseitig scheel auf die mageren Brödchen gucken, sind mir fremd. Auch meine alte Freundin Hanna hat sich sehr verändert. Man nennt das hier, »den Verhältnissen angepaßt!«

Ich habe die Absicht, jeden Winter in einer größeren Stadt zu arbeiten, wie ich es bisher in Baden-Baden getan habe. Dazu war es notwendig, die noch für eine solche Arbeit in Frage kommenden Großstädte zu besuchen. Wiesbaden hat mir gar nicht gefallen, Berlin ebenso wenig. Hamburg werde ich noch besuchen. Ich fliege übermorgen dahin zurück und von da nach Baden-Baden, wo ich vor dem ersten April sein muß. Am besten hat mir Bremen gefallen und ich will alles versuchen, um die neuen Verbindungen recht fruchtbar zu gestalten.

... Mitte Mai will eine Dame von Radio Bremen mit kleiner Tochter kommen, – gegen den Herbst hin Paul Goosmann, Frau und Sohn...

Blumenthal und Worpswede haben mir viel heimatliches Gefühl gegeben. Bremen jetzt gar nicht. Es ist erschreckend amusisch...

Natürlich ist auch Worpswede verändert. Die ganze Welt ist von Pachulken überrannt. Trotzdem habe ich Eure Welt als eine Insel von Schönheit empfunden und ich weiß noch nicht einmal, ob ich nicht die Strapazen des Hin und Herfahrens auf mich nehme und die sechs Wintermonate bei Euch wohne. Die Löningstraße ist komfortabel, das ist gewiß; aber bei Euch ist ein solches Reservoir von Kraft und von natürlichem Wachstum! Man muß sehen, wie alles wird.

Brief an Martha Vogeler in Worpswede 8. April 52

Meine liebe Martha,

das war wohl eine große Freude, dich im Schluh nach so langen Jahren wieder zu finden. Nachgerechnet bist du meine älteste Freundin und trotz langer Intervalle haben wir immer von einander gewußt. Wie gerne wäre ich noch einmal rausgekommen; aber es reichte mit der Zeit überhaupt nicht mehr...

Ich bin dann über Hamburg nach Berlin geflogen, nach vierzehn Tagen nach Hamburg zurück, wo ich bei meiner Freundin Ruth Hermann gewohnt habe...

Julia und ich fanden es so sehr gemütlich bei Dir und für mich ist es eine ganz besondere Freude, wenn ich mir vorstelle, daß ich am 1. Oktober wieder in Bremen bin, um zu arbeiten und daß ich es dann sehr einfach haben werde, dich am Sonntag zu besuchen. Ich werde in der Löningstraße wohnen, wo ich schon die Möbel und die Einrichtung von Walter Müller gesehen habe. Besonders die grüne Decke hat mir großartig gefallen. Alle Abmachungen die ich mit Bremen getroffen habe, sehen so aus, als ob sie nach beiden Seiten günstig wären. ...

Bei euch wird es jetzt auch Frühling werden, das denke ich mir wunderschön. Ich war noch bei Renatus von Hollander, der in der Nähe von Niendorf bei Mölln auf einem einsamen Gutshof wohnt. Die Landschaft ist dort ähnlich; aber es fehlt der moorige Boden und dieser moorige Boden macht alle Farben im Frühling so geisterhaft. Es ist überhaupt sehr schön bei euch. Ich war nach so langen Jahren von den Niedersachsenhäusern wieder ganz hingerissen und meine rosa Villa, so komfortabel sie auch ist, kommt mir dagegen ganz albern vor. Wie gerne würde ich die Parkettböden gegen eure roten Klinker eintauschen...

Grüße bitte Mascha und ihre Susi, Bettina und die Kinder und alle Menschen, die sich in Worpswede meiner erinnern und sei du, liebe alte Deern herzlichst umarmt von deiner Freundin...

Sehr von Herzen Deine Tami

D. 28. April 52

Meine lieben Kausches,

... Worpswede war für mich nach so langen Jahren eine seltsame Begegnung und ich werde mich freuen, wenn wir im Herbst in der Löningstraße in Bremen uns darüber unterhalten können.

... Natürlich ist der Stallingverlag in seiner Produktion vorbildlich, soweit Druck, Papier und Herstellung eines Bilderbuches für uns vorbildlich sind. Was Irene Schreiber angeht, so glaube ich, daß diese Bilder bereits eine Vorhut politischer und pädagogischer Vermassung darstellen, was Herr Venzky leider nicht sieht. Kinderbücher für degradierte Pachulken interessieren mich überhaupt nicht. Sie können versichert sein, daß meine Bücher mit solchen Illustrationen Irene Schreibers unmöglich sind...

Es liegen von mir seit fast zwanzig Jahren zehn Kinderbücher vor, von denen zwei im Buchhandel gewesen sind. Der Nickelmann (Verlag Kiepenheuer) kam im Jahre 30 heraus und wurde 33 als judenfreundlich-pazifistisch verboten. Das zweite Buch »Peter kann zaubern« erschien 1932 in der Union Stuttgart, die es aus Angst vor meiner Unbeliebtheit bei den Großen in der Zeit der Schande erst gar nicht auslieferten. Der »Onkel Moll« liegt noch im Stallingverlag, den kennen Sie. In der heutigen Sendung finden Sie 1. den »Fritzel Seidenohr«, eine Art zoologischer Garten, den wir beide gewiß zauberhaft aufbauen könnten. Er ist für Fünf- bis Achtjährige gedacht und er mußte in der Typologie so aufgebaut werden und so beschriftet, daß der »Fritzel Seidenohr« genau wie »Peter kann zaubern« Lesestoff für die ersten drei Schuljahre darstellt.

Das nächste Manuskript heißt »Aleid Hollermann« und diese Geschichte, die an der Lesummündung und an der Lesum spielt, möchte ich vor Weihnachten in Bremen lesen.

Ich halte es für falsch, wenn ich diese Kinderbuchreihe aus wirtschaftlichen Gründen auseinanderbröckele... Wir sind ja wirklich nicht geboren, um Geld zu verdienen und in Deutschland gibt es leider Gottes sehr wenig Menschen, die überhaupt noch wissen, was ein heiles gutes Buch ist...

Ich habe sehr bedauert, Augustinys nicht gesprochen zu haben. Dr. Strauß hatte es mir sehr empfohlen; aber ich blieb dann doch bei Martha Vogeler, ihrem guten Kaffee und ihrem warmen Ofen hängen.

Es wäre schön, wenn Worpsweder in diesem Sommer im Bodensee badeten und wenn sie nicht vergäßen, daß mein rosa Haus sich über jeden Besuch von dort sehr freut...

Ihre Tami

Entschuldigen Sie die mangelhafte Sekretärin; es eignet sich nicht jeder zu diesem obscuren Beruf.
T.O.

Einschreiben den 19. Mai 1952

Liebe Wulffs,

Seit meiner Abreise von Bremen im Februar habe ich nichts von Euch gehört und so nahme ich an, Flore geht eifrig dem Broterwerbe nach und Sie haben den geplanten Laden am Fedelhören eingerichtet und beschauen den deutschen Büchermarkt aus der Perspektive des Verlegers und des Buchhändlers. Ich habe in Berlin noch mit Korngiebel über die Stine und über Ramaiuolo gesprochen und er hat mir versprochen, sich mit Timm in Verbindung zu setzen. Bei der allgemeinen Unordnung und Unzuverlässigkeit wird er das nicht getan haben, so beglückt und interessiert er auch zu sein schien. Aber wer nicht am Platze ist und jeden Tag hingeht, fällt unter den Tisch, ganz gewiß eine Frau, wenn sie nicht grade Luise Rinser heißt, die ihrer unternehmenden Natur nach immer auf dem Tisch sitzt. Ich bin dann noch in Hamburg bei Ruth gewesen und dann nach Baden-Baden gefahren. Ernst Johann ist fort und ich muß nun mit ziemlicher Geduld neue Fäden knüpfen, was teuer und zeitraubend ist.

Heute abend ist die Bilitis-Sendung und ich werde mal um elf Uhr den Sender hören.

Von der Wiedergutmachung noch nichts gehört – Und Julia hat eine ziemlich alarmierende Krankheit erwischt. Das dauert nun schon drei Wochen, es ist ein äußerst schmerzhaftes Gelenkrheuma plus Lungengerassel – und so will Paul die Verantwortung hier nicht mehr übernehmen. Sie wird am Donnerstag nach Baden-Baden ins Landesbad transportiert und da wird man ja wohl heraus kriegen, was eigentlich mit dem abgemagerten und ganz und gar ungewohnt still liegenden Pims los ist.

Nun zu unsrer Stine vom Löh. Wir haben so beide gehofft, die Novelle würde in diesem Sommer gedruckt. Wie weit ist es damit. Lieber Wulff, der Vertrag ist vor drei Jahren gemacht – wenn wir Ihre Zusage als Vertrag ansehen wollen, was ich nicht weiß. Wir beide sind für Armut gewiß nicht verantwortlich; aber ich muß endlich darauf sehen, daß meine Bücher wieder auf dem Markt sind und so auf die Unendlichkeit hin, kann ich nicht warten. Bitte, lassen Sie mich umgehend wissen, welche Aussichten bei ihnen sind. Ich habe in Bremen die Stine abschreiben lassen, damit ich wenigstens ein Exemplar selber hatte und eins hat Korngiebel und eins hat jetzt Timm. Aber von Timm habe ich gar nichts mehr gehört und das ist wohl ein Zeichen, daß der Plan ins Wasser gefallen ist, wo schon vieles drin liegt. Auf meinen Brief an Timm habe ich keine Antwort erhalten. Nun will natürlich Bertelsmann der sich von jeher für die Stine interessiert hat, das Buch in der kleinen Reihe haben und wenn keine Möglichkeit besteht, daß Sie die Novelle in diesem Jahr fertig stellen, so will ich sie Bertelsmann geben. Wir hätten dann als nächsten Plan die Sonnenuhr im Wulff-Verlag vorgesehen und es ist Ihnen wie mir selbstverständlich, daß wir gern zusammen arbeiten würden. Aber wenn kein Geld zum Drucken da ist, so nützt unser gemeinsamer guter Wille gar nichts. Da wir nun rechtsgültige Verträge weder über die Sonnenuhr noch über die Stine haben, wäre es an der Zeit, uns darüber klar zu werden, was wir tun werden. Und dazu müßte ich genau wissen, ob Sie eine Möglichkeit sehen, ein Buch heraus zu bringen. Es ist gut, Hoffnungen zu haben; aber es ist dumm der Wahrheit oder der Armut oder was immer ins Auge zu schauen, und selbst mit den besten Absichten können wir nicht auf die Beine kommen wenn wir keine Beine haben.

Lassen Sie mich bitte bis zum ersten Juni wissen, ob Sie jenen rosa Schimmer am Horizonte sehen, den ich nicht sehe.

Meine Vorarbeiten für Bremen gedeihen gut – ich habe das umfangreiche Programm hingeschickt und von Alfred Faust einen guten Brief. Alles andre muß ich dann in meiner Anwesenheit in Bremen ordnen und ich hoffe bis dahin durch mein Hörspiel von Böhme aus dem Südwestfunk bis Radio Bremen vorgedrungen zu sein. Von Frau Wilts höre ich laufend, was sich dort tut und nachträglich noch beeindruckt mich mein dortiger Besuch, bei dem ich viele fruchtbare und freundschaftliche Beziehungen anknüpfte, die sich im kommenden Winter richtig auswirken können. Aber wie oben ausführlich beschrieben, ich muß wissen, ob Ihre Produktion anläuft oder ob noch alles vage ist.

Haben Sie den neuen Laden schon bezogen? Wie gehen darin die Geschäfte? Was machen die Jungens? Hier ist natürlich schon Saison und viel Betrieb, mein Garten blüht und macht Freude, aber innen das Haus ist naß und ich fühle überall, wie schädlich es für diesen Kasten ist, wenn er einen Winter über nicht geheizt wird.

Damit Sie daran erinnert werden, daß dies ein wichtiger Brief ist, der baldige Antwort erheischt, schicke ich ihn eingeschrieben. Wenn, was ich immer noch hoffe, der Werner Wulff-Verlag die Stine drucken kann oder die Sonnenuhr, so bitte ich um genaue Vorschläge, wie wir einen Vertrag aufsetzen wollen. Aber die Zeit der Herstellung muß darin befristet sein und zwar die Stine spätestens zum ersten Oktober im Handel und die Sonnenuhr dann, wie es Ihnen möglich ist.

Lebt wohl. Das Programm lege ich Ihnen ein. Schicken Sie es mir gelegentlich wieder. Mit besten Grüßen bin ich Eure

Tami

.uerte durch sechs Jahre von *1928 – 1933.* Im Jahre 34 wurde die Schule von Herrn Kube persönlich mit Wirkung vom Montag auf den Dienstag geschlossen. Das wurde mir auf einer formlosen Postkarte mitgeteilt, die ich nicht durch zwanzig Jahre in der Tasche behalten habe. Mir wurde jeglicher Unterricht auf Lebenszeit untersagt. Ich sei judenfreundlich, kommunistisch und pazifistisch und meine Anschauungen stimmten mit denen des nationalsozialistischen Staates in keiner Weise überein und sie seien staatsfeindlich. Alle meine Papiere hat mir Herr Spanier abgenommen und ich emigrierte dann erfolglos nach Paris.

Seit dem Einmarsch der Franzosen habe ich hier unten in Überlingen meine Ansprüche auf dem Rathaus angemeldet. 1948 habe ich alle verfügbaren Akten und das Logbuch – eine Tagebuchaufzeichnung durch die Jahre 39 – 45 – ein Buch, das in elftausend Exemplaren ausgeliefert wurde und das heute vergriffen ist – Besprechungen lege ich Ihnen ein – an Herrn Rechtsanwalt Schelle gegeben, da ich durch meine Gehbehinderung gar nicht in der Lage war, mich um meine Dinge zu bekümmern. Herr Schelle wurde später hier Bürgermeister und nur dadurch, daß Herr Schelle und auch andre Eingeborenen mich genau kannten, verdanke ich es, daß man mich in meinem Wohnrecht schützte und mir das Leben erleichterte. Alle Unterlagen sind seit Beginn in Freiburg und erst jetzt taucht nach sieben Jahren die Forderung auf, es müßte noch in irgend einer Form der Nachweis erbracht werden, daß »Ihr Schulunternehmen wegen Ihrer politischen gegen den Nationalsozialismus gerichteten Haltung aufgelöste wurde.«

Ich habe alles aufgeboten, was in meinen Kräften stand. Ich habe Berge von Briefen geschrieben, ich habe das Logbuch überall hingegeben, damit es gelesen wurde. Weshalb du hoher Himmel, sollte denn meine Schule sonst verboten werden? Ist es nicht eindeutig genug, daß man mich später nach meiner Rückkehr aus dem Ausland sofort aus der Kulturkammer ausschloß? Da ich arisch war, was ich für kein Verdienst halte, so gab es gar keinen andern Grund. Ich war weder ein Lustmörder, noch war ich vorbestraft, noch hing mir als tagenbare Bremerin auch nur der leiseste Flecken an. Bitte, raten Sie mir, auf welche

Weise wir diesen Beweis erbringen können.

Es könnte gut sein, daß Sie sich meiner nicht erinnern. Für den Fall bitte ich Sie, bei den wenigen noch lebenden Menschen in Berlin anzurufen, die mich kennen und die, wie der Verlag Felix Bloch und Erben – mich seit dreißig Jahren kennen, ihre Kinder in meiner Schule hatten und mich vor dem Verhungern im dritten Reich gerettet haben. Das ist Frau Hanna Wrede, Inhaberin des Verlags. Das ist der Schauspieler Ernst Karchow, dessen Tochter Rosalind in meine Gemeinschaftsschule ging – außerdem kannten mich und meine pädagogische Arbeit Frau Anna Siemssen, sie ist tot und Fau Elisabeth Rotten vom »werdenden Zeitalter«.

Tami Oelfken ist in Blumenthal-Bremen am 25. Juni 1888 geboren, machte 1908 bei Herrn Professor Kippenberg Staatsexamen, und war seit 1908 bis 1918 im preussischen Staatsdienst. Dann kündigte ich. Zum zweiten Mal war ich während des Kapp-Putsches unter Minister Jacobi in Gotha im Staatsdienst, quittierte auch da, um mich in den freien Schulen zu betätigen. Zum dritten Mal war ich kurze Zeit an der Spandauer Schule, aber auch diese Schule wurde nur als religionsunterrichtslose Schule genehmigt, an der ich kein Interesse hatte. Ich verzichtete auf jede Art von Pension, weil der Staat mich sonst nicht entlassen hätte. Im Jahre 1928 wurde mir der Pflichtteil des väterlichen Erbes ausgezahlt und ich gründete im Vertrauen auf meine Arbeit und die Liebe zu den Kindern meine eigene Schule.

Sehr geehrter Herr Buchwald, es müßte doch eine Möglichkeit geben, ein den Gesetzen entsprechendes Urteil über dies Unterrichts- und Schulverbot auszustellen. Ich glaube nicht, daß sich die Herren in Freiburg ein richtiges Bild machen von den Schwierigkeiten in Berlin. Aber ich war im vorigen Jahr da in Bremen und will auch dort wieder arbeiten. Hätte ich damals eine Ahnung von den hier noch bestehenden Formalitäten gehabt, so wäre ich zu Ihnen gekommen. Die Bürokratie ist wie eine Walze und das letzte bischen Mut, für eine neue freie Arbeit in Deutschland walzt sie hoffnungslos zu Tode. Wie kann ich mit dem Schulfunk in Berlin und in der Volkshochschule dort wieder Boden fassen? Eines Tages wird die Suche nach meiner

Unbescholtenheit von Neuem anfangen und es werden zu den unendlichen gestohlenen Jahren des reifen Alters zwischen 40 und 50 noch die Jahre hinzukommen, die ich hinter Akten herjagte und beteuerte, wer ich bin und wer ich nicht bin.

Das ist von 55 – 65 und dazwischen liegen vier Versuche zur Emigration, so trostlos und so hilflos, wie es nur jemanden treffen kann, der sein Glück und seinen Lebenselan in der pädagogischen Arbeit fand und der ohne finanzielle Hilfe auf die Landstraße geworfen wird. Ich weiß, ich bin kein Einzelfall, aber es ist um so schlimmer für den moralischen Zustand des heutigen Deutschland, daß ich nicht einmal ein Einzelfall bin.

Ich bitte Sie sehr, mir bald eine Nachricht zu schicken. Die Freiburger Adresse ist Badisches Ministerium für Finanzen Wiedergutmachung, Freiburg i. B., Kartäuserstraße 124.

Ich grüße Sie und danke Ihnen.
Tami Oelfken

22. Sept. 1952

Sehr geehrter Herr Buchwald,

haben Sie Dank für Ihren Brief. Er brachte nichts Neues; aber wenn Herr Fechner aus Spandau kommt, so habe ich auch in Spandau mit ihm gearbeitet. (Mit Krestinskis war ich befreundet, ich hatte die Tochter Natascha lange privat unterrichtet, bevor wir die Schule der Handelsvertretung aufbauten). Ein ganz besonders idealistischer junger Lehrer war ein Mann, der Theo Hofschläger hieß und mit ihm konnte ich mich damals besonders gut verstehen. Ewald Dahlke wird sich gewiß erinnern. Nur ist das alles nicht, was hier in Freiburg als Unterlage gewünscht wird. Es braucht nichts weiter, als eine Bestätigung, das die Tami Oelfken-Schule in Wilmershof, Landauerstraße existiert hat und daß sie von Kube verboten wurde, weil die Leiterin der Schule nach ihrer eigenen Aussage pazifistisch war und in keiner Weise mit den gegebenen Richtlinien übereinstimmte. Herr Spanier war mein Schulrat, er hatte auch erfunden, ich sei in

Moskau gewesen. Das war ein Irrtum; ich hatte eine Zeit an der Schule der russischen Handelsvertretung am Friedrichs-Wilhelm-Platz (oben an der Kaiserallee) gearbeitet, solange Krestinski Botschafter war. Aber Herr Spanier ließ sich nicht aufklären; er wollte einfach nicht.

Aber das alles ist weniger wichtig als die Stelle zu finden, die die Privatschulen beaufsichtigte, Frau Wegscheider hat die Lizens damals erteilt. So alt kann jemand doch mit 80 Jahren nicht sein, daß er es nicht fertig brächte zu konstatieren, daß ihr bekannt ist, daß Tami Oelfken im Jahren 1928 ihre eigene Schule einrichtete, nachdem sie vom Provinzial-Schulkollegium in Lichterfelde dazu die Erlaubnis erhielt. Aber alle diesbezüglichen Anfragen blieben unbeantwortet.

Inzwischen hat die Freiburger Stelle angefangen zu zahlen. Die Höhe der Entschädigung steht noch nicht fest. Neben dem Schulverbot ist ja noch die zweite Wiedergutmachung. Ich bin aus der Reichsschriftkammer ausgeschlossen und sieben Bücher durften nicht gedruckt werden. Das wenigstens ist vom Gustav Kiepenheuer Verlag bestätigt worden.

Mit dem Rias habe ich guten Kontakt. Ich kenne Herrn Ossowski, Herrn Korngrebe, Ruth Jamke und Herrn Lindemann persönlich recht gut. Aber ich bin durchaus nicht der Meinung, daß mit diesem Geschimpfe gegen Rußland und gegen die Ostzone irgend etwas politisch erreicht werden kann. Und wir sollten das amerikanische Geld nehmen und damit etwas Vernünftiges anfangen. Was nützt es den unterdrückten Menschen, wenn wir Ihnen erzählen, wie gut wir es in den Westzonen haben? Gar nichts. Ihnen wird klar, wie schuldlos sie leiden und sie machen sich auf den Weg ins westliche Paradies. Das weitere brauche ich Ihnen nicht zu erzählen. Hätte Adenauer von Anfang an dahin gewirkt, alles aber auch alles hintenan zu stellen – selbst den katholischen Mantel der Mutter Maria – und immer zu sagen: erst ein vereintes Deutschland! Dann erst gerne alles andere! Wir wären weiter. Berlin wäre unsere Hauptstadt und alle diese so unliebsamen Auswüchse wären nicht vorhanden. Also die politische Haltung am Rias würde es mir schwer machen. Einfach deshalb, weil ich mir immer noch den Luxus erlaube, eine Überzeugung zu haben, nach der ich auch handle. Das war von jeher teuer.

Diesen Brief schreibe ich Ihnen deshalb in solcher Ausführlichkeit, weil es wirklich schon schwierig ist, sich vom Bodensee nach Berlin zu verständigen. Am Freitag dieser Woche fahre ich für ein Trimester nach Bremen. Ich lese Pädagogik und Literatur. Das macht in Bremen keine Schwierigkeit, weil ich dort als Tochter eines ehrenwerten Vaters Heino Oelfken mehr als bekannt war und Herr Professor August Kippenberg kurz vor seinem Tode noch die Hand für mich ins Feuer legte. Außerdem kenne ich dort fünf Senatoren aus meiner Jugendzeit. Auch gibt es da noch Kronzeugen, die bei mir lange Jahre auf der Schulbank saßen. Das war in Grohn/Vegesack. Ich habe dann im preussichen Schuldienst zum ersten Mal 1918 gekündigt.

Meine Adresse in Bremen ist: bei Frau Elly Becker, Bremen, Elsasserstraße 21.

Ich habe gestern in einem langen Schreiben nochmals die wirtschaftliche Grundlage meiner damaligen Schule dargestellt. Ich hoffe, daß dieses sagenhaft dicke Dossier Vertrauen einflößt. An Herrn Hilker habe ich geschrieben. Ebenso an Frau Rotten.

Wenn ich Anfang des neuen Jahres in Berlin sein werde, werde ich Sie gerne aufsuchen. Sollte man Frau Wegscheider nicht besser den Text aufschreiben und sie unterzeichnen lassen? Alle andern Stimmen sind nicht amtlich, und was wir brauchen, ist eben eine amtliche Bescheinigung. Alles andere ist in breitester und glaubhafter Ausführlichkeit vorhanden. Auch meine Mitarbeiterin Frau Fe Spemann-Adriani, die heute in Paris lebt und die Tami Oelfken Schule mitführte, hat ihre Arbeit beendigt.

Die Bescheinigung von Frau Hanna Wrede wird genau wie die vom Schauspieler-Ehepaar Karchow gewiß ein gutes Steinchen im Mosaik geben. Der amtliche Beweis ist es nicht. Es besteht hier, wo ich nun zwölf Jahre lebe auch keinerlei Zweifel oder Mißtrauen, dazu waren schon zuviel Leute aus dem Ausland da, die unten im Bad-Hotel wohnten, um mich zu besuchen. Auch in Freiburg, obwohl ich nicht konvertierte, ist man mir durchaus gewogen. Das zeigt ja die begonnene Zahlung.

Die Stelle vom Finanzamt Freiburg teilte mir mit, daß durch den Beginn der Zahlungen meine Rechte bewahrt blieben, da diese Stelle (wie der ganze Aparat von Wohlleb) von Freiburg nach Stuttgart kommen wird.

Der Schulrat, mit dem ich mich in Spandau herumschlug, war Herr Kramm. Vielleicht nützt Ihnen der Name. Von dort aus ging ich nach Hellerau. Ist der frühere Stadtschulrat ***Paulsen*** noch am Leben? Er hat mich gut gekannt. Mit Frau Wegscheider hatte ich anfangs einen guten Kontakt; aber später habe ich sie tief gekränkt, weil mir Fritz Karsen zu sehr hochgestemmt wurde und ich von seinem geltungshungrigen Wesen für unsere pädagogische Arbeit nichts Gutes voraussah. Das taten viele andere auch; aber sie sagten es nicht.

Sehr geehrter Herr Buchwald, diese Ausführlickeit mögen Sie entschuldigen und die vielen Einzelheiten im Busen fromm bewahren. Es liegt mir sehr viel daran, die Ereignisse meines Lebens einigermaßen in Ordnung zu halten. Ich war immer ein Außenseiter. Die Kinder und meine psychologischen Beobachtungen und Untersuchungen waren meinem Herzen näher als das Wohlwollen meiner Vorgesetzten. Und selbst den noch so gut funktionierenden Bemühungen der Schulreform konnte ich keinen Geschmack mehr abgewinnen, nachdem der Schulversuch Spandau so kläglich zusammen gebrochen war. In Spandau arbeitete ich mit Margarete Panten (oder Panthen), einer frommen und tatkräftigen idealistischen Oberlehrerin, mit der zusammen ich auch bei Bölitz zu einer langen Audienz war. Vielleicht gibt das noch einen Hinweis. Irgendwo muß ich ja in den Akten stehen; denn schließlich habe ich ja von 1908-1934 ohne Pause pädagogisch gearbeitet. Und da sonst im preußischen Staatswesen ja auch keine Maus verloren ging, wieso sollte gerade eine Marie Wilhelmine Tami Oelfken verloren gehen?

Suchen wir weiter.
Ihnen allen Dank. Ich hoffe, Sie
im Januar in Berlin zu sehen
und grüße Sie auf das Beste.
Ihre Tami Oelfken

Katrin Vilskamp kenne ich lange Jahre; aber sie ist ziemlich krank und für alle Initiative ungeeignet. Von ihr habe ich Ihren Namen.

Bremen, Elsasserstr. 21 b. Frau Becker
Tami Oelfken, Überlingen/Bodensee, St. Leonhardstraße 48, Telefon 674

5. Oktober 1952

Sehr verehrter Herr Buchwald,

haben Sie vielen Dank für soviel intensive wie kameradschaftliche Bemühungen, die es fertig brachte, von Frau W. diese Attestation zu erhalten. Ich habe das Papier sofort eingeschrieben nach Freiburg weiter geleitet und menschlicher Vernunft nach! (aber die ist nirgends groß!) ist damit der letzte Stein dem Mosaik eingefügt. Noch vor meiner Abreise nach Bremen erhielt ich den Bescheid, daß mir einstweilen 300,– monatlich auf ein halbes Jahr ausgezahlt würden bis die endgültige Regelung zum Fasching erfolgte. Diese Zahlung ist für mich nicht nur der Summe von 300,– wegen eine große Erleichterung, sondern mit dem Anlaufen der Zahlungen sind ja grundsätzlich meine Ansprüche anerkannt. Natürlich spielt dabei eine Rolle, daß man mich in Freiburg als ehrenwert und zuverlässig kennt. So muß ich in Geduld weiter warten und arbeiten.

Hier in Bremen ist die VH mit pädagogischem und literarischem Seminar Tami Oelken angelaufen. Am 2. Nov. habe ich in den Kammerspielen-Bremen eine Matiné, in der ich aus eigenen Werken lese und in der Woche vorher eine Nachmittags-Autorenlesung im Dehmelhaus zur Woche des Buches. Auch mit Radio Bremen arbeite ich gut. Die Leute vom Rias kenne ich gut; sowohl Herr Ossowski, Herr Korngrebe und Ruth Jambke sind bereit, mit mir zu arbeiten und wenn ich selber dieser Arbeit nur zögernd entgegen sehe, so nur deshalb, weil ich die kultur-politische Haltung für schlecht halte. Wenn wir uns nicht endlich daran gewöhnen, anstelle der ketzerischen, unwürdigen Kritik etwas positives hinzustellen, – das ist ein Kapitel für sich. Amerika steht für meine Vorstellung wie Shylock auf der Brücke und wird das letzte Pfund Fleisch von uns kassieren. Die Frankfurter Allgemeine macht eine deutsche Politik; aber sie macht eine reaktionäre, wenn auch mit Kritik an Amerika. Ich aber will eine deutsche soziale Grundhaltung. Ich will so arm sein wie wir in Wahrheit sind und so wenig vermasst und in eine seelische Uniform gepreßt werden als es einem freien Menschen zukommt. Und ich frage mich, warum haben die Amerikaner Thoreau hervorgebracht? Wenn sie sich so wenig verpflichtet fühlen, die Wuchskraft der Seelen über eine Erhöhung des Lebensstandards zu stellen?

Ich habe vom Bezirksamt Schöneberg, Abteilung Volkshochschule einen Brief von Herrn Klingenberg. Er bat mich, für das erste Trimester im Jahr 1953 die Pädagogik zu übernehmen. Ich werde ihm heute noch ausführlich schreiben. Alles zieht mich nach Berlin, in Berlin ist eine gute Arbeitsluft, voll von Zuverlässigkeit und Aktivität.

Für heute Ihnen allen Dank, der Ihnen gebührt.

Mit besten Grüßen

Ihre Tami Oelfken

den 11. Juli 1953

Lieber Wulff,

die Armut ist, wie wir im Alltag erlebt haben, eine ziemliche Erschwerung aller Verständigung. Um so mehr freue ich mich über einen Brief von Conny Heinemann, der besagt, daß Ihr dort das Schlimmste überstanden habt. Und ebenso sagt er, daß unser Kontakt trotz all der Knüppel ja weiter besteht. Wir wollen versuchen, das Beste daraus zu machen. Die Voraussetzung liegt ja darin, daß Sie von Anfang an von meiner Arbeit überzeugt waren und was ich jetzt, nach fünf Jahren Arbeit an Anerkennung finde, obwohl eigentlich kein Verlag hinter mir steht, beweist die Richtigkeit Ihres Urteils. Verständnis und absolute Übereinstimmung in der literarischen Wertschätzung ist die Voraussetzung für eine gemeinsame Arbeit. Verleger und Autor müssen aus demselben geistigen Klima stammen, sonst ist alles für die Katz. Übrigens haben die wenigsten heutigen Verleger ein geistiges Klima – damit fängt die Tragödie an. Daß ich mit Bertelsmann aufhören muß, das ist gewiß.

Ich habe nun nach allen Richtungen die Fäden gesponnen, so gut oder so schlecht ich es kann. Das ist nicht einfach bei der Schaukelpolitik, der Verlogenheit und der Oberflächlichkeit in geistigen Bezirken, aber wir müssen lernen die Entwicklung auf lange Sicht zu sehen, anstatt in diesem affigen Kleinkram zu verirren. Darin sind Tralow und seine Freunde um nichts geschickter als die Westler. Es fehlt an Menschen, die unabhängigen Geistes sind, weil das teuer ist.

Das sind für uns beide Binsenwahrheiten. In Bremen habe ich mich durch mehr als hartnäckige Arbeit und gegen alle Torpedos von Werner Wien, der damit auch nicht aufhören wird behauptet. Aber ich habe Freunde, die dafür sorgen, daß diese Torpedos im luftleerem Raum verpuffen – eine Gemeinde geschaffen und ich werde damit fortfahren, sobald ich im späten Herbst wieder da bin. Im Augenblick wird dieser Aufenthalt vorbereitet. Kaissens, die hier in Überlingen waren, Ehlers, den ich sehr schätze und Faust – und noch eine Reihe andrer Menschen, die wichtig sind, weil sie in zuverlässiger Bereitschaft hinter mir stehen, sie alle werden mir zum Winter helfen. Nicht zuletzt Conny Heinemann, mit dem ich einen guten Kontakt habe und den ich darüber hinaus als Mitmensch schätze.

Ich habe mich nun um alle möglichen Hilfsquellen bemüht, damit wird die Sonnenuhr von neuem starten können. Die Wiedergutmachung läuft in etwas beschämend schüchterner Zahlung an. Aber dieser Anlauf und die Bestätigung ist überhaupt die Grundlage von Hoffnungen. Wie hoch die Summe wird, ob sie in Monatsraten oder in einer einmaligen Abfindung bestehen wird, das ist noch unsicher. Einstweilen habe ich monatlich dreihundert Mark, die angerechnet wird, falls ich nicht unter die Rentenempfänger falle. Es ist nach dem amerikanischen Gesetz nun weit mehr anzunehmen, daß ich mit einer einmaligen Summe ausbezahlt werde und ich habe nun in der letzten Wochen auch durch Freiburg den Antrag dahin gestellt.

Was auch immer dabei heraus kommen möge, ich will einen Teil des Geldes dazu beisteuern, daß die erweiterte Sonnenuhr und der Zauber der Artemis wieder erscheint. Wir könnten bei dem Neudruck auf die Verwendung der sehr guten Kritiken zurückgreifen und es wäre kein Zweifel, daß beide Bücher guten Absatz fänden. Ich würde mir helfen, durch Lesungen und durch Unterstützung, die Lesergemeinde auszubauen. Ich halte von diesen Massenauflagen gar nichts. Und es imponiert mir nicht, daß Johannis Tralow mit 100.000 mal Irene Trapezunt nicht ausreichte und er mir schrieb, die Leute hätten in Leipzig das Buch aus der Hand gerissen. Was meinen Sie? Ist das noch geistige Nahrung? Ich nehme an, daß wir sehr bescheiden und mit viel Kleinarbeit anfangen müssen, aber wir müssen es eben im Vertrauen darauf tun, daß unsere Arbeit wichtig ist und wir selbst mit unserem Vertrauen und mit ganzer Intensität dahinter stehen.

Wie hoch mögen die Druckkosten für die Sonnenuhr sein? Ist es möglich, einen Drucker und Papiermann zu finden, der mit der Anzahlung auch anfängt und dem Sie den Rest zahlen könnten, wenn ein Teil der Sonnenuhr verkauft ist? Wenn es gelingt 2.000 bis 2.500 Mark beizusteuern – das ist die reale Unterlage, die ich Ihnen heute geben kann – bestünde damit eine Möglichkeit, das Buch zu starten? Es wird Umfang des Supervieille haben, etwa 300 Seiten keine Illustration. Außer vielleicht auf dem Schutzumschlag mein Foto. Wollen Sie die Freundlichkeit haben, mir recht bald ausführlich über die Möglichkeit zu berichten? Wie lange würde die Herstellung dauern?

Hier ist alles unverändert. Peter ist gekommen mit einem Linienschiff von amerikanischem Wagen von Blochs Gnaden; weshalb es naturgemäß schwierig ist, mit Hanna ins Gespräch über irgend welche Zuwendungen zu kommen. Sie hat mir den teuren Aufenthalt in Bremen vom letzten Winter gespendet, und ich muß mit ihr zufrieden sein, da sie ja von der Einmaligkeit und Wichtigkeit meiner Arbeit keinesfalls überzeugt ist. Hier ein sehr kurioser Artikel aus der Hamburger. Vielleicht macht er Euch Spass. Ich finde ihn gut.

Wie geht es Euch allen? Besonders den Jungens?

Eure Tami

P.S. Daß ich mich sehr um den Rudolf-Alexander-Schröder-Preis bewerben werde, ist selbstverständlich. Es ist nur traurig, daß ich es weder mit der Sonnnenuhr noch mit dem Zauber der Artemis tun kann. Die Bedingungen habe ich immer noch nicht. Lutze wird wohl in Urlaub sein.

Brief an Walter A. Kreye, Leiter des Heimatfunks bei Radio Bremen, der Tami Oelfkens Buch »Stine vom Löh« für eine Rundfunksendung ins Plattdeutsche übersetzte und als Drehbuchautor und Regisseur einen Fernsehfilm des gleichen Titels dreht. Der Film wurde im ZDF gesendet.

24. Mai 1954

Lieber Herr Kreye, Abt. Heimatfunk,

einen ausführlichen Brief mit Dank sollen Sie in den nächsten Tagen von mir haben. Heute nur rasch (gau, gau!) meine Bestätigungen. Sie haben so ganz erfaßt, daß dies reizende Werk »Stine vom Löh« nicht nur plattdeutsch gedacht, sondern auch aus meinem plattdeutschen Innern des Tami-Oelfken-Herzens geschrieben ist; übrigens ist in einer ganz anderen geistigen Atmosphäre von humoriger Blumentaler Herhaftigkeit »Fietje Böning« und »Lora Grella Siebzehn« geschrieben!

Warum haben Sie den Titel geändert? Es ist sehr gemütlich, wenn wir es vom Gemüt her nehmen.

Das Honorar ist gering. Wir werden das nicht ändern können. Aber ich verlaß mich ganz auf die mir erwiesene und bewährte kameradschaftliche Treue des Radio Bremen meinem Werk gegenüber und Ihrer Ritterlichkeit einer abwesenden Tami gegenüber, daß Sie meinen Namen unverstümmelt als Tami Oelfken aus Blumenthal bringen und so grüße ich Sie und alle dortigen Freunde von Herzen und bedauere a) daß ich keinen Apparat habe, um die Sendung zu hören und b) sollte ich jemals so begütert sein, um ein solches Instrument zu haben, so würde ich leider wie mein Bruder aus Heilbronn mir sagt, Radio Bremen ***nicht*** erwischen, weil der Südwestfunk uns ***überfunkt.***

Grüßen Sie bitte sehr Herrn L., Frau Dr. Moeller und wer sich außer dem lieben Schmidt-Barrien noch meiner erinnert. Bald mehr.

Ihre Tami Oelfken

14. Juni 1954

Lieber Walter Kreye,

Dank für Ihren kameradschaftlichen Brief, und die Sendung »Kiek in de Welt« womit ich mich gleich einer Henne, »die een goden Happen funnen hätt'« in die Sofaecke zurückzog und das ganze bei einer Tasse Guatemala recht genoß. Mein Apparat gibt es hier her, Bremen anzupeilen. Nach Blumenthal eingeladen bin ich nicht, so muß ich aus allem das Beste machen und mit dem Herzen da sein, wo meine stiefmütterlich bedachten Beine mich nicht hintragen. Ich bin außerdem so in meine Penaten eingetaucht, daß ich sie nicht einen Augenblick allein lassen könnte, und wenn Sie erst durch Eberhard Lutze erfahren, was es mit den Penaten auf sich hat, werden Sie es gewiß begreifen. Ich sehne den Tag herbei, an dem ich Euch allen die Penaten ans Herz legen kann. Vergeßt bitte nicht, mir wenigstens per Nachnahme in drei Exemplaren den »Kiek« zu senden. Und das Ihr nun in der Böttcherstraße ein gutes Nest zum Brüten gefunden habt, ist ein Glück. Von Euch kenne ich also Christian Holsten, den ich vor 2 Jahren in Tarmstedt gefunden habe – Schmidt-Barrien, Sie und Freudenberg. Was Eure Abteilungschefs anbelangt, so glauben ***die*** wie Anni Snoors, in den Penaten »Das schwarze Schaf«, die Kinder könnte man gut mit der Nähmaschine nähen, um sich den zeitraubenden Beischlaf zu sparen. Stine vom Löh wäre als Titel nicht nur künstlerischer, sondern auch fülliger als alles andere. Mit den Kritikern, lieber Freund, da habe ich meine ganz besonderen und persönlichen Erfahrungen in Bremen. Was die ***guten*** Leute sagen, das geht mir zu Herzen; was die öffentliche Presse sich da jedesmal abquält, das ist mir ganz uninteressant. Die guten Leute, das sind wohl 50-70, die werden es mir wohl schreiben. Warum hat Herr Goebel nicht in den Bremer Nachrichten seine Stimme erhoben? Ach so, das war der Weser-Kurier. Wer ist da »Grv«? »Reizvolle Erzählung« ist Stine vom Löh ganz gewiß nicht. Und »Grv« ist ein Dussel, dee sick uppen Schlips pedd.

Dies ist die Korrektur der Sonnenuhr. Das Buch wird in Westdeutschland, Österreich und in der Schweiz vom August ab von meinem alten Gustav-Kiepenheuer-Verlag, Weimar, ausgeliefert. Sobald es da ist, schicke ich meine Exemplare an alle die Freunde in Bremen, die daran Freude haben. Aber für Sie ist es für die Ferien gut, den »Südländer« zu lesen und die Arabesken.

Für eine Viertel-Stunden-Sendung müßten Sie den Südländer kürzen, aber ich würde Ihnen diese Kürzung anvertrauen. Noch passender wäre das vorgezeigte Kapitel von »Maddo Clüver«. Es gibt nur noch ein Exemplar in Bremen; ich habe es Helene Kaisen zu treuen Händen übergeben. Von Helene Kaisen ging es höchstwahrscheinlich über Eberhard Lutze an einem Mann in Blumenthal. Sie würden mir einen großen Gefallen tun, wenn Sie die Leidenswege dieser Maddo Clüver im Auge behielten. Ich selber habe kein einziges Exemplar mehr und habe berechtigte Sorge, daß es vermaselt wird.

Dies ist heute alles. Ich fürchte, daß wir hier unten Radio Bremen nicht hören, aber ich werde mich hinsetzen und Ihr schönes Manuskript lesen. ***Sie*** sollten meine Maddo ins Plattdeutsche übertragen.

Damals war das unsere Muttersprache und mein Vater las uns abends Fritz Reuter vor. Diese Oma, um die ich Arabesken wand, sprach mit meiner Mutter und den übrigen Oelfken-Kindern eine Art von pastoralem Hochdeutsch, mit meinem Vater und mit mir sprach sie platt. »Du bös min söten Appensteert« sagte sie um mich zu trösten. Ich bitte um Grüße an alle, die mich dort mögen, den anderen nutzt es nichts.

»Grv« vom Weser-Kurier sollte sich eines etwas gepflegteren Stils befleißigen: »griff auf – zurück« – »Plan seinen Ausgang findet«. Und »Rahmensprecher« – mein lieber Kreye, werden Sie bitte kein Rahmensprecher und wenn er, »Grv«, es wert ist und noch jung genug, so sagen Sie ihm, was ich von ihm halte. Ich wäre eben auch noch eine Pädagogin. Ich bilde auf keinen Fall einen klingenden Akkord mit ihm – dem Grv.

Wohl aber mit dem Walter Arthur Kreye, von dem ich mir wünsche, er soll mir zum Geburtstag – 25.6. 66 Jahre alt – gratulieren und ein Bild mit Autornamen schicken, wo ich ihn mit Fru un Kinners up sien Tühn sitten sehen kann.

Ga jo good, Frün,
Tami

Anmerkung: Das obengenannte Exemplar der »Maddo Clüver« wurde von Inge Menze, geborene Kaiser als Vorlage für den Neudruck (tende, 1987) zur Verfügung gestellt. Es fand sich im Nachlaß des 1. Bremer Bürgermeisters.

11. Juli 1954

Mein lieber Freund Kreye,

meine Hand ist müde; die Penaten werden Ende des Monats fertig sein und am 21. Juli kommt die Lektorin des Düsseldorfer Verlages, um mit mir die Gestaltung des neuen Buches durchzusprechen. Sie wird also von Mittwoch, dem 21. ab hier sein. Dies zu Ihrer Orientierung, nur um Ihnen zu sagen, daß Sie mir immer samt Frau und Ältesten willkommen sind. Nur wäre es lieb, wenn ich es einen Tag vorher wüßte, und Sie nicht eine halbe Stunde, sondern gemütlich und breit hereinschauten, damit keine unanständige Hetze entsteht.

Dank für das schöne Gedicht. Es hat mich sehr gerührt. Hier haben Sie nun die neue Sonnenuhr, die in 10.000 Exemplaren in der Ostzone und in 3.000 Exemplaren in die Schweiz geht. Die äußere Form ist noch etwas ärmlich und der Geruch einer gewißen Enge ist auch sonst kaum zu vermeiden. Aber ich bin froh, daß dies Buch wieder da ist. Es wäre viel zum gegenseitigen Festhalten getan, wenn die sogenannten Dichter etwas mehr Zivilcourage hätten und etwas weniger Raffgier. Was meinen Sie?

Es freut mich, daß Sie eine Maddo Clüver erwischt haben. Die erste hat Eberhard Lutze. Ich werde alles tun, um die Zeit, die man mir gestohlen hat, einzuholen, aber leider ist meine Gesundheit seit Bremen unerwartet quengelig und mein Arzt, der gut ist und Baumgarten heißt – das ist ein vertrauenserweckender Name – murkst an mir rum und gebraucht lateinische Worte. Damit ist mir nicht geholfen.

Es würde mich sehr freuen, wenn Sie in Radio Bremen diese erweiterte Sonnenuhr besprechen könnten. Und, wenn man Sie das nicht tun läßt, so schreiben Sie doch bitte einige Zeilen über die Sonnenuhr an meine tapfere Freundin Ida Kiepenheuer, Inhaber des Verlages Gustav Kiepenheuer – Weimar, Lenbachweg 2. Gustav ist dort vor fünf Jahren gestorben und Ida führt den Verlag weiter.

Ihnen und Ihrer Frau alles Gute! – Bitte bald eine Postkarte, wann Sie wohin fahren.

Sehr herzlich Ihre
Tami Oelfken

24. September 1954

Lieber Freund Kreye,

ich war 4 Wochen in Portofino und habe mich dort in der guten Luft wahrer Freundschaft so weit erholt, daß ich wieder an meinem Schreibtisch sitze.

Ich sandte auch Ihnen die Sonnenuhr, wem sollte ich sie sonst schenken, wenn nicht den wenigen Menschen, die sie begriffen haben? Von Groll ist nicht die Rede. Das Urteil von Eberhard Lutze gilt mir viel. So freut mich seine Anerkennung von Herzen und macht mir Mut, der nicht eben groß ist nach den Erfahrungen der letzten Jahre. Ich habe vor, wenn es nach allen Seiten machbar ist, im Oktober nach Düsseldorf zu fahren und mein Kind persönlich aus der Taufe der Druckerschwärze zu heben. Ich bitte Sie sehr, um meine Briefschulden, die turmhoch hier liegen und gekrönt ist der Turm durch diese ledige Wiedergutmachung, die jetzt auch hier in Fluß kommt, Herrn Lutze um Verzeihung zu bitten.

Das tragische Bild der Martini-Kirche, nach dem das Focke-Museum bangt, ist von Düsseldorf in die Cliche-Anstalt gegeben. Da es sich um einen ordentlichen Verlag handelt, besteht keinerlei Anlaß zur Sorge.

Bei mir wird heute Buchenholz gesägt und so bin ich immer mit einem Bein auf der Treppe, um mit einem Arm einen Schnaps einzuschenken, um das badische Tempo zu beschleunigen – der andere packt zum Buch einen Gruß an Bremen.

Schreiben Sie bald wieder

Tami Oelfken

24. Oktober 1954

Meine lieber Freund Kreye,

es hat alles etwas gedauert, aber jetzt ist der Umbruch der Penaten an der Reihe, mit denen ich bis Anfang November fertig sein werde. Das Buch gefällt mir sehr; hier ist ein Prospekt. Es ist teuer, weil er farbige Bilder wie den Barkenhoff etc. etc. enthält und fast 30 Zeichnungen von Adriani. Das Buch soll im November herauskommen. Es ist einfach im Gefühl und im Stil, aber es ist kein Durchschnittsbuch, wenn wir auch zur deutschen Ehrenrettung wünschen mögen, es wird vom Mittelstand gelesen (was einfach ein scheußliches Wort ist). Ich schreibe nicht für den Mittelstand. Aber sagen Sie mir, und setzten Sie sich mit Barrien und Lutze in Verbindung, was wir bei Radio Bremen für das Buch tun können, damit die Penaten in Bremen eine Leserkreis finden.

Heute habe ich Ihnen – Ihrem Wunsch vom 21.9. entsprechend, noch zwei Geschichten geschickt. Die eine hat sehr die Atmosphäre des Moores und seiner Einsamkeit. Ich mag sie gern, obwohl sie im bäuerlichen gehalten bleibt und keinerlei elevierte Motive aufreißt. Ich habe das gern. Dann ist noch eine mehr als humorige Novelle da (echs Seiten) »Die Tanzstunde« Sie wird Ihnen gefallen. Aber man muß sie erst abschreiben. Das tu ich seit Jahren mit einem Finger allein – so muß ich warten, bis die andere Arbeit etwas aufgeräumter ist.

Um das Maß meiner Bemühungen, auf den sagenhaften »grünen Zweig« zu kommen, voll zu machen, muß ich am Dienstag den 26. zur Verhandlung zur amtsärztlichen Untersuchung nach Freiburg in Sachen meiner Wiedergutmachung. Halten Sie mir den Daumen.

Nein, ich werde leichtsinning genug sein, Ihnen das einzige Exemplar der Tanzstunde zu schicken, in der Hoffnung, Sie lassen es in Radio Bremen abschreiben, wenn Sie es senden mögen.

Gruß an Herrn Freudenberg und an Schmidt-Barrien.

Schreiben Sie bald Ihrer Sie herzlich grüßenden
Tami Oelfken

Jedes Leben hört an einer unbefriedigenden Stelle auf

Genau zweieinhalb Jahre sollten Tami nach diesen letzten Briefen nach Bremen noch bleiben.

Nicht nur ihre Gesundheit begann »quengelig« zu werden, auch Werner Wulff, der Bremer Freund und Verleger, litt zunehmend unter seiner Herzerkrankung, die er sich während der KZ-Haft im Arbeitslager bei Papenburg zugezogen hatte. Aufzuholen, wie Tami es sich wünschte, waren die Jahre des »Dritten Reiches« nicht. Aber der Bremer Rundfunkregisseur und Autor W.A. Kreye, dem ihre letzten Briefe gelten, übersetzte viele ihrer Arbeiten ins Plattdeutsche, schuf Hörspiele und als Höhepunkt einen Fernsehfilm mit dem Titel »Stine vom Löh«. Auch die »Penaten«, ein ästhetisch reizvolles Jahrbuch, war bald vergriffen.

Wenn auch die bescheidenen Honorare vor dem Verhungern bewahrten – es war für eine Frau und Schriftstellerin, deren Gesundheit von Jahr zu Jahr schlechter wurde, keine ausreichende Lebensgrundlage.

Sie läßt in ihren Briefen nicht viel darüber verlauten, wie bedrückend die materielle Not für Gesundheit und Wohlbefinden war. W.A. Kreye, der in Bremen als Schriftsteller und Regisseur lebt und arbeitet, sagt dazu: »Hätte ich damals geahnt, wie schlecht es ihr ging, ich hätte noch mehr für sie tun können im Rundfunk.«

Und doch ist es ihm und dem unermüdlichen Werner Wulff zu danken, daß Tami Oelfken in den letzten Jahren ihres Lebens nicht resignierte. Der Bremer Bürgermeister Wilhelm Kaisen und seine Frau Helene unterstützten sie durch regelmäßige Zuwendungen aus privaten Mitteln, die der behinderten Schriftstellerin die ärgsten Sorgen linderten.

Es muß hart für sie gewesen sein, als ihr Verleger Werner Wulff 1956 plötzlich seinem Herzleiden erlag. Florentine Wulff blieb mit zwei Kindern unversorgt zurück, die Verlagsarbeit wurde eingestellt. Sicher sind in den letzten beiden Jahren noch Briefe zwichen Tami und Flore gewechselt worden, aber sie fanden sich nicht im Nachlaß Florentine Wulffs bei der Auflösung des Verlages im Jahre 1981. Jens Wulff, der in Bremen lebende Sohn des Verlegerehepaares, berichtet aus seinen Erinnerungen an Tami aus dieser Zeit: Hans Reisiger sei oft bei ihr gewesen, ein Übersetzer und Romanautor, von dem Thomas Mann während der Schweizer Emigration in seinen »Tagebüchern« schreibt, er sei ihm ein enger Freund.

Reisiger, der zu Tamis 60. Geburtstag eine Laudatio im Südfunk Baden-Baden gesendet hatte, der ein alter Jugendfreund Tamis aus den Worpsweder Jahren im Hause Heinrich Vogelers war, hatte auch das Kriegsende zusammen mit ihr in Überlingen erlebt (s. »Logbuch«).

In den bewegten Jahren, die auf jenen politischen und künstlerischen Aufbruch einer idealistischen und revolutionären jungen Generation auf dem Barkenhof gefolgt waren, hatten die Beteiligten einander nie ganz aus den Augen verloren. Hans Reisiger war bei ihr, als sie am 8.4.1957 in einem Münchener Krankenhaus starb.

Christa Alverdes geb. Oelfken, die als letzte der sieben Oelfken-Geschwister heute in Rheinbach bei Bonn lebt, schreibt im September 1987 dazu an die Herausgeberin: »Ihr Tod wurde in den Berliner, den Hamburger und den Bodensee-Zeitungen bekanntgegeben. Außer einem Neffen von uns, der die Familie vertrat, kam niemand – kein Freund, kein Nachbar, einfach niemand. Es hat sie keiner auf dem letzten Weg begleitet – auch nicht in Blumenthal, als die Urne auf unser Familiengrab kam.«

Tami Oelfken, die ihren Heimatort und seine Entwicklung, seine Menschen und seine Landschaft in ihren Büchern zu Literatur machte, die damit nicht nur Heimat-, sondern Zeitgeschichte schrieb am Beispiel eines kleinen Dorfes bei Bremen, liegt dicht hinter der Kirche in Blumenthal begraben.

Der neue Blumenthaler Friedhof ist der Schauplatz einer ihrer eindringlichsten Kurzgeschichten mit dem Titel »Ol-Kark«. Sie mahnt darin vor der gewaltsamen Zerstörung der Umwelt durch blinde Fortschrittsgläubigkeit, die vor 100 Jahren den alten Friedhof zerstörte.

Der Kreis hat sich geschlossen.

Am Schluß dieses Briefbandes soll Tami Oelfken noch einmal zu Wort kommen, mit einem Text, der sich undatiert in ihrem Nachlaß fand – er hat seine Aktualität bis heute bewahrt.

Über das zwiegespaltene Herz des heutigen Schriftstellers Monolog von Tami Oelfken

Da habe ich mir einen Titel ausgesucht, als ob mir spaßig zumute sei, aber es ist mir durchaus nicht spaßig zumute und ich habe »das zwiegespaltene Herz« nur gewählt, damit Bienen angelockt würden, um den Honig zu schlecken. Denn so sage ich mir, was nutzt es, wenn ich mir hier in der unfruchtbaren Einsamkeit meine Gedanken mache und nur ich habe was davon? Ist das nicht zu wenig?

Nachdem das babylonische Sprachengewirr vom deutschen Schutzverband der Schriftsteller in Berlin nur in gedämpftem Nachklang aus den Tageszeitungen an mein Ohr gedrungen ist, muß ich meine Stimme nicht auch erheben? Ja. Denn wäre ich dabei gewesen, so hätte ich gewiß mein Teil an dem Durcheinander dazu gegeben. So will ich es jetzt hinterher tun.

Warum sollten meine Gedanken und meine unendliche Bemühung, von deren Wichtigkeit und Tragweite ich hier unter dem Dach überzeugt bin, nicht für jene Schriftsteller eine Antwort enthalten, die sich vielleicht dasselbe fragen. In Ruhe gelesen, wirken manche Worte tiefer und natürlicher, als wenn wir sie vom Rednerpult in eine unwillige und unübersichtliche Zuhörerschaft sprechen. Der Brief, an die amerikanischen Meister gerichtet, würde vom Katheder vielleicht nicht den Eindruck gemacht haben, den er hier in der Sofaecke auf mich gemacht hat. Er sagt: »Die Lebenden aber kann man vor Gefahr bewahren. Und jede Stimme eines Kulturträgers, die zur Verteidigung des Friedens und für die Freundschaft der Völker erhoben wird, ist eine Stimme zum Andenken der Gefallenen und für das Leben der Lebenden.«

Dazu beschwören die sowjetischen Schriftsteller den Geist Emile Zolas »Ich klage an« den Geist Leo Tolstois »Ich kann nicht schweigen«. Meine lieben Freunde, möchten doch wir Spätgeborenen von ihnen lernen, daß es feige ist, den Mund zu halten und seiner Wege zu gehen, wenn um uns herum noch Lüge und Verschleierung die Luft verpesten! Wir machen uns mitschuldig, wenn wir tatenlos zuschauen, wie die Eitlen und Raffgierigen sich schon wieder breit machen. Wir müssen das Unkraut diesmal mit der Wurzel ausreißen. Aber sie schreien und behaupten, sie seien kein Unkraut und die Amerikaner würden über uns lachen und bei den Franzosen in Frankreich, da nähmen es die Leute nicht halb so ernst mit der Entnazifizierung. Die Amerikaner mögen gerne lachen; aber wir sollten nicht lachen, denn wir haben durch zehn Jahre den Taten der Nazis hilflos zusehen müssen, weil die Gefahr draußen nicht ernst genommen wurde. Und wir sind heute das elendste und verachteste Volk der Erde, nicht die Amerikaner und nicht die Franzosen.

So klingt es uns ganz mit Recht von allen Zäunen entgegen: Seid zeitnah! Kämpfe den Kampf des Alltags mit uns! Kämpfe an unsrer Seite den Kampf für Freiheit und Recht, und dulde es nicht, daß irgendwo mit den Menschen und ihren Seelen Mißbrauch getrieben wird, die guten Willens sind!

Trauer über all diese Mißverständnisse, die mit dem Begriff der Freiheit heute verbunden sind, Freiheit in den Mündern der Unwürdigen in Frechheit umgewandelt – das allen genügt um jeden von uns in die Nähe der Zeit und ihrer Aufgaben zu rükken. Oder könnten wir in unserem alten Westen von Berlin die tote und seelenlose Nettelbeckstraße entlangtasten, die Hände an der nicht mehr existierenden Häuserwand entlang – und die Augen vor dem Grauen einer solchen Zerstörung schließen, indem wir murmeln: Das geht mich nichts an, denn ich bin ein Dichter!

Dürfen wir die Ohren schließen vor den Stimmen, die wir erkennen würden aus früherer Zeit, als sie viehisch brüllten im Triumpf und die heute säuseln und in Amerika und auf der ganzen Welt wehleidig um Hilfe rufen? Diese Stimmen, die feige und geduckt und zweideutig sind! Nein, meine Freunde, wir haben es unter Tränen gelernt, hellhörig zu sein – und unsre Augen sind nicht mit Blindheit geschlagen. So seien wir wachsam und hellhörig. Wir haben zuviel erlebt und erlitten.

Hätten wir damals, als es noch Zeit war, einen Dinter wegen Aufreizung zum Mord eingesperrt, als die sogenannten Gebildeten noch über »Die Sünde wider das Blut« gelacht haben, wievieles wäre uns erspart geblieben. Aber haben sie es gewagt?

Nein es wurde zu diesem Unflath geschwiegen und diese Schweigen erst hat alle blutrünstigen Stimmen ermutigt, bis eines Tages alles in Blut und Tränen erstickte. Wir dürfen nie wieder schweigen, wenn irgendwo Unrecht geschieht.

Wir können nach diesen Jahren an weißglühender Liebe zur Gerechtigkeit nie genug tun.

Die Fragen der Menschenwürde, die Frage der Politik, die Frage der Juden war in den Händen der Dichter während des dritten Reiches in schlechtem Gewahrsam. Und das haben wir heute abzuverdienen.

Also kämpfen wir diesen zeitnahen Kampf Seite an Seite.

Aber – aber – meine Freunde, darüber hinaus!

Hier spreche ihr für mich. Aber gibt es unter uns nicht viele, die sich die traurig bange Frage vorlegen – darüber hinaus? Warum genügt uns das nicht, warum ist unsre Seele voll Trauer über weitere gestohlenen Jahre unsres kurzen Lebens? Warum soll mein Dasein weiterhin angefüllt werden mit diesen Aufgaben des Reinemachens – und soll ich bis an mein Lebensende nun faule Kartoffeln aussuchen, um sie auf den Misthaufen zu werfen, damit sie die guten nicht anstecken und verderben?

Sehnen wir uns nicht alle nach etwas ganz andrem zur Erhaltung unsres seelischen Bestandes! Wehren wir uns nicht irgendwo dagegen, immer noch für etwas mißbraucht zu werden, von dem wir hofften, andre Instanzen würden dafür sorgen, daß die kranken Kartoffen auf den Mist kommen? Ja.

Ja, draußen gibt es Bäume und Blumen, es gibt den Himmel über dem Bodensee mit seinen wandernden Wolken, es lächelt unter dem Herbsthimmel das unversehrte Antlitz unsrer Erde.

Ich weiß, daß ich vom Standpunkt des heutigen Politikers unrecht habe; aber habe ich unrecht vom Standpunkt des Dichters? In diesem Zusammenhang sei mir das Wort »Dichter« erlaubt, weil es zur Unterscheidung unvermeidlich ist. Hier wird unsre Tragik sichtbar, die uns vor zwei Aufgaben stellt, vor die höhere der dichterischen Bemühung und der zeit-notwendigeren der gründlichen Reinigung und Neu-Ordnung.

Wenn uns heute die Blumen und die Mädchen von Francis Jammes in eine zartere und reinere Luft zu heben vermögen, wenn die Haselbüsche von Jacobsen als visionäre Erscheinung selbst die Trümmer von Berlin überblühen, und wenn der rosenfarbene Wein mit all seiner Kargheit, mit dem Anatole France seine Jungfrau ernährt, vor uns steht reich und rosenfarben wie je – so verdanken wir diese tröstenden Schätze der Unversehrbarkeit dichterischer Gebilde. Ihre zeitlose Unantastbarkeit – wer zu lesen versteht, dem sind die Fahrten des Odysseus so nah wie drüben hinter dem See Konstanz – ihre zeitlose Unantastbarkeit gibt uns Vorstellung von der Vollkommenheit, um die wir uns bemühn. – Dafür schuf Gott Dichter.

Unter der Erde ist die Wurzel der Bäume. Für uns Menschen bleibt die Wuchskraft unsichtbar. Männer haben nach dem Autorenkongreß lächelnd gesagt, sie könnten sich unter den Worten Reinheit und Schönheit nicht viel denken. Diese Worte seien für sie Buchstabengebilde. Ich kann mir gut vorstellen, daß jemand der dem Quellwasser keinen Geschmack abgewinnen kann, das dem Quellwasser innewohnende Gesetz von der Reinheit nicht spürt. Keiner von uns vermag ja genau zu sagen, wann ihm dies Mehr zuwuchs. Ganz gewiß ist das Dichten nicht von einer Organisation aus zu befruchten oder einzuordnen. Alle wirklich aus dem Herz blut geborenen Dichtungen brauchen die Stille, das Verschwiegene, das Dunkel. Dichterische Kraft wächst unterirdisch und speist so den Baum. Diese eherne Reserve menschlichen Glückes ist mit Blumen und Bäumen und Sternen in die Obhut der Dichter gegeben. Und wenn die Sprache – das heißt die Zunge der Menschen verschiedene Töne hervorbringt, das Wesen aller Dichtung wird gespeist aus der Wuchskraft unsrer Seelen. Hier hören die Nationen auf und die Menschheit beginnt.

Ich komme mit Herzklopfen auf den Anfang meiner Untersuchung zurück. Haben wir die Erde, die uns in Obhut gegeben wurde, bewahrt? Nein. Wir haben den gefährlichen Augenblick des Mißbrauchs übersehen. Wir haben die Zeit verpaßt mit Träumen von einer bessren Welt, indes eine zerstörerische Macht das Antlitz unsrer Erde aufriß, versehrte und vergiftete. Und unter der Maske von Hiroshima wurde die Sünde der Menschheit offenbar, die schlimme Sünde wider den guten Geist unsrer Erde.

Solange noch Giftherde im Herzen der Menschheit auf der Lauer liegen, solange haben wir noch keine Ruhe, uns Träumen von Reinheit und Schönheit hinzugeben.

Noch sind wir bedroht. Noch ist es Zeit, wachsam zu sein.

Erwähnte Personen im Briefwechsel

Waldemar Augustiny (1897–1979) Schriftsteller. Lebte seit 1934 in Worpswede.

Curt Brauns Verleger. Inhaber des Alster Verlages Curt Brauns, Wedel in Holstein.

Werner Deutsch Verleger

Alfred Döblin (1878–1957) Schriftsteller. Nach dem zweiten Weltkrieg Kulturoffizier der französischen Armee.

Adolf Ehlers (1898–1978) 1923 Abgeordneter der KPD in der Bremischen Bürgerschaft. Seit 1946 Mitglied der SPD. 1948 Innensenator. 1959 Bürgermeister und stellvertretender Präsident des Senats.

Lotte Ehlers vermutlich Ella Ehlers, Ehefrau von Adolf Ehlers (Brief v. 11.7.1953)

Alfred Faust (1883–1961) Redakteur. 1919–1933 Mitglied der Verfassunggebenden Nationalversammlung, danach der Bremischen Bürgschaft. 1933/34 inhaftiert und aus Bremen ausgewiesen. Ab 1950 Senatspressechef.

Eberhard Freudenberg (geb. 1920) Von 1949 bis 1957 Leiter des Heimatfunks bei Radio Bremen.

Martin Goldyga Worpsweder Kunsthändler.

Paul Goosmann Sozialistischer Reformpädagoge. 1933 aus dem Amt entlassen. 1946 1. Vorsitzender des »Vereins Bremer Lehrer und Lehrerinnen«.

Fritz Gansberg (1871–1950) Überregional bekannter Bremer Reformpädagoge. Ab 1936 im Ruhestand. Die Reformpädagogen lehnten die herkömmliche Lernschule ab und entwickelten eine Pädagogik, die vom Kind ausgeht.

Carl Haensel (1889–1968) Schriftsteller, Rechtsanwalt. Verteidiger bei den Nürnberger Prozessen. 1952 Professor in Tübingen.

Julia Haensel Schwiegertochter Carl Haensels, Ehefrau v. Peter Haensel

Manfred Hausmann (1898–1986) Schriftsteller, Journalist. Von 1945–1953 Feuilleton-Chef des Weser-Kuriers. Er lebte zunächst in Worpswede, später in Bremen-Rönnebeck.

Rudolf Hagelstange (geb. 1912) Schriftsteller. Lebt seit 1948 in Unteruhldingen am Bodensee.

Karl Jakob Hirsch (1892–1952) Als expressionistischer Schriftsteller bekannt geworden. Er kam als Maler nach Worpswede. 1908–1932 dort ansässig. Freundschaft mit Heinrich Vogeler und Ludwig Bäumer.
Christian Holsten (geb. 1922) Schriftsteller. Seit 1948 literarische Beiträge für Radio Bremen und den NDR.
Gustav Kiepenheuer (gest. 1949) Inhaber des Gustav Kiepenheuer Verlages, Weimar (gegr. 1909). 1948 mit Joseph Caspar Witsch Gründung des Kiepenheuer + Witsch Verlages.
Eva Kausche-Kongsbak (geb. 1915) Worpsweder Malerin und Grafikerin.
Martin Kausche (geb. 1918) Worpsweder Maler und Grafiker
Irmgard Kiepenheuer Verwandte des Verlegers Gustav Kiepenheuer
Walter A. Kreye (geb. 1911) Schauspieler, Regisseur. Seit 1950 Programmgestalter des Heimatfunks von Radio Bremen. 1957–1973 Leiter der Abteilung, seit 1973 freier Schriftsteller.
S. Lauterwasser Überlinger Fotograf (Kunstbände im Wulff-Verlag)
Gertraud Lemke Professorin an der Freien Universität Berlin. Mitglied im Lette-Verein (1866 gegr. ›Verein zur Förderung der Erwerbsfähigkeit des weibl. Geschlechtes‹. Maßgebl. Beteiligung a.d. Frauenbildungsbewegung des 19. Jh.s.).
Mary Lavater konnte nicht festgestellt werden.
Eberhard Lutze Oberregierungsrat in Bremen.
Karl Lerbs (1893–1946) Bremer Schriftsteller, Theaterkritiker und Übersetzer europäischer Literatur.
Frido Lampe (1899–1945) Schriftsteller, Lektor. Kindheit und Jugend verlebte F.L. in Bremen.
Walter Müller (1901–1975) Maler, Grafiker, Architekt. Er war Schüler von Heinrich Vogeler und lebte seit 1919 in Worpswede.
Inge Möller 1945–1957 bei Radio Bremen u.a. zuständig für Frauenfunk und Kultursendungen. Seit 1958 beim RIAS Berlin tätig.
Christian Paulmann Schulsenator unter Wilhelm Kaisen und 1. Vorsitzender des Rundfunkrates in den Anfangsjahren Radio Bremens.
Kurt Roselius (geb. 1902) Bremer Verlagsbuchhändler.
Luise Rinser (geb. 1911) Schriftstellerin und Pädagogin. Im 3. Reich Berufsverbot wegen 'Wehrkraftzersetzung'. 1944 verhaftet.
Karl Rauch Inhaber des Karl Rauch Verlages, zunächst in Dessau, jetzt in Jena.

Elisabeth Rotten (1882–1964) Reformpädagogin. Ab 1929 am Seminar für Frauenbildung und an der Wohlfahrtsschule Hellerau tätig. 1934 Emigration in die Schweiz.

Alma Rogge (1894–1969) Schriftstellerin, Journalistin. Sie stammt aus der Weser Marsch und lebte später in Bremen. A.R. hatte auch nach 1933 literarischen Erfolg und war keinen Repressionen ausgesetzt.

Fe Spemaann-Adriani Malerin, Grafikerin. Enge Freundin T.O.s.

Kasimir Eduard Schmid (gen. Kasimir Edschmid, 1890–1966) Expressionistischer Schriftsteller.

Heinrich Scharrelmann (1871–1940) Reformpädagoge.
1933 Übertritt von der SPD in der NSDAP. Mitglied des »Nationalsozialistischen Lehrerbundes« und Fachberater für das Volksschulwesen. Er legte sein Amt jedoch nach einem Jahr nieder, da ihm das Schulwesen nach wie vor zu ›marxistisch‹ ausgerichtet war und sein Einfluß nicht ausreichte, dies zu ändern.

Wilhelm Scharrelmann (1875–1950) Bremer Reformpädagoge wie sein Bruder Heinrich. Im Schuldienst von 1896–1921. Ab 1928 als Schriftsteller in Worpswede ansässig und lange Jahre Vorsitzender der dortigen Künstlervereinigung.

Anna Siemsen (1882–1952) Pädagogin. Zwischen 1910 und 1914 an der Kippenbergschen Privatschule in Bremen tätig. Führende Rolle im Kampf um die Verstaatlichung der Privatschulen. Nach der Ermordung Rosa Luxemburgs und Karl Liebknechts Eintritt in die USPD. 1919 Berufung ins Volksbildungsministerium, Berlin. Ende der zwanziger Jahre Professorin in Jena. 1933 Emigration in die Schweiz. Auf Initiative von Hermann Lücke, dem damaligen Leiter der Gewerkschaftsschule in Blumenthal, hält A.S. mehrere Vorträge in Bremen. Sie war Autorin zahlreicher politischer und pädagogischer Bücher.

Heinrich Schmidt-Barrien (geb. 1902) Von 1933 bis 1941 Leiter der Kulturabteilung der Bremer Böttcherstraße. Er lebt als Schriftsteller in Frankenburg, Kreis Osterholz.

Ernst von Salomon (1902–1972) Schriftsteller.

Richard Tüngel Journalist und Schriftsteller.

Johannis Tralow (1882–1968) Schriftsteller.

Martha Vogeler (1879–1961) Worpsweder Malerin und Bildweberin. Erste Frau Heinrich Vogelers.

Helen von Zeppelin Schriftstellerin.

Werner Wien Seit 1937 Cheflektor des Schünemann Verlages. In den fünfziger Jahren Feuilleton-Chef der »Bremer Nachrichten«. 1951 Opfer eines Bombenattentats mit anschließender Erblindung.
Joseph Caspar Witsch Verleger. 1948 mit Gustav Kiepenheuer Gründung des Kiepenheuer + Witsch Verlages. Seit 1949 dessen Alleininhaber.
Hanna Wrede Inhaberin des Verlages Felix Bloch und Erben, Berlin. Enge Freundin T.O.s.
Hanna Wisser-Thimig Schauspielerin. Enge Freundin Alma Roggers.

Bibliographische Anmerkungen zu Tami Oelfkens Schriften

I. Zu Tami Oelfkens Schriften
Anfang der dreißiger Jahre in Berlin erscheint ihr erstes Buch »Nickelmann erlebt Berlin«. Im Untertitel nennt sie es »Ein Großstadt-Roman für Kinder und deren Freunde«. Ein weiteres Jugendbuch folgt: »Peter kann zaubern«.

Ab 1934 entstehen zwei kleine Schriften. Zunächst »Matten fängt den Fisch. Ein Festspiel«. Wahrscheinlich ist es identisch mit dem Bühnenstück »Die Glaskugel«, dessen Manuskript noch vorliegt. Die zweite Schrift ist das Kinderbuch »Fritz Seidenohr«.

1940 erscheint bei Kiepenheuer in Berlin der Roman »Tine«. In ihm schildert Tami die Zeit des sozialen Umbruchs, als aus dem Fischerdorf Blumenthal durch den Bau der Wollkämmerei ein kleiner Industrieort wurde. Soziale Spannungen entstanden durch den Zuzug katholischer, polnisch sprechender Arbeiter aus Oberschlesien und der Provinz Posen. Verbot des Buches und Schreibverbot.

Tami schreibt in dieser Zeit Novellen unter Pseudonym. Einige erscheinen in der Zeitschrift »Atlantis« in Zürich.

1942 folgt im Breslauer Korn-Verlag der Roman »Die Persianermütze«. In ihm schildert Tami vor dem Hintergrund Blumenthals das Herauslösen eines jungen Mädchens aus dem Elternhaus. Der Verlag wird durchsucht, die Manuskripte beschlagnahmt.

Sie zieht durch Deutschland und hält sich mit Gelegenheitsarbeiten über Wasser. Kleinere Arbeiten kann sie in der »Deutschen Zeitung« im von den Deutschen besetzten Oslo veröffentlichen. Unter einem Pseudonym ist sie verantwortlich für die Beantwortung von Leserbriefen in der Zeitschrift »Adler« und arbeitet an Drehbüchern für die Ufa. Sie lektoriert für befreundete Verleger.

Vor allem aber schreibt sie in dieser Zeit an ihrem Tagebuch, das 1946 bei Wulff in Überlingen unter dem Titel »Weg durch das Chaos« erscheint. Der einzige Lyrikband »Zauber der Artemis« kommt ebenfalls bei Wulff heraus.

1946 erscheint »Die Sonnenuhr«. Die Novellen dieses Bandes sind, so schreibt sie selbst, »(...) fast ausnahmslos in London und in Paris in entsetzlicher seelischer Bedrückung entstanden«. Sie spielen überwiegend vor dem Hintergrund ihrer alten Heimat in Blumenthal und Grohn.

Auch »Tine« erscheint in diesen Jahren neu, allerdings unter dem von Tami gewünschten ursprünglichen Titel »Maddo Clüver«. 1947 legt der Alster-Verlag ihres Freundes Curt Brauns die Gedichtsammlung »Zauber der Artemis« erneut auf; ein Jahr später folgt »Die Kukkucksspucke«, ein Roman aus dem Blumen- und Pflanzenreich.

1950 erscheint bei Bertelsmann der Roman »Traum am Morgen«, eine Wiederauflage der »Persianermütze« von 1942.

Ab 1950:

Verleumdungen der westdeutschen Presse, initiiert durch einen Artikel in der »Zeit«, erschweren die Herausgabe von Tamis Büchern. Zwar folgt nach 1953 die »Stine vom Löh« bei Bertelsmann, doch Tami beschließt, ihre Bücher in der DDR erscheinen zu lassen. Dort erscheinen ab 1954 einige ihrer Bücher neu. Auch ein westdeutscher Verlag veröffentlicht noch einmal »Maddo Clüver« und gibt die »Penaten« heraus, eine Sammlung von Betrachtungen, Erinnerungen, Gedichten und Zeichnungen.

Weitere Buchherausgaben werden nicht mehr realisiert.

II. Chronologie der bis jetzt bekannten Veröffentlichungen

Angegeben ist die jeweils erste Auflage der betreffenden Ausgabe

1930 Nickelmann erlebt Berlin. Ein Großstadt-Roman für Kinder und deren Freunde. – Berlin: Müller & Kiepenheuer.

1933 Peter kann zaubern. – Stuttgart: Union, 3. Aufl.

1940 Mehrere Novellen in der Zeitschrift »Atlantis«: Der Südländer.

Die drei Fräulein von Theß. Das alte Haus am Deich. – Zürich: Atlantis-Verlag.

1941 Tine. Roman. – Berlin: Kiepenheuer. (Später erschienen als »Maddo Clüver«.)

1942 Die Persianermütze. Roman. – Breslau: Korn. (Später erschienen als »Traum am Morgen«.)

1946 Die Sonnenuhr. Novellen. – Überlingen: Wulff.

Fahrt durch das Chaos. Logbuch von Mai 1939 bis Mai 1945. Überlingen: Wulff. (Später auch erschienen als »Logbuch«.)

1947 Die Sonnenuhr. Novellen. – Wedel: Alster Verlag Curt Brauns.

Zauber der Artemis. Gedichte. – Wedel: Alster Verlag Curt Brauns.

Maddo Clüver. Die Konturen einer Kinderlandschaft. – Wedel: Alster Verlag Curt Brauns.

1948 Das Logbuch. – Wedel: Alster Verlag Curt Brauns.

Die Kuckucksspucke. Roman. – Wedel: Alster Verlag Curt Brauns.

1950 Traum am Morgen. Roman. – Gütersloh: Bertelsmann.

1953 Stine vom Löh. Novelle. – Gütersloh: Bertelsmann.

1954 Die Sonnenuhr. Erzählungen. – Weimar: Kiepenheuer. Die Kuckucksspucke. Roman. – O.O.: Verlag der Nation (DDR). Die Penaten. Eine tröstliche Hauspostille. – Düsseldorf: Progress-Verlag Johann Fladung.

1955 Traum am Morgen. Roman. – Weimar: Kiepenheuer. Logbuch. – Berlin (Ost): Verlag der Nation.

1956 Maddo Clüver. Konturen einer Kinderlandschaft. – Düsseldorf: Progress-Verlag Johann Fladung.

1988 Maddo Clüver Konturen einer Kinderlandschaft. – Dülmen-Hiddingsel: tende

III. Das Erscheinen einiger Werke ist ungewiß. Es wird in einigen Quellen genannt, von anderen jedoch nicht bestätigt. Es sind:

– Der wilde Engel. Roman. 1951.

– Die Glaskugel. – Verlag Felix Bloch und Erben. (Liegt als Manuskript vor.)

– Onkel Moll.

– Unter den Arkaden. Italienische Novellen.

– Fritz Seidenohr. Kinderbuch. 1941.

IV. Hier sind nur die abgeschlossenen Arbeiten benannt.

Einige kleinere Arbeiten und Veröffentlichungen sind nicht aufgeführt, desgleichen sind spätere Veröffentlichungen in einigen Anthologien nicht berücksichtigt. Auch Tami Oelfkens sonstige publizistische Arbeiten (z.B. als Autorin einer Sendereihe des Südwestfunks) sind nicht aufgeführt, da sie Auftragsarbeiten ohne literarische Eigenständigkeit waren.

Bisher nicht aufgefunden werden konnte das zweibändige pädagogische Dokumentenwerte, das in Berlin Anfang der fünfziger Jahre erscheinen sollte.

Für weitere Hinweise und Angaben sind wir außerordentlich dankbar.

Literatur:

Grosser, J.F.G., Die Große Kontroverse, Nagel-Verlag Hamburg 1963

Hundt, Walter, Bei Heinrich Vogeler in Worpswede, Worpsweder Verlag, Schriftenreihe der Barkenhoff-Stiftung

Mendelssohn, Peter de, Der Zauber, Erster Teil 1875–1918, S. Fischer Verlag, Frankfurt 1975

Mann, Thomas, Briefe 1889–1936 u. 1937–1955, S. Fischer, Frankfurt 1962

Wir heißen Euch hoffen, Almanach, Willi Weismann Verlag, München 1951

Wiegand-Petzet, Von Worpswede nach Moskau, Heinrich Vogeler, Ein Künstler zwischen den Zeiten, Verlag M. DuMont Schauberg, Köln 1972

Almanach für das freie deutsche Buch, herausgegeben vom Kacha Verlag Prag 1935